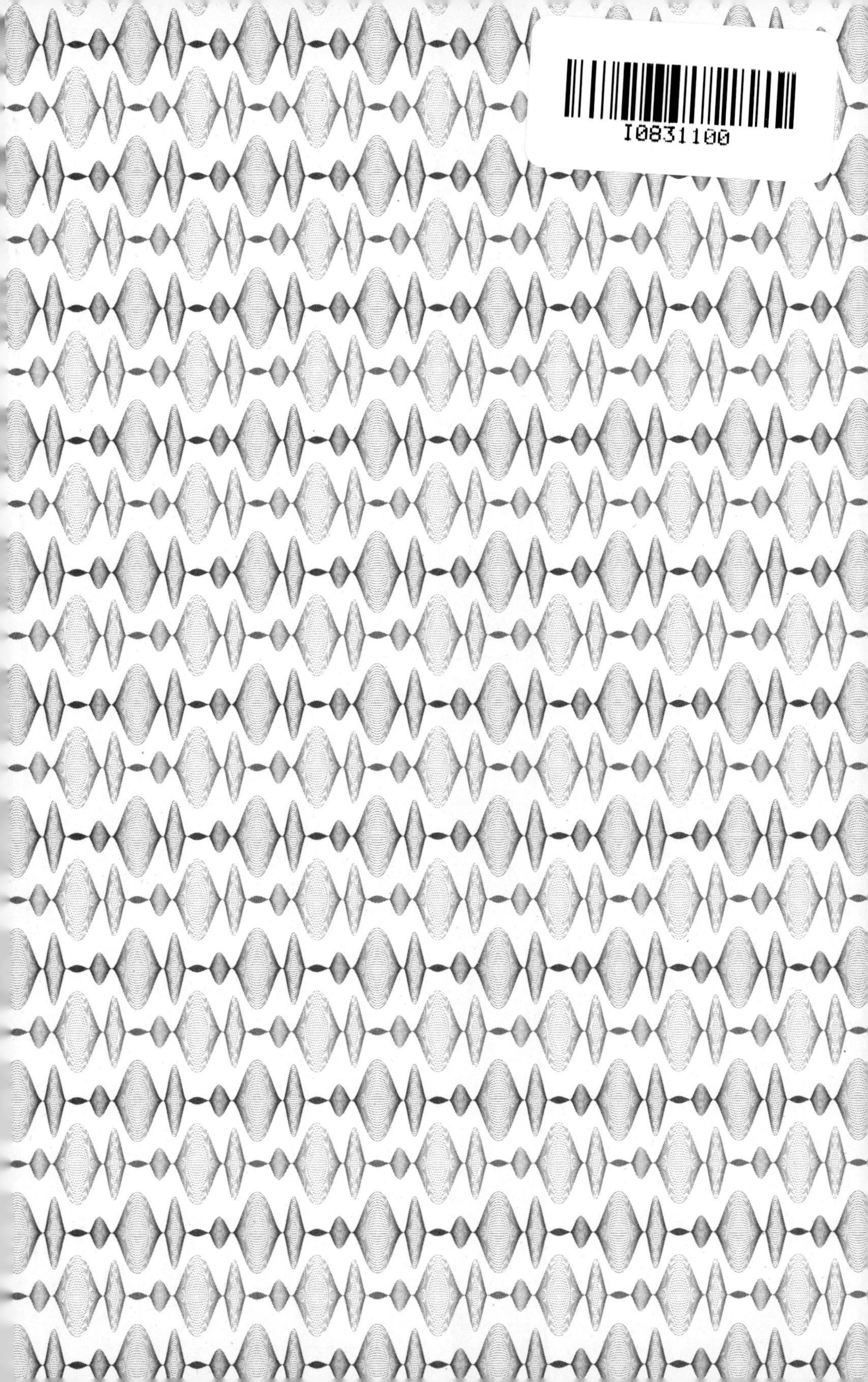
I0831100

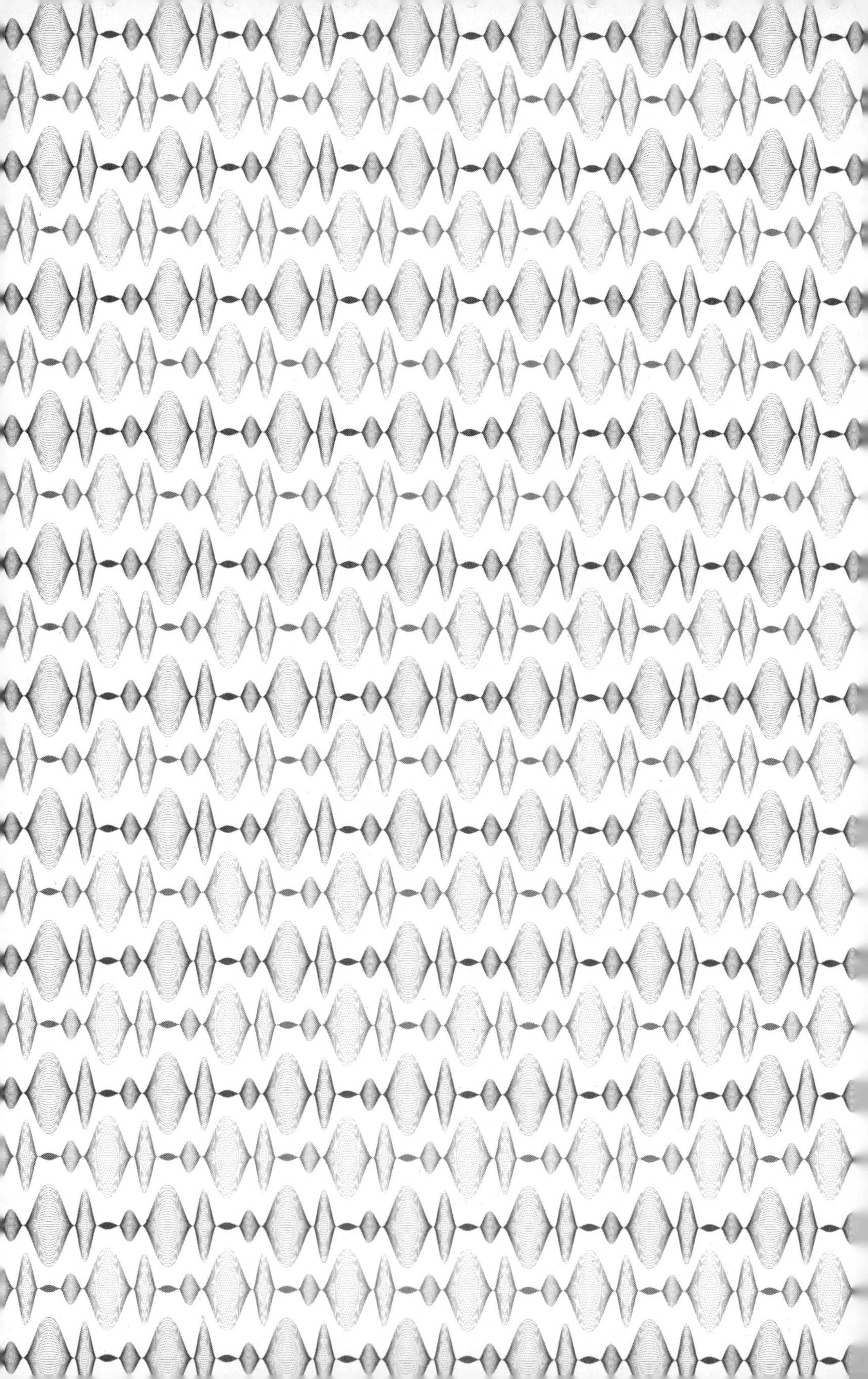

LOS HÁBITOS DE LA BUENA SUERTE

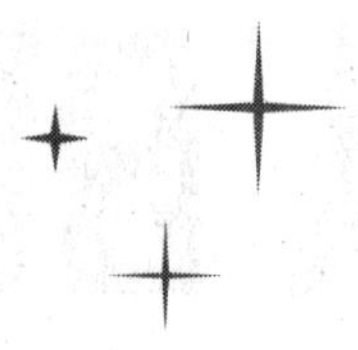

VERÓNICA
DE ANDRÉS

LOS HÁBITOS DE LA BUENA SUERTE

Cómo hacer que tu vida se transforme cambiando hábitos de todos los días

Papel certificado por el Forest Stewardship Council®

Primera edición: julio de 2025

Diseño de interior e ilustraciones: Yamila Murán Leivas

Printed in Spain – Impreso en España

ISBN: 978-84-666-8162-9
Depósito legal: B-8.837-2025

Compuesto en M. I. Maquetación, S. L.
Impreso en Liberdúplex
Sant Llorenç d'Hortons (Barcelona)

BS 8 1 6 2 9

A todos los que sienten que la suerte
les ha sido esquiva, pero merecen
cada oportunidad de alcanzarla.

A quienes saben que los buenos hábitos
son clave para una vida plena,
pero aún buscan el camino
para hacerlos realidad.

Para quienes creen en el poder
de los pequeños cambios.
Que cada hábito te acerque más
a la vida que sueñas.

PRÓLOGO

OLVÍDATE DE TODO LO QUE CREÍAS SABER

por Florencia Andrés

Cuando Verónica —que es mi madre— me invitó a escribir el prólogo de su nuevo libro, le respondí: «¿Qué? Teniendo la posibilidad de pedírselo a cualquiera de tus amigos superestrellas como Jack Canfield, John Gray o Marie Diamond, que aman tu trabajo y tus libros... ¿me dices que quieres que *yo* lo escriba?».

Todos los prólogos de sus libros anteriores fueron escritos por celebridades en el mundo del desarrollo personal.

Pero esta vez me dio ese honor a mí.

Hago estas líneas a minutos de haber terminado de leer este libro. Confieso que al empezarlo pensé que nada me sorprendería demasiado. Llevo quince años enseñando estos temas y he sido coautora de los cuatro libros anteriores de ella. Así que entré a este como quien da un paseo en un lugar conocido.

¡Pero vaya sorpresa me llevé!

Lo primero que quiero decirte es que si ya leíste mucho sobre estas cuestiones —y quizá pienses que este es uno más— prepárate para sorprenderte.

Primero: olvídate de todo lo que creías saber sobre «la buena suerte».

En este libro, Verónica demuestra que la buena suerte no es un capricho del destino. Es más bien el resultado de decisiones inteligentes y de acciones específicas que ella te enseña a llevar adelante con total maestría y, a la vez, simpleza.

En cada capítulo, sentirás que Verónica está sentada contigo, tomando un café y compartiendo sus más de treinta años de experiencia. Pero no lo hace con tono aleccionador o dogmático, sino como una amiga que realmente te quiere ayudar.

El hábito de la autoconfianza, capítulo 1, es donde empieza la magia. Verónica te muestra cómo dejar de dudar, cómo dejar de sentirte un impostor y cómo empezar a creer en ti de verdad. Con la idea de mejorar solo un 1 % cada día construirás una nueva identidad. Una en la que te ves y te sientes capaz.

El capítulo 2 —**El hábito de la actitud mental positiva**— es una demostración de una verdad fundamental: lo que piensas lo atraes. Y sí; aunque el cerebro humano tiende a la negatividad, se puede reprogramar muy rápido y, en este apartado, te muestra exactamente cómo hacerlo.

El hábito del bienestar, en el capítulo 3, te va a abrir los ojos hacia una gran verdad: el autocuidado no es un lujo sino una necesidad. Verónica te explica de maneras muy prácticas cómo ocuparte de tu cuerpo y tu alimentación en un modelo de cuatro pasos que es brillante.

El capítulo 4 es sobre **el hábito de la flexibilidad mental y emocional.** Vivimos cambios tan vertiginosos que la capacidad de adaptarse rápido es más importante que nunca. Pero no es fácil, claro... hasta que lees este capítulo.

El hábito 5 es el de la comunicación efectiva. Nos pasamos el día entero hablando. ¿Pero sabemos realmente cómo comunicarnos? No tanto. Aquí Verónica te da las claves para aprender a usar tus palabras para mejorar tu vínculo con las personas que te rodean y para transformar tanto tus relaciones laborales como personales.

El hábito 6 es el de la conexión con uno mismo que está cayendo en el olvido porque, desde que abrimos un ojo por la mañana y encendemos el móvil, nos conectamos con la vida de todo el mundo... menos con la nuestra. No temas: nadie te va a pedir que dejes de usar el teléfono. Ella te llevará a encontrar ese tiempo para conectarte contigo mismo sin importar cuán cargada esté tu agenda.

El hábito 7 es el de la gratitud. Verónica te dirá cómo activar el poder de la gratitud en tu vida para mejorar tu salud, tu bienestar y ¡tu buena suerte!

Antes de despedirme quiero contarte algo más. Algo que hace de este libro uno realmente diferente de los demás. Porque lo cierto es que hay muchos con temáticas similares. Pero hay algo en lo que ninguno se le parece.

Lo que hace diferente este libro es su autora.

Como es mi madre, quizá pienses que mi opinión es subjetiva. Así que a los hechos me remito: hace más de treinta años que es considerada una referente mundial en este tema. Ha dado clases en una docena de universidades. Ha compartido escenario en más de quince países con los referentes mundiales del desarrollo personal. Es una de las mejores speakers del planeta. Y la lista sigue.

De todas sus «etiquetas profesionales» la que más importa aquí es esta: sus publicaciones se han convertido en grandes best sellers. ¿Por qué? Porque funcionan, porque motivan, porque transforman realidades. ¿Cómo lo sé? Porque hace quince años que todos los días leo comentarios de su más de medio millón de lectores diciendo «tu libro me cambió la vida».

Los hábitos de la buena suerte es su nueva obra maestra. Es una combinación explosiva de sabiduría práctica y herramientas novedosas que te abren la cabeza, te sacan de tu zona de confort y te lanzan hacia un mundo de posibilidades. Tiene todo lo que necesitas para reescribir tu vida con hábitos que atraerán la buena suerte. Lo único que tienes que hacer es ¡empezar!

Que disfrutes mucho de este viaje transformador; y que tengas mucha ¡buena suerte!

Florencia Andrés

Diciembre de 2024

CÓMO CAMBIAR TU SUERTE MODIFICANDO ESO QUE HACES TODOS LOS DÍAS

NO IMPORTA LA EDAD QUE TENGAS

Los hábitos positivos son como semillas que plantamos en nuestro camino y así, con el tiempo, cosechamos la buena suerte sin importar la estación de nuestra vida.

Este libro plantea que la buena suerte es el resultado de los hábitos que cultivamos a diario. La mala suerte también resulta de esas cosas que hacemos todos los días, la mayoría en piloto automático. Lo genial es que una vez que nos damos cuenta de que hay ciertas conductas que nos traen «mala suerte» estamos mucho mejor preparados para hacer los cambios necesarios. Este proceso de cambio es válido sin importar la edad, porque nunca es tarde para transformar tus hábitos y mejorar tu suerte.

La buena suerte no es lo mismo que tener suerte.

Tener suerte implica experimentar hechos positivos de forma aleatoria o casual sin una influencia consciente o intencional por parte de nosotros. Es decir, alguien puede tener suerte al ganar la lotería, encontrar dinero en la calle o recibir una oportunidad inesperada sin haber hecho nada específico para merecerlo. La suerte, en este sentido, es vista como un evento fortuito que ocurre de pura casualidad, independientemente de lo que hagas o no hagas, es decir que no depende de uno mismo.

La buena suerte es otra cosa: es trabajar para que lo bueno suceda.

¿Podríamos decir, entonces, que somos capaces de «atraer» la buena suerte? Sí, porque desde esta perspectiva «tener buena suerte» implica la creencia y la práctica de adoptar ciertas actitudes, acciones o comportamientos con la intención de aumentar las probabilidades de que pasen cosas buenas en la vida. Esto requiere un enfoque de protagonismo activo y proactivo hacia la creación de oportunidades favorables.

Al cultivar hábitos como desarrollar la confianza en uno mismo y tener una mentalidad positiva, vivir una vida equilibrada y practicar la gratitud, entre otros, se puede intervenir en el flujo de los acontecimientos y crear condiciones más propicias para la aparición de situaciones favorables. Desde este punto de vista, **la buena suerte no es producto de la casualidad, sino de la causalidad.**

En resumen, mientras que «tener suerte» implica eventos positivos que ocurren al azar y por lo general inesperadamente, «atraer la buena suerte» radica en cultivar hábitos positivos para crear oportunidades favorables de manera más activa y consciente. La buena suerte, en este contexto, se convierte en el resultado directo de los hábitos y las actitudes que elegimos practicar y cultivar todos los días. Y eso es una muy buena noticia porque es algo que depende de nosotros.

Otra muy buena noticia es que la buena suerte no tiene límites de edad, nunca es demasiado temprano ni demasiado tarde para empezar a sembrar semillas nuevas.

Quiero invitarte a que pienses en tu último año o en tus últimos años. ¿Cómo ha sido tu suerte?, ¿qué cosas has logrado? y ¿cuáles te han quedado pendientes? Quiero que pienses en los momentos especiales que viviste —qué actividades hiciste para sentirte feliz y con suerte—. Ahora quiero que pienses en los momentos donde tu suerte no fluyó y que mires hacia adentro y te preguntes qué cosas hiciste o no hiciste para sentirte así.

Y a partir de esta reflexión quiero que pienses que nunca es tarde para descartar lo que no te sirva e inventar algo nuevo, que no importa cuántos años tengas o cuántos años hace que la suerte no te acompaña. Siempre podemos cambiar.

Ya me estoy imaginando algunas objeciones como el dicho en inglés que dice que «no le puedes enseñar a un caballo viejo hábitos nuevos». Pero ni somos caballos ni somos viejos (viejos son los trapos, como decía mi abuela). Tu edad tiene más que ver con la vitalidad de tus pensamientos, acciones y de las emociones que decidas cultivar, es decir, **con las ganas que tengas de vivir intensamente** cada momento.

Para eso lo escribí: quiero que descubras que de verdad el poder de cambiar tu suerte está en tus manos si cambias eso que haces todos los días.

> ***Observa tus pensamientos, se convierten en palabras;***
> ***observa tus palabras, se convierten en acciones;***
> ***observa tus acciones, se convierten en hábitos;***
> ***observa tus hábitos, se convierten en carácter;***
> ***observa tu carácter, se convierte en tu destino.***
>
> ANTIGUO PROVERBIO SUECO

LA HISTORIA DE CAROLINA

Carolina era una mujer muy voluntariosa y trabajadora que siempre se esforzaba al máximo en todo lo que hacía. Desde temprana edad había aprendido a ser autosuficiente y a no depender demasiado de los demás. Sin embargo, a medida que pasaban los años, Carolina comenzó a notar que algo no estaba bien en su vida.

A pesar de su dedicación y esfuerzo, Carolina se sentía constantemente agotada y sin energía. Se encontraba atrapada en una rutina de hábitos que, sin saberlo, la estaban llevando por un camino de «baja vibración». Pasaba horas mirando las noticias y más horas quejándose de su trabajo, criticando a sus compañeros y comparándose con otros. Todos los días, sin excepción, se encontraba dudando de sí misma, haciendo predicciones negativas sobre su futuro y siendo extraordinariamente rígida consigo misma y con el resto.

Descuidaba su salud optando por comida rápida y poco saludable, fumando y evitando cualquier tipo de ejercicio. Esta serie de hábitos empezaron a pasarle factura. Sufría de dolores crónicos y su estado de ánimo se volvía cada vez más sombrío. A medida que su energía disminuía también lo hacían sus relaciones personales. Carolina se encontraba cada vez más aislada, incapaz de conectar realmente.

Sin ser consciente, todos los días cultivaba las costumbres de la mala fortuna.

Por eso, y a pesar de sus esfuerzos por mantenerse a flote, se sentía sola y abatida. Había llegado a un punto en el que se preguntaba si alguna vez encontraría la felicidad y el bienestar que tanto anhelaba. Miraba con recelo la suerte que parecían tener otros convenciéndose de que nunca podría alcanzar un nivel similar de dicha o éxito. Secretamente pensaba que, a su edad, ya no tenía posibilidades. «A esta edad todo es difícil» era su frase de cabecera.

Sin embargo, lo que Carolina no sabía era que dentro de ella misma tenía el potencial para cambiar su vida para mejor: que podía romper esos patrones de pensamiento y comportamiento que la mantenían anclada en «la zona roja» impidiéndole ver las posibilidades que la vida tenía reservadas para ella.

NUESTROS HÁBITOS IMPACTAN DE FORMA DIRECTA EN CÓMO NOS SENTIMOS

Existen hábitos que nos hacen sentir bien, plenos, abiertos y con energía. Y están los otros, que producen el efecto opuesto, que nos hacen vibrar bajito, que nos dejan «por los suelos» y estresados: como se sentía Carolina la mayor parte del tiempo. Isabelle Tierney, colega del Transformational Leadership Council —experta en manejo del estrés—, introduce una interesante distinción entre lo que ella denomina hábitos «zona roja» y «zona verde», muy útil para aclarar el tema.

Dentro de los que podríamos denominar como «zona roja», se incluirían muchas de las acciones que llevaba adelante Carolina: sobrealimentarse, beber en exceso, fumar, pensar negativamente, pasar demasiado tiempo en las redes sociales, mirar las noticias, hablar mal de otros, quejarse constantemente, descuidar su aspecto y caer en las tres trampas más frecuentes de autosabotaje, culparse, criticarse-criticar y compararse con los demás.

Sin duda, podemos decir que los comportamientos «zona roja» son hábitos de la mala suerte.

¿Por qué? Porque cuando nos encontramos inmersos en ellos se drena nuestra energía, nos sentimos mal, somos propensos a ponernos enfermos y nos resulta difícil establecer relaciones positivas, tal como le pasaba a Carolina.

Por otro lado, los hábitos de la «zona verde» pueden incluir acciones como entrenar, dar paseos y caminatas, mantener una dieta equilibrada y saludable, ser voluntaria en actividades comunitarias, pero también aspectos más personales y subjetivos: desde cultivar una actitud mental positiva hasta elegir una vida equilibrada disfrutando de una comida con amigos, practicando deportes, dedicando tiempo a la lectura y hasta realizando actividades domésticas como aprender a cocinar algo rico.

Los consideramos hábitos de la buena suerte porque nos hacen sentir bien, nos recargan de energía positiva y nos predisponen a llevarnos mejor con los demás y atraer lo bueno a nuestra vida.

Es interesante empezar a pensar que tu estado de ánimo, tu salud, tu bienestar, tu energía y tu alegría, en gran parte, dependen de cada uno. Dependen de las decisiones que tomes de aquí en adelante, de los hábitos que elijas cultivar todos los días.

Desde este lugar, tu futuro está en tus manos. Y el punto de partida para tomar conciencia **es prestar atención a las luces amarillas.**

Me gusta la idea de equiparar el concepto de zonas rojas y verdes con un semáforo de tres luces. No llegamos a la zona roja sin pasar por la zona amarilla. Llegamos a la luz roja porque descuidamos las señales de la luz amarilla; es decir, nos desconectamos de las advertencias que nos indican que algo está desequilibrado. La luz amarilla es como un aviso, una oportunidad para corregir el rumbo antes de llegar a un estado de baja vibración. Cuando ignoramos estas señales y persistimos en nuestras costumbres de la zona amarilla, en algún momento nos encontraremos sumergidos en la zona roja, donde experimentaremos un agotamiento físico, emocional y espiritual significativo.

Una pregunta antes de empezar con los siete hábitos propiamente dichos: ¿qué señales de luz amarilla estás ignorando en tu vida que podrían indicar que estás desviándote hacia la zona roja de baja vibración?

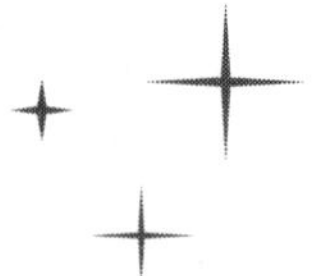

HÁBITO #1

LA AUTOCONFIANZA

EL ANTÍDOTO CONTRA EL HÁBITO DE DUDAR DE UNO MISMO

«Que levante la mano quien quiera tener más seguridad». Esta es una frase que solemos decir en los seminarios de Confianza Total, el método que creé junto con mi hija Florencia, y la respuesta es siempre la misma: todos levantan la mano. Intuitivamente sabemos que la confianza es la base de todo: sin confianza no hay sueños posibles, sin sueños no hay metas y sin metas, definitivamente, no hay crecimiento. Por eso elegimos explorar la autoconfianza como el primer hábito esencial para una verdadera transformación. Es el cimiento sobre el cual construiremos todos los demás.

Comenzaremos este viaje con un autodiagnóstico, una mirada rápida y honesta a nuestro actual nivel de confianza en nosotros mismos. El primer paso consiste en despertar la conciencia a través de la autoobservación.

SIN CONCIENCIA NO HAY CAMBIO POSIBLE

Autodiagnóstico inicial

- En una escala del 1 al 10, donde 1 es el nivel más bajo y 10 es el más alto, ¿en qué nivel se encuentra hoy tu autoconfianza?
- Ahora, piensa dónde te gustaría estar en esta escala al finalizar la lectura de este libro. ¿Cuál sería tu meta o nivel ideal de autoconfianza dentro de un mes, por ejemplo?
- Finalmente, imagina cómo te gustaría que fuera tu nivel de autoconfianza después de un año de poner en práctica las enseñanzas de este hábito. ¿Qué nivel te gustaría alcanzar en ese momento?

LA HISTORIA DE JUANA

Juana siempre fue una persona con talento pero, en un momento, su autoestima empezó a decaer hasta llegar al suelo. Desde temprana edad había luchado contra la sensación de no ser lo suficientemente buena. Dudaba de sí misma en cada paso que daba y le costaba expresar sus opiniones por temor al rechazo o al juicio de los demás. Se sentía invisible, como si sus palabras y acciones no importaran en absoluto. Y muchas veces se veía a sí misma como una víctima de cosas que no podía cambiar. Solía pensar que no tenía suerte.

Creció siendo muy dura consigo misma. Cada pequeño error se magnificaba en su mente alimentando sus creencias limitantes de que no era lo suficientemente inteligente, talentosa o valiosa. Esta autocrítica constante la paralizaba impidiéndole reconocer sus propios talentos y habilidades.

Juana dedicaba muy poco tiempo a cuidar de sí misma. Estaba tan absorbida por sus preocupaciones y miedos internos que descuidaba su bienestar físico y emocional. No se permitía tiempo para relajarse, disfrutar de entretenimientos o, simplemente, descansar. El autocuidado parecía un lujo lejano para alguien como ella, que no se sentía merecedora de amor y de felicidad.

Cuando algo salía bien en su vida, Juana atribuía el éxito a la casualidad o a la suerte. No podía aceptar que sus propios esfuerzos y habilidades hubieran contribuido al resultado positivo. Esta falta de reconocimiento de sus propios logros solo servía para reforzar su creencia de que no era capaz.

El tema profundo que dominaba la mente de Juana era su vulnerabilidad. Esta falta de confianza se manifestaba en todas las áreas de su vida no permitiéndole alcanzar su verdadero potencial y encontrar la felicidad genuina.

Sin embargo, a medida que Juana empezó a trabajar su autoconfianza y fue consciente de cómo las creencias limitantes afectaban a su vida, comenzó un viaje de autoexploración y crecimiento personal. Poco a poco, aprendió a desafiar sus pensamientos negativos y a reemplazarlos por afirmaciones más positivas y realistas. Con el tiempo, Juana empezó a reconocer los talentos y habilidades que tenía. Descubrió que era capaz de lograr mucho más de lo que creía posible. Aprendió a expresar sus opiniones con convicción y a aumentar su autoestima.

A medida que la confianza en sí misma crecía, la suerte cambió: Juana comenzó a experimentar el éxito en diversas áreas.

La historia de Juana es un recordatorio de que todos tenemos el poder de cultivar una mayor certeza en nosotros mismos. Con perseverancia es posible aprender a dejar de dudar de nosotros mismos y atraer «la buena suerte» a nuestra vida.

¿Por qué tenemos la costumbre de dudar de nosotros mismos?

Es una buena pregunta para arrancar porque, en realidad, no nacemos con dudas acerca de nosotros mismos. Todo lo contrario: nacemos con confianza total, ¡sin miedos! Las neurociencias han comprobado que hay solo dos miedos innatos: a los ruidos fuertes y a las caídas. Esto lo comprobamos con solo mirar a los niños pequeños: se caen y se levantan, no dudan de sí mismos; se animan a explorar el mundo, a probar cosas nuevas sin miedo al fracaso o a las críticas, hasta pueden aprender a hablar varios idiomas en los primeros años de vida aun cuando las conexiones neuronales no están del todo formadas.

Entonces, si nacemos con confianza total, ¿por qué desarrollamos el hábito de dudar de nosotros mismos a medida que crecemos? Hay varias razones que pueden explicarlo.

1. **La autoimagen negativa cuando somos pequeños**
   La formación de la imagen de uno mismo, también conocida como autoimagen o autoconcepto, se ve influida por una variedad de factores comenzando por los llamados «tres espejos»: los padres, los maestros y los pares.
   - **Los padres:** son el primer espejo donde un niño va a mirarse para ver qué imagen refleja. Sin duda, los padres son uno de los espejos más influyentes en la formación de la imagen de uno mismo. La forma en que interactúan con su hijo, las palabras de aprecio o las críticas que le hacen y el apoyo emocional que brindan impactan en la confianza en sí mismo y en la autoestima del niño. Si un chico recibe críticas constantes o experimenta falta de apoyo por parte de sus padres, es altamente probable que comience a dudar de sus propias habilidades y se sienta inseguro en su capacidad para afrontar desafíos en el futuro.
   - **Los maestros:** también desempeñan un papel importante en la formación de la autoimagen de un niño. La forma en que un maestro interactúa con sus alumnos, el tipo de comentarios que hace sobre su desempeño académico y el apoyo que brinda en el aula pueden afectar la confianza. Si un maestro critica constantemente a un alumno o no reconoce sus logros, es probable que comience a dudar de sus habilidades y se sienta inseguro de su capacidad para tener éxito en los estudios.

- **Los pares:** (o compañeros de edad similar) también juegan un papel importante. La forma en que los compañeros interactúan entre sí, los comentarios que hacen sobre los demás y la aceptación o el rechazo que experimenta un niño por parte de sus compañeros pueden influir en su autoconfianza y en su sentido de valía. Si un niño es reiteradamente criticado o excluido por sus compañeros, es altamente probable que comience a dudar de sí mismo y de su capacidad para relacionarse con los demás.

2. **Experiencias pasadas:** a medida que crecemos acumulamos experiencias que pueden influir en la confianza en nosotros mismos. Si hemos afrontado críticas, rechazo o fracasos en el pasado, sin tener herramientas para procesar estas experiencias negativas, es

posible que comencemos a dudar de nuestras capacidades y nos sintamos inseguros al afrontar situaciones similares en el futuro.

3. **Comparaciones sociales:** vivimos en una sociedad que fomenta la comparación constante con los demás, ya sea en términos de logros académicos, éxito profesional, apariencia física o estatus social. Cuando nos comparamos con los demás y sentimos que no estamos a la altura es fácil caer en la trampa de la duda y la inseguridad. Y ni hablar de cómo se potencia el efecto negativo de las comparaciones en la era de las redes sociales, donde se repiten hasta el infinito modelos de perfección inalcanzables.
4. **Normas culturales y sociales:** si desde pequeños nos enseñan a esconder nuestras habilidades, es posible que sintamos que no está bien confiar en nosotros mismos o que nos dé vergüenza destacar nuestras fortalezas o nos genere culpa hablar de nuestros logros.
5. **Miedo al fracaso:** el miedo al fracaso puede ser paralizante y llevarnos a dudar de nuestras propias capacidades. Si tememos cometer errores o afrontar el rechazo, es posible que evitemos asumir riesgos o perseguir nuestras metas con determinación.
6. **Autocrítica excesiva:** la autocrítica excesiva puede socavar nuestra confianza en nosotros mismos y hacernos sentir que nunca somos lo suficientemente buenos. Cuando nos juzgamos constantemente y nos enfocamos en nuestros defectos, en lugar de en nuestras fortalezas, es difícil confiar en nuestras habilidades y capacidades.

A pesar de estas influencias negativas, es importante recordar que la confianza en uno mismo es una habilidad innata que se puede recuperar y desarrollar. Es algo que se puede adquirir.

Entonces, para empezar, hablemos acerca de nuestros pensamientos.

Uno de los primeros temas que Juana descubrió fue la importancia de los pensamientos sobre nosotros mismos. Ella jamás había imaginado que estos fueran fundamentales, más bien todo lo contrario: que son algo interno, que a nadie afecta y que nadie se entera. Se sorprendió mucho al saber que tenemos más de sesenta mil pensamientos diarios y no podía creer que el 80 % fueran negativos y ¡acerca de nosotros mismos! Empezó a sospechar que ahí podría estar la clave de su falta de autoconfianza. Cuando los observó y vio que eran casi todos negativos y acerca de ella misma, quiso saber si podría hacer un cambio.

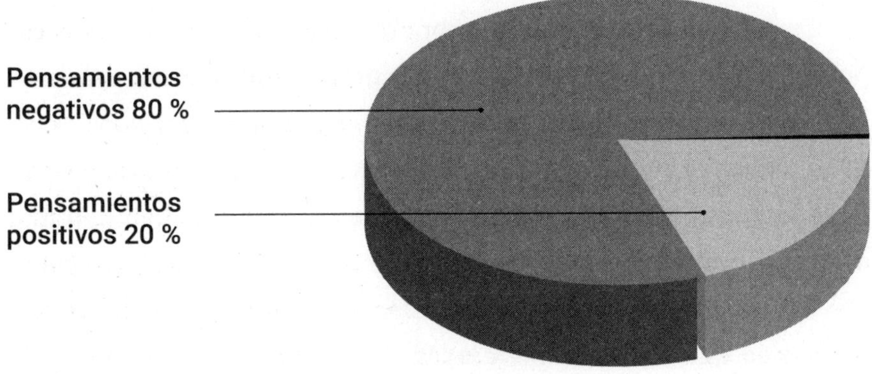

Para responder a su interrogante, quisiera presentar el concepto de neuroplasticidad.

La neuroplasticidad se refiere a la capacidad del cerebro para reorganizarse y formar nuevas conexiones neuronales en respuesta a la experiencia y al aprendizaje. Esto significa que, aunque tengamos patrones de pensamiento arraigados —como los tenía Juana—, podemos entrenar nuestra mente para adoptar perspectivas más positivas y constructivas.

Esta característica nos demuestra que somos capaces de cambiar nuestros propósitos y rutinas a lo largo del tiempo. La neurocientífica Jill Bolte Taylor es un excelente ejemplo de cómo la plasticidad cerebral puede conducir a transformaciones significativas en nuestras vidas. Taylor escribió sobre su experiencia en el libro *Mi derrame cerebral: memorias de una científica y su viaje,* donde contó cómo su cerebro se recuperó y se reorganizó después de sufrir un derrame cerebral, lo que destaca la habilidad del cerebro para la neuroplasticidad incluso después de lesiones graves.

Es decir que tenemos un cerebro increíble que es capaz de recuperarse y de cambiar los hábitos más arraigados si lo hacemos con constancia y perseverancia cultivando pequeños nuevos hábitos todos los días.

Los pequeños cambios diarios, a largo plazo, consiguen una diferencia enorme.

James Clear —autor de *Hábitos atómicos* y a quien citaremos con frecuencia en este libro— propone la idea de mejorar un 1 % cada día. Según esta filosofía, si nos esforzamos por mejorar solo un poco cada día, al final del año habremos acumulado una mejora del 37 %. Esta mejora progresiva puede ser la clave para alcanzar grandes logros a largo plazo, ya que nos enfocamos en el progreso constante en lugar de buscar cambios drásticos o resultados inmediatos que normalmente fallan.

Aquí hay algunas estrategias basadas en la neuroplasticidad que pueden ayudarte a cambiar tus patrones de ideas negativas: es decir, cambiar la forma de pensar negativamente acerca de ti mismo.

1. **Conciencia y atención plena:** El primer paso para cambiar estas ideas negativas es ser consciente de ellas. La atención plena te ayuda a observarlas sin juzgarlas y a identificar patrones negativos. Una vez que eres consciente de estas, puedes comenzar a desafiarlas y reemplazarlas por otras más positivas y realistas.
2. **Práctica regular:** Al igual que cualquier habilidad, cambiar tus pensamientos requiere práctica regular. Para consolidar el nuevo hábito dedica tiempo todos los días para modificar aquellos patrones de pensamiento. Puede ser útil llevar un «diario de pensamientos o de ideas» para registrar aquellos negativos y cómo los estás desafiando.
3. **Visualización positiva:** La visualización positiva es una técnica que implica imaginar escenarios positivos y exitosos. Al visualizar el éxito y la felicidad puedes reprogramar tu mente para adoptar una mentalidad más positiva y optimista. Es como

cargar la película del resultado deseado; dado que el cerebro no distingue si es real o imaginario, hace todo lo posible para recrear ese escenario. El principio es «lo que busco es lo que encuentro».

4. **Repetición y refuerzo:** La plasticidad cerebral se fortalece a través de la repetición y el refuerzo. Cada vez que desafías un pensamiento negativo y lo reemplazas por uno positivo, fortaleces las conexiones neuronales asociadas con ese nuevo pensamiento. Esto es muy interesante porque cada vez que contribuimos con el nuevo camino neuronal positivo no podemos estar en el camino neuronal negativo (es como querer estar en dos calles al mismo tiempo, no se puede).
5. **Hábitos saludables:** Los hábitos saludables —como el ejercicio regular, una dieta equilibrada y el sueño adecuado— también pueden tener un impacto positivo en tu bienestar mental en general. Cuando te cuidas físicamente también estás apoyando la salud de tu cerebro y tu capacidad para cambiar tus pensamientos.

En resumen: cambiar los pensamientos negativos es posible, y al hacerlo puedes reprogramar tu mente para adoptar una mentalidad más positiva y constructiva.

Vale la pena esforzarte en observar tus pensamientos todos los días: al cabo de un año podrías tener una nueva realidad.

Ejercicio: primer y último pensamiento

La idea de este ejercicio es que sea bien simple y práctico, ya que está comprobado que para consolidar nuevos hábitos uno de los principios es que la nueva conducta resulte fácil de realizar.

Objetivo: Cultivar una mentalidad positiva al comienzo y al final del día.

Pasos:

Por la mañana

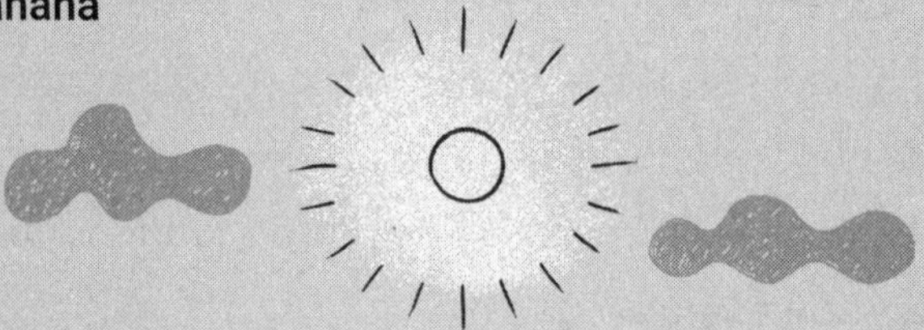

- Al despertar, tómate un momento para respirar profundamente y centrarte en el presente.
- Observa lo primero que cruza por tu mente. ¿Es positivo, neutral o negativo?
- Si es negativo o neutral haz un esfuerzo consciente para reemplazarlo por uno positivo. Puedes recordar algo que te hace feliz, dar gracias por algo o simplemente decirte a ti mismo que será un buen día.
- Mantén este pensamiento positivo en tu mente mientras te preparas para comenzar el día.

Por la noche

- Antes de irte a dormir, tómate otro momento para respirar profundamente y relajarte.
- Reflexiona sobre cómo fue tu día y observa qué fue lo último en lo que pensaste antes de dormir.
- Si es algo negativo busca algo positivo que haya sucedido durante el día. Puede ser algo pequeño como disfrutar de una taza de café por la mañana o recibir un elogio de un amigo.
- Recrea este momento positivo en tu mente mientras te preparas para descansar.

Idea adicional: diario de pensamientos

Puedes tener un cuaderno o libreta junto a tu cama para registrar tus pensamientos por la mañana y por la noche. Esto te ayudará a ser más consciente y a seguir practicando la mentalidad positiva.

LA CONFIANZA ES COMO UN MÚSCULO: CRECE ATRAVESANDO DESAFÍOS

Podemos pensar en la confianza como un músculo que se fortalece atravesando desafíos: es decir, haciendo cosas que nos cueste hacer y mantener, como los hábitos nuevos.

La metáfora de la confianza como un músculo que se puede fortalecer nos sirve para comprender que podemos mejorar el hábito de la autoconfianza a lo largo del tiempo. Al igual que con cualquier músculo en el cuerpo, la seguridad en uno mismo requiere ejercicio y práctica constantes para fortalecerse y crecer.

Imagina la confianza como un músculo en tu mente. Así como levantas pesas para fortalecer tus músculos físicos, necesitas ejercitar tu confianza para hacerla más fuerte. Aquí hay algunas formas de lograrlo:

Entrenamiento regular: al igual que con el entrenamiento físico, el desarrollo de la seguridad requiere consistencia y dedicación. Esto significa practicar situaciones que desafían tu confianza y afrontar tus miedos de manera regular. Cada vez que te enfrentas a una situación que te hace sentir inseguro y la superas estás ejercitando tu confianza y fortaleciéndola. **Idea:** algo que te puede ayudar para atravesar un desafío es «¿y qué pasa si pruebo...?, ¿y qué pasa si hago...?, ¿y qué pasaría si hoy empiezo a...?». Y pensar en un final positivo para cada respuesta.

Incremento progresivo: al igual que aumentas gradualmente la carga cuando levantas pesas para fortalecer tus músculos, puedes aumentar gradualmente el nivel de desafío en tus actividades para construir tu confianza. Comienza con retos pequeños y alcanzables; recuerda que la regla es que sea simple y fácil. A medida que te sientas más cómodo, aumenta escalonadamente la dificultad. Este punto es fundamental en la construcción de un hábito nuevo. **Idea:** ¿Qué pequeño desafío podrías afrontar esta semana? Por ejemplo, ¿podrías empezar a llevar el registro de pensamientos diarios? Es importante que te detengas en este punto y pongas por escrito la acción que vas a realizar.

Persistencia y resistencia: fortalecer un músculo requiere tiempo y paciencia, y lo mismo ocurre con la confianza. Es fundamental perseverar incluso cuando afrontes contratiempos o fracasos. Cada vez que te caigas y te levantes estás fortaleciendo tu capacidad para recuperarte y seguir adelante. **Idea:** Cada vez que te «caigas» pregúntate de inmediato «¿qué aprendí?» o «¿cómo puedo hacerlo mejor o distinto la próxima vez?». Cada vez que te recuperes de una caída anótalo como un logro. Puedes iniciar un Registro de Logros hoy mismo.

Descanso y recuperación: al igual que los músculos necesitan tiempo para descansar y recuperarse después de un entrenamiento intenso, tu seguridad también necesita tiempo para hacerse fuerte. No te castigues demasiado por los reveses y recuerda tomarte una pausa para recargar energías cuando sea necesario. **Idea:** ¿De qué forma puedes empezar a lograrlo? Elige una actividad que te motive; así como no dejarías tu móvil sin batería, necesitas alguna actividad que te sirva para renovar tu energía.

Al adoptar esta metáfora de la confianza como un músculo que se puede fortalecer puedes cambiar tu enfoque hacia la mejora personal. En lugar de ver la seguridad como algo fijo e inamovible comienzas a verla como una habilidad que se cultiva y se desarrolla a lo largo del tiempo con esfuerzo y práctica constante.

✦

La confianza es como un músculo:
se fortalece atravesando desafíos.
¿A qué desafíos les puedes dar
la bienvenida hoy?

VERÓNICA Y FLORENCIA ANDRÉS

LA TEORÍA DEL DESAFÍO: ¿HUNDIRNOS O SUPERARNOS?

Arnold Toynbee, uno de los historiadores más importantes del siglo XX y padre de la «Teoría del Desafío», analizó varios ejemplos históricos en su obra monumental *Estudio de la historia,* y uno de ellos fue el caso de los egipcios y sus inconvenientes con los desbordes del río Nilo. Este ejemplo ilustra cómo una civilización afrontó algo natural, recurrente y cómo su respuesta afectó a su desarrollo y a su supervivencia.

Los antiguos egipcios dependían en gran medida de las inundaciones anuales del río Nilo para fertilizar sus tierras y asegurar una cosecha abundante. Sin embargo, estas inundaciones también podían ser destructivas y devastadoras si no se manejaban adecuadamente. El reto era enorme y las posibilidades dos: hundirse o superarse; crecer o desaparecer.

La solución fue desarrollar un elaborado sistema de irrigación y gestión del agua que incluía canales, diques y presas. A través de la ingeniería hidráulica y la organización social, los egipcios lograron controlar las inundaciones del Nilo y aprovechar al máximo sus beneficios.

Este ejemplo ilustra cómo una civilización afrontó un desafío natural significativo y, en lugar de ser arrasada por él, encontró una manera de superarlo y aprovecharlo para su beneficio. La capacidad de los egipcios para adaptarse y responder de manera efectiva a esto fue fundamental para su supervivencia y su desarrollo a lo largo del tiempo.

Al estudiar casos como este, Toynbee sugirió que las civilizaciones exitosas son aquellas capaces de afrontar y superar todo lo que se les presente (ya sea natural o creado por el hombre).

Esta idea puede aplicarse no solo a la historia de las civilizaciones, sino también a nuestra vida, donde afrontamos constantemente obstáculos que requieren adaptación, resiliencia y creatividad para superarlos. Afrontamos constantemente problemas en nuestro camino y cómo respondemos a ellos puede determinar si nos hundimos o nos superamos. Aquí hay algunas formas en que podemos aplicar la teoría de Toynbee.

- **Actitud ante los desafíos:** Toynbee sugiere que las civilizaciones exitosas son aquellas que enfrentan los inconvenientes con una actitud de adaptación y crecimiento. Del mismo modo, cuando nos enfrentamos a desafíos en nuestras vidas es importante adoptar una actitud positiva y proactiva. En lugar de verlos como obstáculos insuperables podemos verlos como oportunidades para crecer y aprender. Aquí ya empieza a ser importante el concepto de cómo «vemos» lo que nos sucede, es decir, cómo lo interpretamos, por ejemplo, «lo que para la oruga es el final para la mariposa es el principio».

- **Resiliencia ante la adversidad:** las civilizaciones que sobreviven y prosperan a lo largo del tiempo son aquellas capaces de adaptarse y recuperarse de la adversidad. De manera similar, cuando afrontamos dificultades y desafíos en nuestras vidas es importante mantenernos firmes frente a ellos. En lugar de rendirnos ante la primera señal de dificultad podemos buscar soluciones creativas y seguir adelante con determinación. Una pregunta que siempre ayuda es pensar ¿por dónde estará la salida?, ¿cuál será la solución? Existe, solo que aún no la vemos.

- **Aprendizaje y evolución:** Toynbee sugiere que las civilizaciones exitosas son aquellas que son capaces de aprender de su pasado y evolucionar con el tiempo. Del mismo modo, cuando afrontamos desafíos es importante reflexionar sobre nuestras experiencias y extraer lecciones útiles de ellas. En lugar de repetir los mismos errores una y otra vez podemos usar cada oportunidad para crecer y evolucionar como personas. Por eso, cada vez que nos equivoquemos, podemos pensar que los errores pueden ser la antesala de los grandes descubrimientos. La pregunta, entonces, después de cometer un error es ¿qué descubrí? o ¿qué lección o aprendizaje puedo extraer de esto que sucedió?

En última instancia, la teoría del desafío de Arnold Toynbee **nos recuerda que afrontar retos en nuestras vidas es inevitable, pero cómo respondemos a ellos está en nuestras manos.**

LA FÓRMULA MÁGICA: H + R = R

Aquí quiero enseñarte la fórmula mágica que trabajamos con Juana. La que le permitió cambiar su vida y que puede realmente cambiar la tuya. Es la que yo misma utilicé a lo largo de mi vida para ponerme metas y superar obstáculos y que aprendí hace más de treinta años de la mano de mi colega y amigo Jack Canfield.

Es una herramienta simple pero poderosa para comprender cómo nuestras respuestas o interpretaciones de los hechos que nos suceden son las que influyen en los resultados que obtenemos.

- **Hecho (H):** se refiere a cualquier hecho o situación que ocurra en nuestras vidas, ya sea positivo o negativo. Estos acontecimientos pueden ser, por ejemplo, cambiar de trabajo, pasar un examen, atravesar una crisis económica o familiar, etcétera.
- **Respuesta (R):** es nuestra respuesta a ese hecho. Esto significa cómo elegimos responder o interpretar la situación, lo que desencadena sentimientos y después vienen las acciones posteriores. Nuestra respuesta puede ser positiva, negativa o neutra y va a impactar en el resultado final.
- **Resultado (R):** es el resultado o consecuencia de nuestra respuesta al hecho. Estos pueden variar ampliamente dependiendo de cómo

elijamos responder. Una respuesta positiva y proactiva generalmente conducirá a resultados positivos, mientras que una respuesta negativa o reactiva generalmente llevará a resultados negativos o a mantenernos estancados.

La fórmula H + R = R nos recuerda que, aunque no siempre podemos elegir las cosas que nos pasan, sí podemos elegir cómo responder frente a ellas. En el espacio que hay entre el acontecimiento (hecho) y su consecuencia (resultado) está nuestra respuesta, y esta representa nada más y nada menos que nuestra **libertad.** Al ser conscientes de que tenemos la posibilidad de elegir cómo responder de manera constructiva y proactiva podemos ejercer una influencia significativa en los resultados que obtenemos para forjar la vida que queremos y la suerte que nos merecemos tener. **Es decir: nuestra buena suerte en la vida no depende tanto de las cartas que nos toquen, sino de cómo las juguemos.**

Veamos algunos ejemplos:

- **Hecho:** tu desafío personal es participar en un maratón, tienes más de cincuenta y cinco años y nunca has intentado algo similar.
- **Respuesta negativa:** para alguien de tu edad y experiencia este desafío puede parecer abrumador al principio. Puedes sentirte tentada a convencerte de que no eres lo suficientemente capaz de completar el maratón, que tal vez eres demasiado mayor para ello. No entrenas y te rindes antes de empezar.
- **Resultado:** no completas la carrera y te sientes decepcionada contigo misma. Esta experiencia refuerza tus dudas y disminuye tu confianza en

tus habilidades para afrontar desafíos futuros, similares o de otra índole.

- **Respuesta positiva:** te entusiasmas con la idea, te comprometes a entrenar todos los días aunque no tengas ganas. Mantienes una actitud positiva y te visualizas cruzando la línea de la meta con éxito.
- **Resultado:** aunque la mayor parte del tiempo estabas rezagada completas el maratón, te sientes superorgullosa de ti misma. Se refuerza tu confianza personal y tu capacidad de afrontar nuevos desafíos y alcanzar nuevas metas. Y además estás tan contenta contigo misma y con tu suerte que se lo cuentas a todo el mundo.

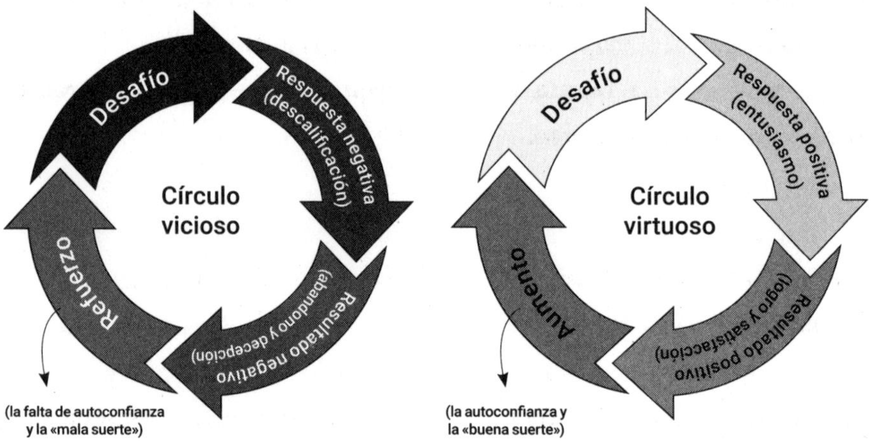

Es decir, una respuesta negativa lleva a resultados negativos que refuerzan las dudas y la falta de confianza en uno mismo. Al permitir que el miedo y la autocrítica dicten nuestras acciones nos impedimos a nosotros mismos alcanzar nuestro potencial y experimentar el crecimiento personal. Y, sin duda, todo esto trae aparejados resultados negativos que solemos llamar «mala suerte».

Por el contrario, cuando decidimos responder de manera positiva se desencadenan pensamientos positivos que, a su vez, generan emociones positivas. Esto produce resultados positivos que refuerzan nuestra confianza. Y por supuesto, esto afecta positivamente a nuestra «suerte».

Es importante reconocer cómo nuestras respuestas a los hechos, y no los hechos en sí mismos, son lo que determina los resultados y cómo la búsqueda activa de respuestas más positivas y constructivas impacta directamente en el hábito de creer en nosotros mismos.

Y esto es una buena noticia porque depende de nosotros al igual que la buena suerte.

LA CONFIANZA EN UNO MISMO, LA RESILIENCIA Y LA ESPERANZA

La resiliencia se puede entender como la capacidad de una persona para adaptarse, recuperarse y salir fortalecida de las experiencias difíciles, crisis o desafíos en la vida. Implica la capacidad de afrontar la adversidad y encontrar maneras de sobreponerse a ella de una forma positiva y, de alguna manera, aumentar la confianza en uno mismo.

La resiliencia no significa simplemente «superar» una crisis, sino también aprender y crecer a partir de ella. Las personas resilientes no solo logran recuperarse de los hechos traumáticos o difíciles, sino que también pueden encontrar un sentido de fortaleza interior, aumentar su autoconfianza y desarrollar habilidades efectivas para afrontar desafíos futuros.

La gran pregunta es si la resiliencia es una característica innata de los que son optimistas o fuertes por naturaleza, o si es un tipo de hábito «de la buena suerte» que se puede aprender a lo largo del tiempo. Lo genial es que, como casi todo lo que planteamos en este libro, es un hábito que podemos cultivar. Claro está que en gran parte dependerá de la postura que adquiramos frente a lo que nos sucede.

Podemos vivir la adversidad como víctimas de lo que nos pasa o como protagonistas de lo que queremos que nos suceda.

A menudo en nuestros cursos nos dicen que esto de sentirse protagonistas está muy bien, pero no es nada fácil, ¿no? Juana también nos hizo la pregunta ¿cómo se logra?, ¿cómo puedo llegar a sentirme protagonista de mi vida?

Creo que la clave está en el verbo **«elegir»**. Aun en las circunstancias más adversas que nos imaginemos siempre podemos decidir cómo queremos responder frente a lo que sucede. Parece una afirmación utópica, ¿no?, pero en realidad no lo es. Para ilustrarlo podemos repasar la historia en donde siempre han existido hombres y mujeres que nos han demostrado cómo hacerlo.

Tal es el caso de Viktor Frankl, un psiquiatra y neurólogo austriaco, que lo tenía todo: familia, fama y fortuna. Hasta que un día llegaron los nazis y le arrebataron todo menos su capacidad de **elegir** cómo responder frente a lo que le sucedía. Y en ese campo de concentración aterrador sometido a, tal vez, la peor crisis que pueda atravesar el ser humano, Viktor Frankl **optó** por usar ese tiempo para observar cómo se comportaban los seres humanos frente a tremendo dolor. Y descubrió que, aun en las peores circunstancias, había personas que elegían compartir con otros su último pedacito de pan. Me parece superimportante fijar este concepto de Viktor Frankl porque es de gran ayuda. **Y eso se llama ¡libertad!**

Frankl, a partir de estas experiencias, desarrolló la logoterapia que se basa en la idea de que la búsqueda de sentido es la principal motivación humana incluso en las circunstancias más adversas. Además, la esperanza juega un papel importante en la filosofía de Frankl y en su enfoque terapéutico. La esperanza se deriva del sentido de que incluso en medio del sufrimiento y la desesperación, existe la posibilidad de un futuro mejor.

Frankl pone énfasis en que la esperanza no es solo una emoción pasiva, sino una actitud activa que impulsa a las personas a buscar significado y a afrontar los desafíos con determinación y valentía.

En resumen, podemos decir que la resiliencia, la esperanza y la confianza en uno mismo están interconectadas de manera intrínseca. La capacidad de encontrar significado, incluso en medio del sufrimiento, así como la actitud de esperanza activa son fundamentales para la construcción de la resiliencia y la capacidad de superar la adversidad.

Me imagino este diálogo imaginario con el doctor Frankl: frente a una situación desfavorable que puedas estar afrontando actualmente si él te preguntara «¿cómo describirías tu nivel de esperanza en este momento? y, más importante, ¿qué acciones específicas puedes emprender hoy para mejorarlo incluso si es solo un 1 %?».

En momentos de dudas, de angustia, de falta de confianza, el ejemplo de Frankl nos llena de ilusión y nos recuerda que somos mucho más que las circunstancias que nos tocan vivir, que estas son importantes, pero no tienen que ser determinantes y que confiar en nosotros mismos, aun en los peores momentos, es siempre una elección y algo que podemos aprender a cultivar.

✦

La vida nunca se vuelve insoportable por las circunstancias, sino solo por falta de significado y propósito.

VIKTOR E. FRANKL

Ejercicio: diario de resiliencia

Objetivo: Cultivar la capacidad de adaptarse y recuperarse de situaciones difíciles, desarrollar una actitud positiva y aprender de las experiencias adversas.

Pasos:

- **Preparación:** consigue un cuaderno o crea un documento digital para llevar un registro de tus reflexiones y experiencias.
- **Identifica las situaciones desafiantes:** toma unos minutos para reflexionar sobre las situaciones difíciles o estresantes que has afrontado recientemente. Pueden ser situaciones familiares, laborales, con amigos, etcétera.
- **Analiza tu respuesta:** para cada situación desafiante identificada analiza cómo respondiste inicialmente. ¿Cómo te sentiste?, ¿cómo respondiste? Anota tus pensamientos y emociones.
- **Encuentra el aprendizaje:** luego reflexiona sobre lo que aprendiste de cada una de estas situaciones. ¿Qué habilidades o recursos internos utilizaste para afrontarla?, ¿qué podrías haber hecho de manera diferente?
- **Identifica el crecimiento personal:** piensa en cómo estas experiencias te han ayudado a crecer y fortalecerte como persona. ¿Qué lecciones has aprendido?, ¿cómo te has vuelto más resiliente?

- **Compromiso continuo:** establece el compromiso de continuar con este ejercicio de manera regular escribiendo en tu «diario de resiliencia» varias veces por semana. A medida que continúes practicando observa cómo tu capacidad de adaptarte y recuperarte de los contratiempos se fortalece con el tiempo.

Recuerda que la resiliencia es un proceso continuo de aprendizaje y crecimiento y este ejercicio te ayudará a desarrollar esta importante habilidad que forma parte del hábito de creer en uno mismo.

LA TRANSFORMACIÓN DE LAS CREENCIAS LIMITANTES

El hecho de dudar de nosotros mismos tiene mucho que ver con las creencias que tenemos acerca de nosotros. Podríamos decir que son como cuerdas imaginarias que nos atan. Que nos impiden avanzar. Por más que queramos ir hacia un objetivo las creencias limitantes nos echan para atrás. Y muchas veces están presentes en nuestra vida desde temprana edad.

Para entender cómo funcionan pensemos en cómo se entrena a un elefante de circo. En muchos circos, los elefantes son entrenados desde una edad temprana utilizando una técnica en la que se les coloca una cuerda alrededor de una de sus patas y se ata a un poste clavado en el suelo. En esta etapa, el elefante es joven y carece de la fuerza para romper la cuerda o liberarse del poste, por lo que aprende que no puede escapar.

Con el tiempo, a medida que el elefante crece, su fuerza aumenta considerablemente y podría romper la cuerda con facilidad o arrancar el poste de raíz. Sin embargo, debido a su experiencia previa, el elefante ha interiorizado la creencia limitante de que no puede liberarse de la cuerda, así que ni siquiera lo intenta, a pesar de que físicamente tiene la capacidad de hacerlo.

De manera similar, las creencias limitantes que tenemos como seres humanos pueden formarse a partir de experiencias pasadas, comentarios de otros o mensajes culturales, entre otros factores. Estas pueden limitar nuestra percepción de lo que somos capaces de lograr y nos impiden alcanzar nuestro verdadero potencial.

Así como el elefante en el circo podría liberarse si desafiara su creencia limitante, nosotros también podemos superar estas creencias desafiándolas activamente y desarrollando una mentalidad de crecimiento. Al cuestionarlas y explorar nuevas formas de pensar y actuar podemos liberarnos de las limitaciones autoimpuestas y alcanzar niveles más altos de autoconfianza y realización personal.

EL EFECTO BANNISTER

Sir Roger Bannister es un atleta británico que el 6 de mayo de 1954 se convirtió en el primero en correr una milla en menos de cuatro minutos. Antes de que Bannister lograra esta hazaña se creía ampliamente que correr una milla en menos de cuatro minutos era imposible y que el cuerpo humano simplemente no podía hacerlo. Sin embargo, Bannister desafió esta creencia al romper la barrera de los cuatro minutos estableciendo un nuevo récord mundial con un tiempo de 3 minutos y 59.4 segundos.

El impacto de su logro llamó la atención ya que desafió lo que hasta ese momento era una creencia científica. Su éxito demostró que lo que antes se consideraba imposible era, en realidad, alcanzable, lo que inspiró a muchos otros atletas a perseguir la misma meta. En los años siguientes, el logro de Bannister continuó siendo superado regularmente por otros corredores demostrando así el poder del efecto Bannister en acción.

El «efecto Bannister», así se lo llama, ilustra cómo el logro de un objetivo considerado previamente inalcanzable puede inspirar a otros a aumentar la confianza en uno mismo, a superar sus propias limitaciones y a perseguir sus sueños con renovada determinación.

CÓMO «DESAFIAR» LAS CREENCIAS QUE NOS LIMITAN. LA CREACIÓN DE UNA NUEVA IDENTIDAD

Ya vimos que las creencias limitantes funcionan como cuerdas que nos atan y nos fijan en el hábito de dudar de nosotros mismos. La forma más práctica que he encontrado para «desafiarlas» es «editándolas».

Cuando me refiero a «editarlas» significa que nos debemos enfocar en la persona que queremos ser en lugar de enfocarnos en lo que queremos lograr.

Este cambio de perspectiva es interesante y lo propone James Clear como la base para afianzar un nuevo hábito. **No es tanto describir qué quiero lograr, sino en qué me quiero convertir. Es decir, propone un cambio de identidad.**

Por ejemplo, en lugar de enfocarnos únicamente en el objetivo de ir al gimnasio todos los días, podemos centrarnos en adoptar la identidad de una persona comprometida con su salud y bienestar. Esto implica cambiar tu mentalidad y tu autopercepción para verte como alguien que ama cuidar su cuerpo y que disfruta del proceso de entrenamiento. De esta manera los hábitos basados en la identidad se construyen para el resto de la vida y no son algo circunstancial. Cada acción o paso que des es como un votar por la clase de persona en la que te quieres convertir.

Otro ejemplo: retomemos el caso de Juana y su dificultad para dedicarle tiempo al ejercicio físico. Al hablar con ella apareció esta creencia limitante: «No soy una persona disciplinada y nunca podré mantener una rutina de ejercicio».

Le propusimos que, en lugar de enfocarse en lo que no era (disciplinada), se enfocara en lo que quería convertirse (una persona comprometida con su bienestar).

Así logró armar una creencia empoderadora basada en la identidad que quería consolidar y le permitió afianzar el cambio que tanto quería lograr (repitiéndosela todos los días), en especial cuando no tenía ganas de ir a entrenar.

«Soy una persona comprometida con mi salud y bienestar. Entrenar regularmente y cuidar mi cuerpo me hace bien y me hace sentir segura».

Clear concluye diciendo algo muy interesante con respecto a este punto:

✦

Transformarte en la mejor versión de ti mismo requiere que continuamente «edites» tus creencias y eleves y expandas tu identidad. La verdadera razón por la que los hábitos son importantes no es porque podemos conseguir mejores resultados, sino porque puedes cambiar las creencias que tienes acerca de ti mismo.

James Clear

Tenemos el poder de cambiar las propias creencias acerca de nosotros mismos. Nuestra identidad no está grabada en piedra. Podemos elegir en qué nos queremos convertir decidiendo qué hábitos queremos cultivar todos los días.

TRES PASOS PARA ELIMINAR CREENCIAS LIMITANTES. EL MÉTODO LEFKOE

El Método Lefkoe para cambiar creencias limitantes fue desarrollado por Morty Lefkoe y su esposa Shelly Lefkoe —colegas del Transformational Leadership Council—. Shelly es, además, autora del libro *Hitting the wall*, y una amiga. Se trata de una técnica de *coaching* que se centra en identificar y eliminar las creencias limitantes arraigadas en la mente subconsciente y es superútil para reconocer de dónde pueden provenir nuestras limitaciones y revertirlas.

El método se basa en la premisa de que nuestras creencias sobre nosotros mismos y sobre el mundo pueden limitar nuestras experiencias y nuestro potencial. Estas creencias suelen formarse en la infancia a partir de experiencias y eventos significativos, como vimos anteriormente en los tres espejos, y pueden manifestarse como autocríticas, miedos, inseguridades u otras trabas que nos frenan.

El Método Lefkoe utiliza una serie de pasos y técnicas para ayudar a las personas a identificar y desafiar estas creencias limitantes y luego reemplazarlas por creencias más empoderadoras y positivas.

El enfoque del Método Lefkoe es práctico, está orientado a resultados y se ha utilizado con éxito para abordar una amplia gama de problemas emocionales y psicológicos incluyendo la autoestima, la ansiedad, la culpa y el miedo al fracaso.

A continuación, los pasos del método con un ejemplo:

Creencia limitante: «No soy lo suficientemente bueno/a». Esta es muy amplia y genérica de otros miles de creencias limitantes.

1. **Identificación de la creencia limitante:** el primer paso consiste en reconocer que hay pensamientos recurrentes que te dicen que «no eres lo suficientemente buena/o» en diversas áreas como el trabajo (por ejemplo, para aprender habilidades digitales), en las relaciones personales (para comunicarte con efectividad) o en tus habilidades creativas (ya sea cocinar, pintar, escribir, etcétera).
2. **Identificación de la fuente de la creencia:** reflexiona sobre tu pasado y verifica si hay momentos en los que hayas recibido críticas o comentarios negativos que contribuyeron a tu creencia de no ser lo suficientemente buena/o. Por ejemplo, recuerda si alguien significativo te dijo «que nunca serías buena para... ».
3. **Cuestionamiento de la validez:** el tercer paso consiste en cuestionar si hay pruebas objetivas que respalden la creencia de «no ser lo suficientemente buena o bueno». Y también es momento de hacer lo contrario: de darte cuenta de que seguramente tuviste éxito en algunas áreas de tu vida y que los juicios de otras personas no necesariamente te reflejan.
4. **Reinterpretación de la experiencia:** el cuarto paso es darte cuenta de que la persona que emitió un juicio sobre tu persona estaba expresando su opinión. Las opiniones son nada más que eso: opiniones subjetivas, no verdades absolutas. Y que la habilidad por la que fuiste cuestionada no define tu valor como

persona. También recuerda específicamente momentos en los que hayas tenido éxito en otras áreas.

5. **Integración de una nueva convicción:** el quinto paso consiste en adoptar una nueva y motivadora, por ejemplo: «Soy capaz en muchas áreas de mi vida» o «puedo desarrollar o aprender lo que me proponga». Y te comprometes a repetir esta afirmación regularmente y a actuar de acuerdo con ella centrándote en tus fortalezas y en lo que puedas lograr.

En resumen, el Método Lefkoe es una herramienta efectiva para cambiar convicciones que nos limitan y promover un mayor bienestar emocional y mental y combatir el hábito de dudar de nosotros mismos y afirmar el hábito de la autoconfianza.

Ejercicio: destrabar las creencias limitantes

Objetivo: Identificar y cuestionar pensamientos y percepciones que impiden el crecimiento personal.

1. Identifica cualquier pensamiento negativo o autolimitante experimentado al afrontar un desafío. ¿Pensaste que no eras lo suficientemente buena/o?, ¿dudaste de tu capacidad para superarlo?

2. ¿Puedes reconocer de dónde puede provenir esa creencia?, ¿la voz de quién tiene? (padres, maestros, amigos, jefes, etcétera).
3. ¿Hay pruebas objetivas que respalden esa creencia? Y más importante, ¿qué pruebas tienes de lo contrario?
4. ¿Puedes reconocer que esa convicción proviene de la opinión/juicio de una persona y que no es la verdad absoluta?, ¿puedes recordar otros momentos donde te sentiste segura y capaz?
5. ¿Qué podrías pensar para neutralizar esa creencia: un pensamiento motivador que te sirva para fortalecer tu confianza? Por ejemplo: «Puedo superar este desafío».
6. ¿En qué te estás convirtiendo al pensar así? y ¿qué nueva identidad estás reforzando?

Cuando Juana hizo este ejercicio se dio cuenta de dónde provenía su falta de confianza para expresarse y su sensación de ser invisible. De pequeña le decían que cuando hablaba no se le entendía nada. Y recordó las reiteradas ocasiones en que sus padres preferían que a la hora de decir algo importante lo hiciera su hermana mayor. Cuando descubrió la raíz la pudo desafiar y reemplazar por una voz poderosa que provenía de ella misma y, poco a poco, empezó a sentirse valiosa y capaz de cultivar su propia confianza y también merecedora de... la buena suerte.

LA DIFICULTAD PARA RECONOCER NUESTRAS PROPIAS HABILIDADES Y LOGROS

Ana es una diseñadora gráfica con talento que ha trabajado en la industria durante varios años. A pesar de recibir elogios por su labor y tener éxito en varios proyectos, Ana constantemente duda de sus habilidades y se siente como si no mereciera el reconocimiento que recibe. A menudo se compara con sus colegas y siente que no está a la altura de otros.

A pesar de recibir elogios por su creatividad y habilidades técnicas, Ana los considera como simples golpes de suerte o resultados de circunstancias externas. Siempre espera ser descubierta como una impostora y teme que otros se den cuenta de que no es tan competente como aparenta ser.

A pesar de sus éxitos sigue luchando contra la sensación de ser una impostora. Siente que su carrera ha sido más una cuestión de suerte que de habilidad real. Esta falta de confianza en sí misma la lleva a dudar constantemente de sus logros y a temer que, en algún momento, la suerte se agote y sea descubierta como un «fraude». Aunque otros la ven como una diseñadora talentosa y exitosa, Ana sigue luchando con sus propios demonios internos buscando desesperadamente la validación que nunca parece llegar.

Esta historia se ve mucho más frecuentemente de lo que imaginamos. Se trata de un fenómeno conocido como el «síndrome del impostor».

EL SÍNDROME DEL IMPOSTOR

Las psicólogas **Pauline Clance y Suzanne Imes** fueron las primeras en ponerle nombre en 1978 a esta sensación que describe la imposibilidad de interiorizar los propios logros a pesar de contar con pruebas de su éxito. Se lo describe como un fenómeno psicológico en el que las personas experimentan dudas persistentes sobre sus propias habilidades y logros. A menudo afecta a individuos altamente capaces y con éxito en sus campos que sienten que son «fraudes» y que, en algún momento, serán descubiertos como impostores. Este fenómeno puede afectar a personas de todos los ámbitos de la vida incluyendo profesionales, estudiantes, artistas y líderes empresariales.

Algunos ejemplos de personas muy conocidas que han admitido públicamente haber experimentado el síndrome del impostor incluyen a la escritora Maya Angelou, la actriz Emma Watson y el director de cine Tom Hanks y también la actriz Meryl Streep quien una vez confesó que ante cada estreno de una película siente miedo y se pregunta «¿a quién le va a interesar volver a verme actuar?».

Es decir, que a pesar de sus impresionantes logros y reconocimientos, estas personas han compartido sus luchas internas con la autoconfianza y la sensación de ser como fraudes en sus respectivos campos. Esta revelación destaca que el síndrome del impostor no discrimina según el nivel de éxito o reconocimiento externo y puede afectar a personas en todas las etapas de sus carreras.

Debo admitir que yo he experimentado el síndrome del impostor en mi propia vida. A pesar de ser invitada a dar conferencias y capacitaciones en todo el mundo (desde que tenía treinta años) e incluso recibir reconocimiento en países altamente desarrollados como Estados Unidos, Suecia y Finlandia siempre me invadía la duda sobre por qué precisamente me llamaban a mí o me premiaban: como, por ejemplo, por haber recibido la distinción de Dama de Gracia de la Orden de Malta por «la contribución extraordinaria al mundo de la educación». Me esforzaba por encontrar explicaciones poco convincentes como atribuirlo a mi origen «latino» y ser diferente o pensar que mi nacionalidad argentina me asociaba de alguna manera con la reina Máxima de los Países Bajos en donde también fui invitada con frecuencia. A pesar de recibir aplausos de pie y repetidas invitaciones, una parte de mí seguía creyendo que todo era fruto del azar y que no se repetiría en el futuro. Aunque las oportunidades seguían llegando, la sensación de ser una impostora persistió durante muchos años y muy de vez en cuando vuelve a aparecer. Creo que precisamente por ello le dediqué mi vida entera a estudiar el tema haciendo de la autoestima el eje de todos mis trabajos de investigación.

¿Se puede superar el síndrome del impostor?

Revertir completamente el síndrome del impostor puede ser un proceso lento y variado ya que depende de la gravedad de los síntomas y de las circunstancias individuales de cada persona. Sin embargo, aquí hay algunas estrategias que nos pueden ayudar a aliviar y superar el síndrome del impostor:

1. **Identificar y desafiar pensamientos negativos:** volvemos al tema de los pensamientos que vimos en el inicio de este capítulo. Reconocer y cuestionar las creencias limitantes sobre uno mismo es un primer paso crucial. Esto implica desafiar los pensamientos automáticos que llevan a sentirse como un impostor y reemplazarlos por unos más realistas y positivos.
2. **Buscar apoyo:** hablar con amigos, familiares o colegas de confianza sobre los sentimientos de impostor puede ayudar a obtener perspectivas externas y a sentirse menos solo en la experiencia. También se puede considerar buscar la ayuda de un terapeuta para obtener apoyo adicional si fuera necesario.
3. **Reconocer los logros:** hacer una lista de logros y reconocimientos pasados puede ayudar mucho a contrarrestar los sentimientos de ser un impostor. Reconocer el propio éxito y recordar las contribuciones positivas puede aumentar la autoconfianza y la autoestima. Esta fue la estrategia que a mí mejor me funcionó. El poner por escrito los éxitos pasados y continuar anotando los presentes realmente me ayudó y me ayuda a superar este síndrome que tanto puede socavar nuestra autoconfianza.
4. **Cambiar el diálogo interno:** esto implica reemplazar las reflexiones autocríticas con afirmaciones positivas sobre uno mismo y recordar los propios méritos y habilidades. Este punto está totalmente ligado al anterior ya que al recordar los logros pasados es normal que cambiemos el diálogo interior.

5. **Aceptar el fracaso como parte del proceso:** aceptarlo es una parte natural del crecimiento, y el aprendizaje puede ayudar a reducir la presión por ser perfecto y evitar los sentimientos de ser un impostor. Es esencial recordar que nadie es perfecto y que todos afrontamos fracasos en algún momento de nuestras vidas. Este punto fue especialmente revelador para mí a nivel personal. Criada por una madre extremadamente exigente, con frecuencia sentía que mis esfuerzos nunca eran suficientes ya que nunca podía alcanzar la perfección que ella parecía esperar de mí (o que yo pensaba que ella esperaba de mí). Sin embargo, llegué a comprender que la perfección es una meta inalcanzable reservada solo a Dios. En cambio, a medida que me fui transformando en una experta en estos temas, aprendí a dirigir mis esfuerzos hacia la excelencia que implica una búsqueda continua de mejora personal día a día. Al darme cuenta de que la excelencia es alcanzable y realista, el síndrome del impostor gradualmente se desvaneció.
6. **Celebrar el progreso:** reconocer y celebrar los éxitos y los avances personales, por pequeños que sean, puede ayudar a aumentar la confianza en uno mismo y reducir los sentimientos de ser un impostor. Aprender a valorar el propio trabajo y esfuerzo puede ser un paso importante hacia la superación del síndrome del impostor.

En resumen, para superar el síndrome del impostor es fundamental adoptar un enfoque multifacético que abarque desde cambiar patrones de pensamiento negativos hasta buscar apoyo emocional, reconocer logros y aceptar el fracaso como parte del crecimiento personal. Aunque pueda parecer complejo no es imposible. Mi propia experiencia es prueba de ello.

Ejercicio: armar un rincón de logros

Quienes se han entrenado en el método Confianza Total saben que esta es una de nuestras actividades favoritas por el profundo impacto que pueden producir en la mente subconsciente que es donde se suelen alojar las dudas más persistentes. Entonces... ¡manos a la obra!

1. **Selecciona el espacio adecuado:** elige un lugar visible en tu casa u oficina donde puedas crear tu rincón de logros. Puede ser una pared libre, una estantería, una mesita o, incluso, un tablero de corcho en la pared.
2. **Reune tus logros:** busca fotos de momentos de éxito, medallas, certificados, cartas de felicitación o cualquier otro símbolo de ellos que te gustaría mostrar en tu rincón. Pueden ser logros personales, profesionales, académicos o deportivos.

3. **Organiza tus elementos:** decide cómo quieres organizar tus elementos en el rincón. Puedes optar por colgar marcos de fotos en la pared, exhibir medallas en estantes o colgarlas en ganchos y colocar fotos, cartas o certificados en marcos o portarretratos o, simplemente, en un corcho.
4. **Prepara la pared o superficie:** si vas a colgar elementos en la pared asegúrate de prepararla adecuadamente. Es importante que se vea como algo estético y cuidado.
5. **Crea un punto focal:** elige un elemento central o una foto destacada que represente uno de tus resultados más importantes y colócalo en el centro de tu rincón de logros. Esto servirá como punto focal y atraerá la atención de los espectadores. Puedes poner una foto tuya en el centro como protagonista.
6. **Personaliza tu rincón:** agrega toques personales al rincón de logros como objetos que te inspiren, frases motivadoras o elementos decorativos que reflejen tus intereses y personalidad.
7. **Disfruta de tu rincón:** una vez que hayas terminado de armar tu rincón tómate un momento para admirarlo y reflexionar sobre tus logros pasados. Este espacio te servirá como recordatorio constante de tus éxitos y te motivará a seguir trabajando hacia tus metas futuras.

CONCLUSIÓN

La autoconfianza es un poderoso antídoto contra la costumbre de dudar de nosotros mismos, y su cultivo requiere un enfoque holístico que abarque diversos aspectos de nuestra mente y comportamiento. En este proceso, el papel de nuestros pensamientos es fundamental; son la base sobre la cual construimos la percepción de nosotros mismos y del mundo que nos rodea. Al comprender que nuestros pensamientos pueden ser moldeados y reestructurados, abrimos la puerta a la posibilidad de fortalecer nuestra autoconfianza.

La neuroplasticidad del cerebro es otro elemento crucial a considerar. Esta capacidad inherente del cerebro para adaptarse y cambiar significa que podemos entrenarlo para desarrollar una mayor seguridad en nosotros mismos. Al igual que un músculo, la confianza puede ser fortalecida con práctica y repetición convirtiéndose en una parte integral de nuestra identidad sin importar la edad que tengas.

Los desafíos que afrontamos en nuestra vida juegan un papel importante en este proceso de desarrollo de la autoconfianza. Cada obstáculo superado y cada creencia limitante desafiada nos acerca un paso más hacia una mayor confianza en nuestras habilidades y capacidades. A través de afrontar estos desafíos encontramos oportunidades para crecer y transformarnos.

La creación de una nueva identidad y la aplicación de técnicas como el Método Lefkoe nos brindan herramientas poderosas para desafiar las creencias limitantes que nos impiden alcanzar nuestro potencial completo. Al reemplazar estas creencias con pensamientos más positivos y empoderadores, podemos cambiar la forma en que nos vemos a nosotros mismos y al mundo que nos rodea.

El síndrome del impostor, que es emblemático de las dudas acerca de nosotros mismos, es un recordatorio de los desafíos que afrontamos en nuestro viaje hacia la autoconfianza. Sin embargo, es importante recordar que superar este síndrome y cultivar la autoconfianza es posible. Cada pequeño paso hacia adelante, incluso una mejora del 1 %, puede generar un cambio significativo a lo largo del tiempo como lo demuestra el principio del 1 % de mejora diaria, que nos enseña que una mejora constante puede llevar a un crecimiento exponencial.

En última instancia, al cultivar la autoconfianza y desafiar nuestras dudas internas, no solo estamos mejorando nuestra propia vida, sino que estamos generando una nueva identidad que nos permite ver posibilidades donde antes veíamos dificultades. Al adoptar una mentalidad de confianza y positividad estamos abriendo las puertas a nuevas oportunidades y experiencias que antes podrían haber pasado inadvertidas. Esta actitud positiva hacia nosotros mismos no solo nos prepara para aprovechar las oportunidades que se nos presentan, sino que también actúa como un imán para crearlas y así atraer la buena suerte en nuestra vida.

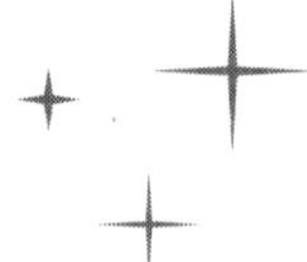

HÁBITO #2

ACTITUD MENTAL POSITIVA

EL ANTÍDOTO CONTRA EL HÁBITO DE LA NEGATIVIDAD

¿Alguna vez te dijeron «tienes que ser más positivo» y, en lugar de sentirte apoyado, te sentiste irritado? ¡Y con razón! En momentos de dificultad recibir este tipo de consejos suele ser contraproducente. Aunque la intención sea buena, estas palabras pueden hacernos sentir aún más negativos, frustrados o enojados. Además, nos enfrentamos a la realidad de que cambiar de un estado negativo a uno positivo no es tan simple como activar un interruptor. Nos sentimos culpables o incluso impotentes al no contar con las herramientas necesarias para hacer esa transición de manera eficiente.

Por eso, el segundo hábito que desarrollaremos es el de la actitud mental positiva (A.M.P.) que, precisamente, es el antídoto de la negatividad. Se identifica como «la mentalidad de una persona feliz» que puede atraer y percibir lo bueno en cada experiencia vivida. Y lo ponemos a continuación del hábito de creer en nosotros mismos para seguir levantando las barreras que muchas veces nos impiden ser felices.

Al igual que en el primer hábito, iniciaremos este viaje con un autodiagnóstico: una evaluación rápida y honesta de nuestro actual nivel de actitud mental positiva. El primer paso implica despertar la conciencia mediante la autoobservación.

SIN CONCIENCIA NO HAY CAMBIO POSIBLE

Autodiagnóstico inicial

- En una escala del 1 al 10, donde 1 es el nivel más bajo de actitud mental positiva y 10 es el más alto, ¿en qué nivel te encuentras hoy en tu A.M.P.?
- Ahora piensa en dónde te gustaría estar en esta escala al finalizar la lectura de este libro. ¿Cuál sería tu meta o nivel ideal de tu A.M.P. dentro de un mes, por ejemplo?
- Finalmente, imagina cómo te gustaría que fuera tu nivel de A.M.P. después de un año de poner en práctica las enseñanzas de este hábito. ¿Qué nivel te gustaría alcanzar en ese momento?

¿A QUÉ LLAMAMOS ACTITUD MENTAL POSITIVA?

Es nada menos que la mentalidad que permite que veamos lo bueno en cada momento de la vida, aun en los tiempos difíciles. Y también permite que atraigamos lo bueno, eso que en este libro llamamos «la buena suerte». Tener la actitud mental positiva es un hábito que ha sido descrito extensamente por Napoleon Hill y W. Clement Stone, quienes estudiaron a miles de personas exitosas y descubrieron que la actitud más importante para afrontar desafíos y crear oportunidades es la Actitud Mental Positiva. Por algo la llaman «la mentalidad de una persona feliz».

Napoleon Hill entrevistó a numerosos empresarios exitosos y líderes para identificar los principios comunes que los llevaron al éxito, y encontró que la actitud mental positiva era una característica crucial entre ellos. Clement Stone, por su parte, fue un empresario y filántropo que construyó un imperio empresarial a partir de la nada. Stone también enfatizó la importancia de la actitud mental positiva en sus escritos y discursos. Él creía firmemente en el poder de la autoafirmación y la visualización para alcanzar el éxito.

Todo esto suena muy interesante, pero imagino que algún lector se preguntará cómo lograrlo. Porque a la mayoría de los seres humanos nos da por hacer lo contrario: cultivar una **actitud mental negativa.** ¡Tenemos una especie de adicción a lo negativo! Y es verdad que, salvo algunas excepciones, lo común es que nos fijemos en lo que está mal, lo que falta, lo que no salió bien e ignoremos el resto. Si esto te pasa, ¡bienvenido al club!

La pregunta del millón es: ¿por qué tenemos esta tendencia? Y aquí viene una explicación científica que se conoce como **efecto Velcro-Teflón**. Es una forma de describir cómo nuestra mente procesa y retiene la información de manera selectiva. El término se refiere a la tendencia de la mente a «pegarse» a las experiencias negativas, como el velcro, mientras que las experiencias positivas «resbalan» como en una sartén de teflón.

Desde una perspectiva evolutiva, nuestro cerebro está programado para prestar más atención a las situaciones negativas, ya que en tiempos prehistóricos esto era vital para la supervivencia. Nuestros antepasados necesitaban estar constantemente alertas ante posibles amenazas, como depredadores o situaciones peligrosas. Por lo tanto, desarrollaron una predisposición a recordar y aprender de las experiencias negativas para evitar peligros futuros. Por eso, en el cerebro, las experiencias negativas están químicamente más recargadas que las positivas para que las recordemos más y en algún momento nos ayuden a sobrevivir.

Este mecanismo de supervivencia, sin embargo, puede tener repercusiones en la forma en que procesamos la información en la vida moderna. A menudo nos quedamos atrapados en pensamientos negativos o experiencias pasadas difíciles mientras que las experiencias positivas tienden a deslizarse como en una «sartén de teflón» y no se retienen con la misma fuerza. Esto puede llevar a un sesgo cognitivo hacia lo negativo, dicho de manera sencilla: estamos más preparados para prestar especial atención a las cosas malas que a las buenas.

Y este sesgo cognitivo puede alimentar un ciclo pernicioso. Cuando nos enfocamos excesivamente en lo negativo reforzamos las conexiones neuronales asociadas con esas experiencias, lo que puede llevar a una mayor sensibilidad hacia lo negativo en el futuro. Esto puede conducir a patrones de pensamiento automáticos y persistentes que refuerzan la percepción de que el mundo es un lugar negativo y peligroso.

Los pensamientos negativos recurrentes también tienen un nombre: P.A.N. (Pensamientos Automáticos Negativos). Aparecen sin que queramos y se instalan en nuestra percepción tiñéndolo todo de un color oscuro.

¿Cómo los reconocemos?

- Son involuntarios, emergen sin control.
- Se consideran incuestionables.
- Tienen una orientación pesimista.
- Se repiten constantemente en la mente.
- Distorsionan la percepción de la realidad.
- Son difíciles de desviar una vez que aparecen.
- Carecen de racionalidad y reflexión.
- Tienen una tendencia a exagerar o dramatizar.
- Se caracterizan por el uso de términos como «siempre» o «debería».
- Provocan emociones negativas o desagradables.

Seguramente reconozcas algunos de estos pensamientos en tu vida porque los tenemos todos y nos hacen daño, ya que socavan nuestra autoestima, afectan a nuestras relaciones, sabotean nuestros sueños, tiñen nuestra realidad de gris o de negro. Por eso, además de reconocerlos, vamos a ver alguna caracterización de los P.A.N. para que no te jueguen más en tu contra: para que los puedas identificar, observar y, finalmente, desarticular.

Los pensamientos automáticos negativos se presentan como si fueran hechos y realidades, pero no son sino... pensamientos «tramposos». En otras palabras, podemos decir que «nos hacen trampas».

LAS TRAMPAS DEL PENSAMIENTO

Aquí están algunas de las trampas del pensamiento más comunes; hay otras, pero en mi experiencia estas suelen ser las que más nos afectan:

- **Pensamiento catastrófico:** esto implica imaginar el peor escenario en situaciones futuras exagerando la gravedad de los eventos y subestimando la capacidad de afrontarlos. Por ejemplo, una persona podría experimentar pensamientos catastróficos al enfrentarse a un pequeño problema de salud, como un dolor en el pecho. Podría imaginar que esto es indicativo de un problema cardiaco grave e inminente, lo que la lleva a preocuparse excesivamente y pensar que se trata de un ataque al corazón. En realidad, el dolor en el pecho podría ser causado por una variedad de razones menos graves, pero esta rumiación la lleva a anticipar lo peor.

- **Generalización excesiva:** se trata de sacar conclusiones generales y permanentes a partir de una sola experiencia negativa sin tener en cuenta la evidencia contraria. Se usan palabras como «siempre, nunca, nadie, todos». Por ejemplo, una persona podría experimentar generalización excesiva si tiene una mala experiencia en una actividad social como una fiesta en donde no se sintió cómoda o incluida. Podría pensar: «Siempre me siento así en eventos sociales. Nunca encajo en ninguna parte. Todos me ignoran o me juzgan. Nunca tengo suerte». A partir de esta única experiencia negativa, generaliza y llega a la conclusión de que todas las interacciones sociales serán igual de desalentadoras y se olvida de las veces en que disfrutó de la compañía de otras personas en el pasado.
- **Filtro mental:** consiste en enfocarse exclusivamente en algunos aspectos negativos de una situación y descartar los positivos. Y suelen ser detalles, pero tiñen toda la experiencia. Por ejemplo, te vas de vacaciones a un lugar espectacular, pero te obsesionas con los detalles negativos que experimentas durante el viaje, como un retraso en el vuelo o una habitación de hotel que no llega a cumplir con todas tus expectativas. A pesar de la belleza del lugar y las circunstancias positivas del viaje, tu enfoque se centra únicamente en estos aspectos negativos empañando toda tu percepción de las vacaciones. Es como la gota de tinta china que tiñe todo un vaso de agua.

- **Personalización:** implica atribuir excesivamente la culpa a uno mismo por eventos negativos externos sin considerar otros factores. Esta trampa es muy común en las madres que sienten que son responsables de cualquier dificultad o problema que afronten sus hijos, incluso cuando hay muchos otros factores que contribuyen a la situación. Por ejemplo, una madre podría culparse a sí misma si su hijo tiene problemas en la escuela ignorando factores como el entorno escolar, las amistades del niño o sus propias habilidades de aprendizaje.
- **Magnificación y minimización:** se trata de exagerar la importancia de los errores propios y minimizar los logros personales y las cualidades positivas. Por ejemplo, imagínate que preparaste una comida superespecial para tu familia, pero algo pasó con el postre, no salió como esperabas y toda tu energía se enfoca en lo que no salió bien. Terminas sintiéndote mal contigo misma, minimizando los elogios y agradecimientos que recibiste por el resto de la comida.
- **Pensamiento polarizado o extremista:** este tipo de pensamiento se presenta cuando se clasifica todo en categorías extremas como «todo o nada» sin reconocer matices o áreas grises. Durante muchos años, junto con Flor, di clases en la universidad en la cátedra de Inteligencia Emocional y algo que teníamos muy presente a la hora de dar *feedback* es esta trampa del pensamiento que tenían muchos alumnos, que podían ver que, si su trabajo no recibía la mejor nota, entonces era un desastre. Por eso nosotras nos esforzábamos en dar

un *feedback* lo más completo posible siendo muy específicas en los puntos fuertes a destacar para luego señalar áreas de mejora.

- **Deberías y tendrías que:** consiste en imponerse a uno mismo o imponer a los demás expectativas rígidas, lo que puede generar sentimientos de culpa y exigencia excesiva. Imagínate que te has propuesto hacer ejercicio regularmente para mejorar tu salud. Al principio, estableces un objetivo realista de ir al gimnasio tres veces por semana. Sin embargo, después de una semana solo logras ir al gimnasio dos veces. En lugar de reconocer tu esfuerzo y progreso te sientes mal porque «deberías» haber ido al gimnasio tres veces y te sientes culpable y desanimada por no haber alcanzado el objetivo. Esta autoexigencia excesiva puede generar sentimientos de culpa y frustración, y lo más probable es que al cabo de un tiempo hasta dejes de ir por completo al gimnasio.
- **Lectura de la mente:** es una trampa cognitiva en la que asumimos que sabemos lo que otras personas están pensando o sintiendo sin tener evidencia clara para respaldar esa creencia. Esta trampa del pensamiento puede llevarnos a interpretar incorrectamente las acciones y motivaciones de los demás, lo que puede generar malentendidos, conflictos y ansiedad. Por ejemplo, recuerdo el caso de Laura: si su amiga María olvidaba felicitarla en su cumpleaños automáticamente «leía la mente de su amiga» y se convencía de que el olvido significaba que no le importaba lo suficiente. Lo que Laura no sabía es que María había estado muy atareada y simplemente se trató de

un olvido involuntario. Pero Laura no puede evitar interpretar la situación de manera negativa debido a su tendencia a la «lectura de la mente» que hacía que ella creyera saber —fehacientemente— lo que su amiga estaba sintiendo y pensando.

Los engaños de la mente son patrones que distorsionan nuestra percepción de la realidad y afectan a nuestra vida. Reconocer estas tendencias puede ayudarnos a desarrollar una mayor conciencia de nuestros pensamientos y emociones, y a aprender estrategias para abordarlos de manera más constructiva.

LA HISTORIA DE ELENA

Elena, una mujer de cincuenta y dos años, era propensa a tener los Pensamientos Automáticos Negativos (P.A.N.). Constantemente se preocupaba por el futuro, se criticaba a sí misma por errores pasados y tendía a ver el lado negativo de las situaciones y de las personas (hasta de sus amigos). A pesar de tener logros profesionales y personales se sentía atrapada en un ciclo interminable de pensamientos negativos que le impedían disfrutar plenamente de la vida. No era fácil estar con ella porque su negatividad era contagiosa, su energía solía ser baja y, secretamente, vivía lamentándose de su suerte.

Elena se inscribió en nuestro curso para aumentar la autoestima, para ver si podía cambiar los pensamientos negativos: ella sabía que los tenía, pero no sabía cómo modificarlos. Para empezar, le dijimos: «Tal vez no puedas evitar que los pájaros negros sobrevuelen sobre tu cabeza, pero puedes evitar que hagan un nido allí».

Eso la alivió. Y lo que más le interesaba era saber cómo lograr que estos no anidaran en su ser. Le transmitimos que hay muchas maneras, pero elegimos una simple y poderosa para que pudiera empezar. Compartimos con ella la técnica de las tres preguntas, una herramienta que creamos para cambiar los P.A.N.

Intrigada, Elena decidió probar esta estrategia en su vida diaria. Le explicamos que la clave era empezar a observar sus pensamientos como un centinela que tiene que proteger algo valioso: su mente. Cada vez que un pensamiento automático negativo surgía en su mente se tenía que detener y hacerse tres preguntas:

1. *¿Este pensamiento me sirve o no?*
2. *¿Este pensamiento me hace sentir bien o mal?*
3. *¿Este pensamiento me abre los caminos o me los cierra?*

Si lo que estaba pensando no le servía, la hacía sentir mal y le cerraba los caminos, lo que tenía que hacer era desechar ese pensamiento y reemplazarlo por otro que, sobre todas las cosas, le abriera posibilidades de acción. Al principio, le resultó difícil cambiar su forma de pensar, pero con el tiempo, comenzó a notar una diferencia significativa. Al cuestionarse de esta manera, Elena pudo desafiar sus patrones negativos y encontrar una nueva perspectiva más positiva y realista. Se dio cuenta de que muchos de sus miedos y preocupaciones eran infundados y de que conscientemente podía elegir enfocarse en las soluciones en lugar de en los problemas.

Con el tiempo, a medida que Elena incorporó como hábito la técnica de las tres preguntas se sintió más tranquila, segura y con control de su vida. A medida que practicaba regularmente los tres pasos descubrió que sus pensamientos se volvían más equilibrados y constructivos. Se dio cuenta de que no podía controlar todas las situaciones, pero podía controlar cómo respondía a ellas.

Al final, Elena encontró una nueva libertad y felicidad al liberarse del peso de los Pensamientos Automáticos Negativos. Se dio cuenta de que, al cambiar su forma de pensar, había abierto la puerta a infinitas posibilidades, a una vida llena de gratitud y «buena suerte» en donde cada desafío podía ser una oportunidad para crecer y prosperar.

Pero sigamos profundizando sobre este tema ya que deshacerse de las ideas negativas a veces no resulta nada fácil. Un principio de *coaching* que le enseñamos a Elena, al igual que a todos nuestros alumnos, es el siguiente: **«En lo que me enfoco crece».**

El principio «en lo que me enfoco crece» se refiere a la idea de que nuestras acciones, pensamientos y emociones se magnifican cuando les damos atención y energía. Cuando nos enfocamos en aspectos positivos de nuestra vida como la gratitud, el amor y el crecimiento personal estas áreas tienden a expandirse y fortalecerse. Por otro lado, si nos concentramos en lo negativo, como el miedo, la ira, la crítica o la autocrítica, esas emociones pueden dominar nuestra experiencia y afectar a nuestra percepción del mundo. Este principio nos recuerda la importancia de dirigir nuestra atención hacia lo que queremos cultivar, ya que eso es lo que tenderá a expandirse y florecer. Y es una elección de cada día, particularmente cuando las cosas no salen como esperábamos. ¡Por eso se trata de un hábito! A continuación, algunas ideas complementarias que te pueden servir para practicar el hábito de tener una mentalidad positiva. Para empezar, **es importante que sepas que atraemos lo que pensamos.**

La mente es como un imán: como vimos anteriormente nuestras creencias y pensamientos tienen un impacto directo en nuestra realidad. Si constantemente nos concentramos en pensamientos positivos y en visualizar nuestros objetivos, tenemos más probabilidades de atraer experiencias positivas a nuestras vidas. Por el contrario, si nos enfocamos en pensamientos negativos o en lo que tememos, es más probable que experimentemos resultados no deseados. Podemos pensar en la **mente** como un imán: esta metáfora ilustra cómo lo que pensamos actúa atrayendo hacia nosotros aquellas cosas o situaciones en las que nos enfocamos. Así como un imán atrae objetos metálicos, nuestros pensamientos y emociones atraen experiencias y situaciones que están en consonancia con ellos. Por lo tanto: **si nos enfocamos en lo negativo atraeremos las situaciones negativas.**

Veamos un ejemplo: Laura organiza una reunión con amigos y algunos cancelan en el último minuto. Laura se siente decepcionada y desanimada cuando algunos de sus amigos cancelan sus planes en el último momento. Aunque entiende que las personas tienen compromisos y emergencias interpreta las cancelaciones como una señal de que no la valoran lo suficiente o de que no disfrutan de su compañía. Se enoja y hasta se ofende con los que no fueron, lo considera como una falta de valoración personal. Comienza a distanciarse emocionalmente de ellos y a enfriar la relación. Evita contactarlos o invitarlos convenciéndose de que no es apreciada ni querida por esas personas. La frialdad y la distancia que ella misma impone en sus relaciones contribuyen a un círculo vicioso donde sus temores de no ser valorada se convierten en una profecía autocumplida.

En última instancia, la historia de Laura ejemplifica cómo nuestra mente actúa como un imán atrayendo hacia nosotros aquellas experiencias que reflejan nuestros pensamientos y emociones predominantes. Al enfocarse en lo que ella vive como falta de amor y la interpretación negativa de las situaciones, Laura termina atrayendo más de lo mismo: distanciamiento, pérdida de amistades y aislamiento emocional. Este ciclo reafirma la poderosa conexión entre nuestras ideas y nuestras experiencias recordándonos que, en última instancia, lo que manifestamos en nuestras vidas está —de alguna manera— relacionado con aquello en lo que elegimos enfocarnos.

EL SISTEMA DE ACTIVACIÓN RETICULAR ASCENDENTE

Algo más que necesitamos saber acerca de por qué es importante prestar atención a lo que nos enfocamos tiene que ver con nuestro cerebro, que si no lo sabemos usar nos puede jugar en contra. Pero si lo aprendemos a usar bien es increíblemente poderoso.

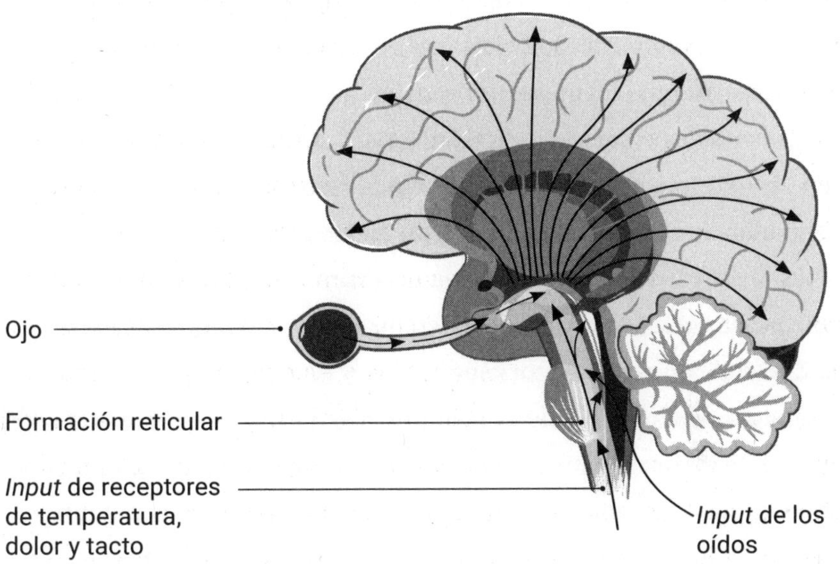

El Sistema de Activación Reticular Ascendente (S.A.R.A.) es una parte del cerebro que actúa como un filtro de atención. Está ubicado en el tallo del cerebro (la parte baja del cerebro que es la parte instintiva) y tiene ramificaciones que se extienden hasta la corteza cerebral (la parte alta del cerebro que es la parte pensante). Estas ramificaciones permiten que el S.A.R.A. module nuestra atención y conciencia filtrando y priorizando la información sensorial entrante en función de su relevancia para nuestros objetivos y necesidades en un momento dado. Funciona como un mecanismo de supervivencia que nos ayuda a priorizar la información relevante para nosotros. Dicho en otras palabras: entra en nuestro campo de percepción aquello que nos interesa, nos importa o nos preocupa. El resto queda fuera del campo de percepción ya que no podemos incorporar todos los estímulos que nos rodean.

Para entender mejor cómo funciona el S.A.R.A., en un ejemplo concreto, consideremos el caso de estar en un aeropuerto:

Imagina que estás esperando en la sala de espera de un aeropuerto abarrotado. Entre el ruido de las conversaciones, el barullo alrededor de las pantallas informativas y los anuncios por altavoz, tu mente está inundada de estímulos sensoriales.

En ese momento, escuchas el anuncio de un vuelo que coincide con el tuyo. A pesar del ruido y la confusión a tu alrededor, tu atención se centra de inmediato en ese anuncio específico. Es como si de repente ese sonido se volviera más nítido y relevante, mientras que los otros sonidos parecen desvanecerse en el fondo.

Este fenómeno ilustra cómo el S.A.R.A. opera en tiempo real. En un entorno lleno de información, el S.A.R.A. te ayuda a sintonizar selectivamente los estímulos que son importantes en ese momento, como el anuncio de tu vuelo. Esto te permite ignorar la mayoría de los otros sonidos y centrarte en lo que es crucial para tu situación, como estar atento a las llamadas de tu vuelo para no perderlo.

El Sistema de Activación Reticular Ascendente (S.A.R.A.) es fundamental en la historia de Laura ya que ilustra cómo este filtro mental influye en su percepción de las interacciones sociales y, en última instancia, en sus relaciones interpersonales.

Cuando Laura experimenta situaciones en las que se siente rechazada o menospreciada, su atención se centra en eso, su S.A.R.A. está en acción seleccionando y dando prioridad a los estímulos que confirman su creencia subyacente de falta de amor y aprecio. Este filtro mental la lleva a enfocarse selectivamente en los aspectos negativos de las situaciones, como las cancelaciones, en la reunión o la falta de reconocimiento en el trabajo, mientras ignora o minimiza los aspectos positivos o las posibles explicaciones alternativas.

A medida que su S.A.R.A. refuerza constantemente esta percepción negativa, Laura se vuelve más propensa a interpretar las interacciones sociales de manera distorsionada viendo rechazo en donde podría no existir. Este ciclo de filtrado selectivo y reforzamiento de creencias negativas contribuye a la pérdida gradual de amistades y al aislamiento emocional de Laura, ya que su mente sigue atrayendo más de lo mismo: situaciones que refuerzan su creencia en la falta de amor y de aprecio.

Ahora atención: si el S.A.R.A puede influir en nuestras percepciones de manera negativa también tiene el potencial de ser un filtro mental que nos ayude a percibir lo bueno si es un hábito que elegimos practicar. Al tomar conciencia de cómo funciona y practicar el enfoque consciente en aspectos positivos, Laura podría aprender a reinterpretar las situaciones de una manera más constructiva y equilibrada. Al cultivar la práctica de buscar lo positivo en cada experiencia y desafiar las interpretaciones sesgadas, Laura podría cambiar gradualmente su enfoque y abrirse a nuevas posibilidades en sus relaciones interpersonales. Al final, al elegir practicar el enfoque en lo positivo, Laura seguramente experimentaría un cambio positivo en su percepción y en la calidad de sus relaciones, y encontraría más amor, aprecio y conexiones genuinas en su vida.

En resumen: al practicar el enfoque en lo positivo y cultivar una mentalidad de gratitud y de aprecio podemos influir en el funcionamiento del S.A.R.A. para que nos ayude a percibir y valorar más conscientemente las experiencias positivas en nuestras vidas. De esta manera, podemos aprovechar el poder del S.A.R.A. como un filtro mental que nos ayude a enfocarnos en lo bueno y atraer más de ello a nuestras vidas permitiéndonos centrarnos en ciertos estímulos mientras ignoramos otros.

Hagamos un ejercicio para empezar a practicar este hábito.

Ejercicio: transfórmate en testigo de tu mente

Objetivo: Detectar y eliminar patrones de pensamiento negativos.

- Destina un momento para cerrar los ojos y respirar profundamente.
- Observa tus pensamientos mientras fluyen a través de tu mente sin juzgarlos.
- Identifica algún patrón recurrente o el pensamiento negativo que aparezca, por ejemplo «no tengo suerte en el amor». Esto significa que te sitúes como testigo de tu mente, puedes pensar «oh, aquí aparece de nuevo este pensamiento». Esto sirve para que te despegues de esos pensamientos y los puedas observar. Si quieres, le puedes poner un nombre ficticio a esa voz que te murmura o te grita pensamientos negativos. Al ponerle un nombre, «Bruno», por ejemplo, estás reconociendo que esa voz no eres tú. Y eso ayuda muchísimo a poder despegarse de estas ideas y poder modificarlas.
- Pregúntate si esos pensamientos están basados en hechos reales o percepciones distorsionadas. Por ejemplo, si provienen del filtro mental que hace que te fijes en el detalle que no salió bien, o si proviene de una magnificación de un hecho que no salió como esperabas, o la minimización de lo bueno, o de una creencia limitadora del estilo «no soy suficientemente buena para atraer a alguien», es decir, si son pensamientos distorsionados.

- Una vez que te des cuenta de dónde provienen esos pensamientos practica a nivel consciente soltar o dejar ir aquellos que no te sirven, que no te hacen sentir bien y que no te abren posibilidades de acción. Imagínalos como si estuvieran en la corriente de un río que fluye. Los ves pasar, pero no te detienes a leerlos con detalle, solo pasan...
- Concluye recordándote que eres mucho más que tus pensamientos y, por lo tanto, tienes el poder de elegir a cuáles darles crédito y cuáles desechar.
- Para finalizar, elige a conciencia una idea que te resulte útil para la situación que estés atravesando y que, sobre todas las cosas, amplíe tu campo de acción.

LA ELECCIÓN DE LA RESPUESTA

En el capítulo anterior vimos que no podremos elegir nuestras circunstancias, pero siempre podemos elegir cómo responder frente a ellas. Y este principio de *coaching* confirmado por la psicología cognitiva, y hoy en día por las escuelas de negocios más prestigiosas del mundo, es un concepto de la Antigüedad. Por ejemplo, esta era la filosofía de Epícteto, esclavo de la antigua Roma que terminó siendo consejero del mismísimo emperador romano Marco Aurelio. Miren lo que decía Epícteto ¡en el siglo I!, un concepto que podemos considerar muy vigente en la psicología cognitiva actual:

«No nos daña nada que no provenga de nosotros mismos, lo que nos afecta es la interpretación que les damos a las cosas, a los demás y a sus actitudes».

Esta manera de pensar, sentir y hacer les permitió sobresalir a muchas personas a pesar de las circunstancias duras que les tocó vivir. Tal es el caso de Tony Robbins. Muchos lo conocerán por sus libros, por su serie en Netflix o por ser uno de los *coaches* más efectivos y famosos del mundo que llegó a ser —al estilo de Epícteto— consejero de varios presidentes. Y para los que no lo conocen esta es su historia.

LA HISTORIA DE TONY ROBBINS

Es un caso increíble de superación personal. Para comenzar tuvo una infancia bien difícil —como la de tantos otros—, sus padres se divorciaron cuando tenía siete años y su madre apenas podía mantener a la familia. Él describe la vida de su hogar como caótica y abusiva. Y en la escuela lo pasaba mal, sufrió *bullying* debido a su gran altura y constitución física. A los diecisiete años se fue de su casa para ganarse la vida por sus propios medios, como tantos otros. Consiguió un trabajo básico de conserje en una escuela. Sin embargo, su verdadero trabajo comenzaba después de su jornada laboral. Movido por la desesperación, Tony dice «en la vida necesitas inspiración o desesperación», cuando terminaba su turno como conserje, se dirigía a las bibliotecas locales donde pasaba horas leyendo libros sobre psicología y filosofía, negocios y desarrollo personal y biografías inspiradoras. Esta búsqueda insaciable de conocimiento marcó la diferencia, este es el giro de su historia donde se despega de tantos otros.

Imagina a un muy joven Tony Robbins en ese momento de su vida: con cada libro su mente se abre a un mundo de posibilidades; imagina su determinación, su sed de aprender, su corazón lleno de sueños que parecían inalcanzables.

En esas largas noches de estudio, Tony no solo buscaba respuestas, buscaba esperanza. Sabía que el conocimiento era su pasaporte hacia un futuro mejor, pero también entendía que el camino hacia el éxito no sería fácil. Cada página que leía, cada palabra que absorbía era un paso más hacia su transformación. Cuando conoce a Jim Rohn —uno de los primeros grandes *coaches* estadounidenses— se convierte en su discípulo.

Y esta afirmación se convirtió en su «mantra»:

✦

Este momento no me define, me define lo que yo haré en este momento.

Ahora imagina el momento en que Tony, años después, de pie frente a una multitud compartió su historia de superación. Sus palabras resuenan en el aire, llenas de fuerza y esperanza recordándonos que el éxito no está reservado para unos pocos afortunados, sino para aquellos que están dispuestos a luchar por él.

Con el tiempo, Tony se convirtió en uno de los principales expertos del mundo en *coaching* de vida y motivación. Ha asesorado a líderes mundiales, CEO de empresas Fortune 500, atletas de élite y celebridades. Su impacto se ha extendido a través de libros best sellers, seminarios, programas de entrenamiento para más de cincuenta millones de personas en cien países diferentes y apariciones en los medios de comunicación más prestigiosos. Ha sido *coach* personal de tres presidentes de Estados Unidos, de líderes mundiales, de estrellas y de deportistas de élite.

La historia de Tony Robbins es un recordatorio poderoso de cómo el compromiso, la acción y la actitud mental positiva pueden transformar vidas. A través de su propio ejemplo **ha demostrado que el pasado no necesariamente define nuestro futuro,** sino que lo hacen las acciones que tomamos en el presente.

Su caso nos devuelve la esperanza de que la buena suerte —en gran parte— está en nuestras manos, que depende de nosotros la forma en que queramos pensar, sentir y hacer en cada situación. Que realmente podemos ser protagonistas de nuestra vida en lugar de víctimas.

Para empezar a practicar este principio hagamos un ejercicio.

Ejercicio: de víctimas a protagonistas

Objetivo: Desarrollar la mentalidad de protagonistas.

Paso 1: reconocimiento y reflexión

- Toma un momento para reflexionar sobre una situación en tu vida en la que te hayas sentido como una víctima. Puede ser algo relacionado con el trabajo, las relaciones personales, la salud o cualquier otra área de tu vida.
- Escribe tus pensamientos y emociones relacionados con esa situación. ¿Qué aspectos te hacen sentir impotente o fuera de control? Identifica los patrones de pensamiento que te mantienen en la postura de víctima.

Paso 2: cambio de perspectiva

- Ahora imagina la misma situación desde la perspectiva de un protagonista. Visualízate a ti mismo afrontando los desafíos con determinación y confianza. ¿Cómo se verían tus acciones si sintieras que controlas la situación?
- Haz una lista de las acciones específicas que podrías tomar si adoptaras la mentalidad de un protagonista. Enfócate en soluciones y estrategias para superar los obstáculos en lugar de centrarte en las limitaciones.

Paso 3: compromiso con la acción

- Elige una acción concreta que puedas hacer para cambiar la situación. Esto podría ser establecer límites claros en una relación, buscar ayuda profesional para abordar un problema de salud o tomar medidas concretas para avanzar en tu carrera.
- Comprométete a actuar de acuerdo con tu nueva mentalidad de protagonista. Mantén el foco en tus objetivos y recuerda que tienes el poder de influir en tu propia vida.
- Revisa tu progreso y celebra tus logros por pequeños que sean. Reconoce el crecimiento personal que estás experimentando a medida que te alejas de la postura de víctima y te conviertes en el protagonista de tu propia historia.
- Este ejercicio te ayudará a cultivar una mentalidad positiva, proactiva y a tomar el control de tu vida dejando atrás la sensación de ser una víctima de las circunstancias. Recuerda que cada paso que des hacia adelante, por pequeño que sea, te acerca más a convertirte en el protagonista de tu propia vida. Es todo parte del nuevo hábito A.M.P. que estás construyendo.

LA IMPORTANCIA DE SER DUEÑOS DE NUESTRAS EMOCIONES

En este capítulo y en el anterior estuvimos explorando la importancia de ser observadores de nuestros pensamientos y de ser protagonistas de nuestras acciones presentes. Pero falta un elemento clave en esta postura y es el rol de las emociones que están completamente conectadas con el pensar y el actuar.

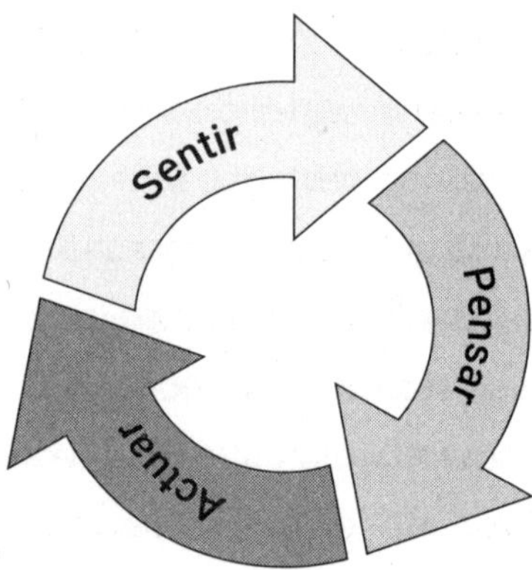

El concepto de «sentir, pensar, actuar» refleja la interconexión entre nuestros pensamientos, emociones y acciones. Tony Robbins ha destacado la importancia de este principio en su trabajo enfatizando cómo nuestras creencias y estados emocionales influyen en nuestras acciones y resultados en la vida.

Si la tristeza o la impotencia se hubieran adueñado de Tony Robbins, en lugar de adoptar una mentalidad de crecimiento, es probable que su historia hubiera tomado un rumbo completamente diferente. En lugar de utilizar sus desafíos como trampolín para el crecimiento personal y profesional podría haberse rendido ante las dificultades y permitido que esas emociones negativas lo paralizaran.

En ese escenario alternativo es posible que Tony no hubiera buscado activamente soluciones a sus problemas ni que hubiera buscado oportunidades para aprender y crecer. En lugar de convertirse en el líder inspirador y exitoso que conocemos hoy es posible que se hubiera conformado con una vida limitada por el pesimismo y la resignación.

La tristeza y la desesperanza pueden ser emociones poderosas que pueden nublar nuestra visión y obstaculizar nuestro progreso si les permitimos dominar nuestros pensamientos y acciones.

Por eso es clave adueñarnos de nuestras emociones y no que ellas se adueñen de nosotros. Estas son excelentes consejeras pero pésimas dueñas.

Cuando decimos esto en nuestros seminarios nos suelen preguntar «¿pero realmente podemos ser dueños de nuestras emociones?». La respuesta es sí y esto no quiere decir que le digamos a una emoción «ahora desaparece» y desaparece, sino que hay que entender que las emociones llegan a nuestra vida para que les demos un lugar y una salida, es decir, nos invitan a una acción y a una expresión adecuada.

El concepto de «adueñarse de las emociones» implica reconocer que tenemos el poder de influir en cómo nos sentimos y cómo respondemos a nuestras emociones. En lugar de permitir que las emociones nos controlen podemos aprender a gestionarlas de manera efectiva y utilizarlas como una guía para la acción.

Cada emoción que experimentamos, ya sea alegría, tristeza, miedo, ira o cualquier otra, nos proporciona información importante sobre nuestra situación y nuestras necesidades. En lugar de suprimirlas o ignorarlas podemos aprender a escuchar lo que nos están diciendo y responder de manera constructiva.

Por ejemplo, si experimentamos tristeza esto podría indicar que hemos sufrido una pérdida o que nuestras necesidades emocionales no están siendo satisfechas. En lugar de dejarnos abrumar por la tristeza podemos permitirnos sentirla, reflexionar sobre lo que la está causando y tomar medidas para abordar la situación, por ejemplo, permitirnos bajar el ritmo de acción por un tiempo para hacer un duelo o buscar apoyo emocional con amigos para sentir alivio, practicar alguna forma de autocuidado o procurar ayuda profesional si fuera necesario.

Del mismo modo, si experimentamos ira esto podría indicar que nos sentimos injustamente tratados o que nuestros límites han sido violados. En lugar de permitir que la ira se apodere de nosotros —y explotar de mala manera o aguantar y ponernos enfermos— podemos utilizarla como motivación para establecer límites saludables, comunicar nuestras necesidades de manera efectiva o abogar por el cambio en situaciones injustas.

Al adueñarnos de nuestras emociones reconocemos nuestra capacidad para influir en cómo nos sentimos y cómo respondemos a las situaciones de la vida. En lugar de ser víctimas de nuestras emociones nos convertimos en agentes activos de nuestro propio bienestar emocional y personal.

Para adueñarnos de nuestras emociones es importante cultivar el hábito de «dialogar» con ellas. Algunas preguntas que te puedes hacer son: ¿qué siento?, ¿por qué siento esto?, ¿a qué acción me invita?, ¿cuál será la mejor expresión de lo que siento? Es decir: ¿qué acción llevará a buen puerto esto que estoy sintiendo ahora? Y por último... ¿en qué valor me puedo apoyar para que esta emoción que siento ahora no me detenga y no se adueñe de mí? Ahora vamos a sistematizarlo con un ejercicio.

Ejercicio: diálogo con tus emociones

Objetivo: Desarrollar la habilidad de reconocer, comprender y responder de manera constructiva a nuestras emociones.
Materiales necesarios: Un cuaderno o papel y algo para escribir.
Duración: Puede llevar entre cinco y diez minutos.
Pasos:

- Identifica la emoción: destina un momento para hacer una pausa y observa cómo te sientes en este momento. ¿Qué emoción estás experimentando? Puede ser alegría, tristeza, ira, miedo, ansiedad, entre otras.
- Reflexiona sobre la emoción: una vez identificada dicha emoción, reflexiona sobre por qué la estás experimentando. ¿Qué situación la desencadenó? Trata de explorar profundamente las razones objetivas detrás de tu estado emocional.

- Analiza la acción: ahora pregúntate: ¿a qué acción me está invitando esta emoción?, ¿cuál es la necesidad o mensaje subyacente que esta me está tratando de comunicar? Por ejemplo, si experimentas enojo, ¿te está invitando a establecer límites o a comunicar tus necesidades de manera más efectiva?
- Planifica una acción constructiva: una vez que hayas identificado la acción que la emoción te está invitando a tomar, piensa cómo expresarla de manera constructiva. ¿Qué acción te llevará a un resultado positivo y satisfactorio? Por ejemplo, si estás experimentando tristeza podría ser útil hablar con un amigo de confianza o practicar actividades de autocuidado que te reconforten. Si te das cuenta de que la emoción te está cerrando caminos, piensa ¿en qué valor me puedo apoyar para seguir adelante más allá de lo que estoy sintiendo?
- Registra tus reflexiones: finalmente, escribe en un cuaderno o papel tus reflexiones sobre este ejercicio. Registra la emoción que identificaste, por qué la estás experimentando, la acción a la que te invita y cómo planeas responder de manera constructiva. Esto te ayudará a consolidar el hábito de dialogar con tus emociones y a seguir practicando este proceso en el futuro.

Este ejercicio es un hábito que se desarrolla con la práctica constante. Cuanto más lo practiques más fácil te resultará reconocer tus emociones, comprender sus causas y responder a ellas de manera constructiva.

Avancemos ahora con otros dos conceptos que son claves para desarrollar el hábito de la Actitud Mental Positiva.

¿PENSAR BIEN O PENSAR MAL?

«Pensar bien» y «pensar mal» son dos enfoques opuestos que las personas adoptan para interpretar y comprender el mundo que las rodea.

«Pensar bien» implica tener una actitud optimista y confiar en las buenas intenciones de las personas y en los resultados positivos de las situaciones. Quienes adoptan este enfoque tienden a buscar el lado positivo de las cosas, creen en el potencial humano para el crecimiento y la mejora y dan el beneficio de la duda a los demás. Ven los errores como oportunidades de aprendizaje y suelen mantener una actitud esperanzadora incluso en situaciones difíciles.

Por otro lado, «pensar mal» implica tener una actitud pesimista y desconfiar de las intenciones de las personas y de los resultados de las situaciones. Quienes optan por esto tienden a ser más críticos, desconfiados y suspicaces. Interpretan las acciones de los demás desde un prisma negativo asumiendo que hay segundas intenciones o motivaciones ocultas detrás de ellas. Suelen anticipar lo peor de las situaciones y pueden tener dificultades para confiar en los demás.

El dicho popular «piensa mal y acertarás» refleja la mentalidad de quienes eligen el enfoque de «pensar mal». Esta frase sugiere que asumir lo peor en todas las situaciones es una estrategia para protegerse de posibles decepciones o traiciones. Sin embargo, esta mentalidad también puede llevar a una visión distorsionada de la realidad, a relaciones tensas y a perder oportunidades de conexión genuina con los demás.

Es importante reconocer que tanto «pensar bien» como «pensar mal» son hábitos mentales que pueden influir en nuestra percepción y en nuestras interacciones con el mundo. En última instancia, encontrar un equilibrio entre la prudencia y la confianza puede ayudarnos a mantener una visión más realista y saludable de la vida.

Ahora te invito a tomarte un momento para reflexionar sobre tu propia tendencia a «pensar bien» o «pensar mal». ¿Qué enfoque predomina en tu manera de interpretar las situaciones y las acciones de los demás?, ¿tiendes a confiar en las buenas intenciones de las personas y a ver el lado positivo de las cosas o sueles adoptar una postura más desconfiada y crítica? Observa cómo reaccionas ante diferentes hechos en tu vida diaria, ¿tu primera reacción tiende a ser optimista o pesimista?

Este ejercicio de autoobservación puede ser el primer paso para desarrollar una mentalidad más equilibrada y consciente. Pero avancemos y metámonos más a fondo con el tema.

¿TU MENTALIDAD ES DE CRECIMIENTO O ES UNA MENTALIDAD FIJA?

La distinción entre la mentalidad de crecimiento y la mentalidad fija propuesta por Carol Dweck se relaciona directamente con los conceptos de «pensar bien» y «pensar mal».

La mentalidad de crecimiento se alinea con la idea de «pensar bien». Las personas con una mentalidad de crecimiento creen en el potencial de cambio y desarrollo tanto en sí mismas como en los demás. Ven los errores como oportunidades de aprendizaje y están dispuestas a afrontar desafíos con una actitud de persistencia y esfuerzo. Esta mentalidad promueve la confianza en la capacidad de mejorar y crecer a través del trabajo duro y de la dedicación.

Por otro lado, la mentalidad fija se asemeja más a la idea de «pensar mal». Las personas con una mentalidad fija tienden a creer que las habilidades y capacidades son fijas y limitadas, lo que puede llevar a una visión pesimista de las posibilidades de cambio y desarrollo. Ven los errores como indicadores de incompetencia y pueden evitar desafíos por miedo al fracaso, lo que limita su crecimiento personal y profesional.

Relacionar estos conceptos nos permite entender cómo nuestras creencias sobre la capacidad de cambio y desarrollo pueden influir en nuestra forma de interpretar el mundo y afrontar los desafíos. Al adoptar una mentalidad de crecimiento podemos cultivar una actitud más positiva y abierta hacia el cambio y el aprendizaje, y esto puede llevar a una vida más satisfactoria y plena.

LA BUENA SUERTE NO ES PRODUCTO DE LA CASUALIDAD

¿Qué tienen en común Oprah Winfrey, J. K. Rowling y Michael Jordan? Entre otras cosas: que tienen mucha buena suerte. Y para lograrlo tuvieron que recorrer «el camino del héroe»: de la adversidad a la prosperidad.

Empecemos con **Oprah Winfrey.** La icónica presentadora de televisión estadounidense hizo públicos muchos de los desafíos que afrontó en su infancia, desde ser víctima de abusos a temprana edad hasta vivir en la extrema pobreza: podríamos decir que fue una chica sin suerte. En sus propias palabras: «Yo crecí siendo pobre, tan pobre que mi ropa la hacía mi abuela con bolsas de arpillera; yo crecí sin electricidad y sin agua corriente». Con tendencia a la obesidad y siendo negra, era todo lo contrario del modelo exigido en los medios en un país donde la discriminación racial era una gran barrera para aparecer en la pantalla. A pesar de estos inicios superdesafiantes, Oprah Winfrey terminó siendo una gran estrella de la televisión, la comunicadora más importante de Estados Unidos y la formadora número uno de la opinión pública, además de ser dueña de un imperio mediático. Oprah ha promovido constantemente la idea de que el aprendizaje y el crecimiento personal van de la mano y son fundamentales para alcanzar el éxito en la vida. Entre muchas otras cosas, ella dijo «leer me salvó la vida» y es una gran promotora de ese hábito como base del crecimiento.

J. K. Rowling: Joanne Rowling —ese es su verdadero nombre—, la autora de la serie de libros de Harry Potter, pasó por momentos extremadamente difíciles antes de alcanzar la fama y el éxito. Se divorció de un matrimonio cortísimo después de sufrir maltratos, abuso y violencia. Al poco tiempo, se encontró en una situación desesperante: sin trabajo, luchando contra la depresión, teniendo una niña pequeña a la que alimentar y viviendo en un apartamento en Edimburgo donde su única compañía eran las ratas. En ese lugar afrontó la soledad y la incertidumbre. Sin embargo, en medio de tanto dolor logró dar vida a un mundo de magia y aventura: el universo de Harry Potter y lo empezó a plasmar «en las servilletas de los bares donde iba a escribir para dormir a mi hija». Aunque doce editoriales —¡sí, doce!— rechazaron sus manuscritos ella no bajó los brazos. Después de un lanzamiento modesto, apareció otra editorial para comprar los derechos: y el final es bien conocido: Harry Potter vendió más de quinientos millones de copias, fue traducido a sesenta y tres idiomas y sus libros se convirtieron en las películas más taquilleras del mundo. Según la revista *Forbes* es una de las diez mujeres más ricas de Gran Bretaña y la primera escritora en la historia que logró ganancias por más de mil millones de dólares. J. K. Rowling pasará a la historia no solo por ser la escritora moderna con más éxito del mundo y generar las mayores ganancias, sino por haber inspirado la lectura en un público denominado «la generación audiovisual que no lee» y, asimismo, por ser la mujer que recibió la distinción de la Order of the British Empire de la Reina de Inglaterra por su legado a la lectura infantil. En una entrevista, le preguntaron cómo había logrado sobreponerse a tanta mala suerte, y su respuesta fue contundente: «El fracaso me enseñó cosas sobre mí misma que jamás podría haber aprendido de otra forma... me mostró que yo tenía una gran fuerza de voluntad y que tenía más disciplina de la que pensaba». Y también dijo: «No creo en el destino sino en el trabajo duro y en la suerte. Lo primero suele conducir a lo segundo».

Michael Jordan, considerado uno de los mejores jugadores de baloncesto de todos los tiempos, es conocido por su determinación para superarse a sí mismo. A lo largo de su carrera sorteó numerosos obstáculos y fracasos, pero siempre los utilizó como combustible para mejorar y alcanzar nuevos niveles de excelencia en su juego. Desde joven mostró un talento excepcional para el baloncesto, pero también afrontó desafíos. Fue rechazado del equipo de baloncesto de la escuela secundaria en su primer intento, lo que lo motivó a trabajar aún más duro en su juego. Después de graduarse de la escuela secundaria, Jordan fue a la

Universidad de Carolina del Norte donde se convirtió en una estrella del baloncesto universitario. A lo largo de su carrera lideró a los Bulls a seis campeonatos de la NBA y ganó innumerables premios y honores individuales. Su dominio en la cancha fue una obra maestra de habilidad, pero también de determinación y pura voluntad de ganar. Fuera de la cancha, se convirtió en un icono global de fuerza imparable que trascendió el deporte. Su marca, Air Jordan, se convirtió en un símbolo de excelencia.

Pero su verdadero legado no se forjó en los momentos de gloria sino en las dificultades. Con cada fracaso se negó a ser derrotado. Transformó la crítica en combustible, el dolor en poder y cada obstáculo en una oportunidad para crecer aún más fuerte. «Ganar partidos es fácil, ganar campeonatos no lo es tanto. Lo verdaderamente difícil es aceptar una derrota y aprender de ella. Sin embargo, el deseo de triunfar hace que cada error nos sirva para perfeccionar cada acción y exprimir todo nuestro potencial». En esta frase vemos cómo la mentalidad de crecimiento fue el eje de sus triunfos y de su buena suerte.

Las historias de Oprah Winfrey, J. K. Rowling y Michael Jordan tienen en común su viaje desde la adversidad hasta el éxito: testimonio poderoso de la capacidad humana para superar obstáculos y convertirlos en pasos necesarios para alcanzar sus sueños. Al abrazar los desafíos como oportunidades para aprender y crecer, ellos reflejan claramente lo que llamamos la «mentalidad de crecimiento» —donde todo es posible— que es la opuesta a la «mentalidad fija» —donde las cosas y las personas son de una determinada manera y no pueden cambiar—.

Estas historias nos inspiran a creer en el poder del aprendizaje y en el valor de desarrollar hábitos buenos: que «pensar bien» y crecer es posible más allá de los desafíos que nos toquen en la vida, en definitiva, que podemos tener o atraer— lo que comúnmente llamamos— «buena suerte» según la mentalidad que elijamos cultivar.

Entonces, ¿qué mentalidad te gustaría desarrollar más?

Ejercicio: cómo desarrollar la mentalidad de crecimiento

Objetivo: Autoobservación para reconocer las reacciones frente a los desafíos y transformarlos para desarrollar la mentalidad de crecimiento.

- **Identifica una situación reciente:** piensa en una situación en la que hayas afrontado un desafío, cometido un error o recibido críticas recientemente.
- **Reflexiona sobre tu reacción inicial ante ese desafío, error o crítica:** ¿cuál fue?, ¿te sentiste desanimado/a y pensaste que no eras lo suficientemente bueno/a (mentalidad fija) o viste la situación como una oportunidad para aprender y crecer (mentalidad de crecimiento)?

- **Analiza tus pensamientos posteriores:** después de esa primera reacción, ¿cómo cambiaron tus pensamientos y sentimientos?, ¿te esforzaste por buscar soluciones, aprender de tus errores o mejorar en el futuro (mentalidad de crecimiento) o te quedaste estancado/a en la creencia de que no puedes cambiar o mejorar (mentalidad fija)?
- **Evalúa tus acciones:** ¿qué acciones tomaste después de esa situación?, ¿te comprometiste a seguir adelante y a mejorar o te resignaste a la idea de que no puedes cambiar (mentalidad fija)?
- **Extrae conclusiones:** reflexiona sobre lo que has aprendido de esta autoobservación. ¿Identificaste patrones de pensamiento que reflejan una mentalidad de crecimiento o mentalidad fija en tu vida? ¿Cómo podrías cultivar una concepción más orientada al crecimiento en el futuro?

Este ejercicio de autoobservación puede ayudarte a tomar conciencia de tus patrones de pensamiento y cómo influyen en tus acciones y resultados. Recuerda que el cambio hacia una mentalidad de crecimiento puede llevar tiempo y esfuerzo, pero puede abrirte a nuevas oportunidades, un mayor desarrollo personal y atraer «la buena suerte» a tu vida.

EL PELIGRO DE «PENSAR DEMASIADO» *(OVERTHINKING)*

Hemos hablado acerca de «pensar bien» o «pensar mal», pero aún no hemos mencionado un gran peligro que existe en una forma de pensar que se llama «pensar demasiado».

¿Qué es pensar demasiado?

Pensar demasiado, también conocido como *overthinking* en inglés, se refiere a un proceso mental en el que una persona se queda atrapada en un ciclo de pensamientos recurrentes y excesivos sobre un tema o situación particular. Este proceso puede ser persistente ocupando una gran cantidad de tiempo y energía mental.

LA HISTORIA DE ISABEL

Isabel es una mujer de cincuenta y siete años y madre de dos hijos. Últimamente, ha estado preocupada en exceso por su hijo mayor, Martín, de veintidós años. A diferencia de su hermano menor, que ha seguido un camino académico y tiene claro lo que quiere hacer en la vida, Martín parece no tener rumbo. Ha dejado la universidad sin terminar su carrera, cambia de trabajo constantemente y muestra poco interés en encontrar una dirección clara para su futuro.

Esta situación ha llevado a su mamá a una espiral de *overthinking*. Pasa horas analizando la situación de Martín, rumiando cada detalle de su comportamiento y tratando de encontrar una solución. Se angustia al pensar en el futuro de su hijo y se pregunta constantemente qué podría haber hecho diferente como madre para evitar esta situación. Entre otras cosas, además de «pensar en exceso», Isabel es víctima de la trampa del pensamiento que llamamos «personificación» donde nos sentimos responsables de todo y de todos y, generalmente, culpables de cualquier cosa que no salga bien.

Isabel ha intentado hablar con Martín sobre sus preocupaciones, pero siente que sus palabras no tienen impacto y él parece estar en su propio mundo rechazando cualquier intento de consejo o ayuda. Esta falta de comunicación y conexión con su hijo solo aumenta la angustia de Isabel y la sensación de impotencia.

A pesar de todos sus esfuerzos y horas dedicadas a pensar en el tema no logra encontrar una solución. Se siente atrapada en un ciclo de preocupación constante sin poder encontrar un camino claro hacia adelante. Esta situación está afectando su bienestar emocional y su capacidad para disfrutar de otras áreas de su vida, pero no sabe cómo romper este patrón de «pensar demasiado» y encontrar la paz interior.

Una de las autoras contemporáneas que más ha estudiado este tema es Susan Nolen-Hoeksema, una psicóloga clínica que ha investigado ampliamente sobre los patrones de pensamiento «rumiante» y su relación con la depresión y la ansiedad. En su libro *Pensar demasiado: cómo detener los pensamientos negativos que nos impiden vivir plenamente,* Nolen-Hoeksema explora cómo este tipo de pensamiento nos puede afectar. El peligro de pensar demasiado puede tener efectos negativos en la salud emocional de una persona:

- **Estrés y ansiedad:** el *overthinking* puede generar un aumento significativo en los niveles de estrés y ansiedad. La persona puede preocuparse en exceso por situaciones futuras, revivir constantemente eventos pasados o anticipar los peores escenarios posibles, lo que contribuye a un estado de angustia constante. Este era el estado dominante de Isabel.
- **Dificultad para tomar decisiones:** el exceso de análisis puede dificultar la toma de decisiones. La persona puede sentirse paralizada por la indecisión temiendo tomar la elección equivocada o preocupándose demasiado por las posibles conse-

cuencias de cada opción. En el caso de Isabel, este efecto adverso era evidente, se pasaba el tiempo analizando diferentes opciones pero no podía elegir ninguna. Nada le parecía suficientemente bueno, para todo encontraba un «pero».

- **Daño de la autoestima:** el *overthinking* puede llevar a una visión distorsionada de uno mismo y de las situaciones. La persona tiende a enfocarse en los aspectos negativos cuestionando constantemente sus acciones y capacidades, lo que puede erosionar la autoestima y la confianza en uno mismo. Isabel pensaba todo el tiempo «¿qué hice mal?».
- **Impacto en las relaciones interpersonales:** el exceso de pensamiento puede afectar las relaciones interpersonales al generar preocupaciones excesivas sobre los pensamientos y acciones de los demás. Esto puede llevar a malentendidos, distanciamiento emocional y dificultades en las relaciones. Isabel empezó a tener dificultades de comunicación no solo con su hijo sino con su marido a quien le achacaba no preocuparse lo suficiente por el futuro de su hijo.
- **Dificultades para concentrarse:** el *overthinking* puede dificultar la concentración y el enfoque en tareas importantes. La mente está constantemente ocupada con pensamientos invasivos, lo que dificulta la capacidad de prestar atención y rendir eficazmente en otras actividades. Isabel no podía pensar en otra cosa que no fuera la dificultad de su hijo.

Cuando trabajamos con Isabel, le sugerimos que probara con una técnica muy efectiva como posible solución. **La técnica del círculo de influencia.**

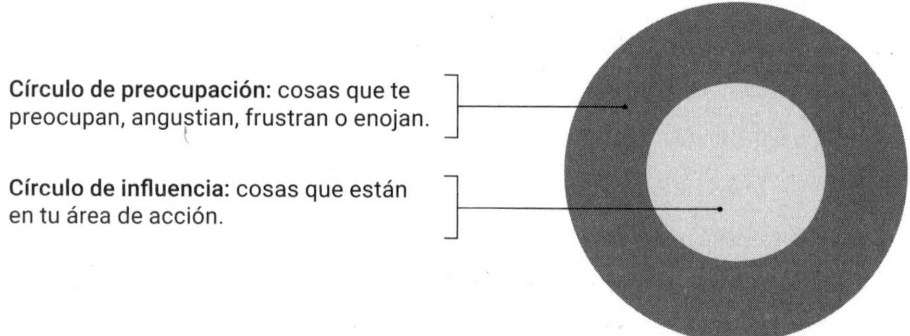

Esta técnica se basa en el concepto de que hay cosas sobre las que tenemos control directo (nuestro círculo de influencia) y cosas sobre las que no tenemos control directo (nuestro círculo de preocupación). Steven Covey —su creador— sugiere que concentrarse en lo que podemos controlar y tomar medidas sobre eso puede ayudarnos a reducir la ansiedad y el estrés asociados con preocuparse por cosas fuera de nuestro control.

Aplicar los círculos de influencia al *overthinking* podría implicar los siguientes pasos:

- **Identificar las preocupaciones reales:** identificar específicamente las preocupaciones sobre las que estás pensando en exceso. A Isabel le preocupaba sin cesar el futuro de su hijo mayor.

- **Distinguir entre círculo de preocupación y círculo de influencia:** una vez que identificaste las preocupaciones, diferenciar entre aquellas sobre las que realmente puedes actuar (círculo de influencia) y aquellas sobre las que no tienes control directo (círculo de preocupación). Esto es fundamental, Isabel se dio cuenta de que el 80 % de las cosas por las que se preocupaba no dependían de ella: que terminara sus estudios, que consiguiera un buen trabajo, etcétera.
- **Enfocarse en el círculo de influencia:** una vez que identificaste las áreas sobre las que tienes control directo tomar decisiones sobre estas. Esto puede ayudar a redirigir tu enfoque hacia lo que puedes hacer para ayudar a cambiar la situación o contribuir a encontrar una solución en lugar de quedar atrapada en la preocupación por lo que está fuera de tu control. Isabel pudo identificar que ella podía: brindarle contención emocional a Martín y, sobre todo, manifestarle apoyo incondicional. También podía ofrecerle apoyo para buscar ayuda profesional para orientación o terapia, si fuera necesario. Isabel podía influir indirectamente en su hijo ofreciéndole orientación y recursos para que un *coach* o terapeuta lo ayudara a ganar claridad, a explorar sus intereses, a establecer metas realistas y a adquirir habilidades relevantes para el empleo y la vida cotidiana.
- **Aceptar lo que no se puede cambiar:** este es un paso bien profundo ya que aceptar que hay cosas que no podrás cam-

biar es clave, eso le explicamos a Isabel. También le dijimos que aceptar no es resignarse, porque cuando nos resignamos nos frustramos: aceptar es soltar la necesidad de que las cosas sean como uno quiere que sean, soltar las preocupaciones o decisiones que están fuera de tu control y dejar de dedicarles energía mental. Esto puede ayudar enormemente a reducir la «rumiación» excesiva y el estrés asociado con preocuparse por cosas que no se pueden cambiar.

- **Confiar en su hijo:** reconocer que Martín, a sus veintidós años, tiene la capacidad para tomar decisiones y aprender de sus errores. Aceptar que cometer errores es parte natural del proceso de crecimiento y desarrollo. Fomentar la confianza en las capacidades y la autonomía de Martín permitiéndole tomar decisiones y asumir responsabilidades, incluso si esto implica cometer errores en el camino hacia su crecimiento personal. Apoyar a Martín, en lugar de tratar de controlar sus acciones, permitiendo que él experimente las consecuencias de sus elecciones y brindándole el espacio necesario para aprender y crecer a partir de ellas.

Al emplear la técnica del círculo de influencia, Isabel pudo sentirse mejor y más preparada para enfocarse en lo que realmente dependía de ella, tomar medidas concretas para influir en su situación y el resto... dejarlo de lado confiando en que su hijo sería capaz de encontrar la solución por sí mismo.

Ejercicio: para dejar de rumiar (¡o rumiar menos!)

Objetivo: Dejar de darles tantas vueltas a las cosas.

- Identifica un pensamiento rumiante que tengas (que está dando vueltas siempre en tu cabeza y que no le ves la salida).
- Pregúntate si hay algún error o falacia en tu forma de ver lo que pasa.
- Ahora quiero que pienses si hay otras formas de ver la situación.
- Luego identifica qué acciones están en tu círculo de influencia y cuáles no.
- Lleva adelante las acciones que dependan de ti.
- Promueve el diálogo contigo mismo. Por ejemplo, ¿qué consejos le darías a una persona que está pasando por lo mismo?

Para finalizar este tema, me gustaría dejarles una frase de Reinhold Niebuhr: «Dios, concédeme la serenidad para aceptar las cosas que no puedo cambiar, valor para cambiar las cosas que puedo y sabiduría para reconocer la diferencia».

LA IMAGINACIÓN, ESA HERRAMIENTA TAN IMPORTANTE DE LA A.M.P.

La imaginación es una función importantísima para el desarrollo de la A.M.P., es una de las funciones más poderosas de la mente y, tal vez, la menos usada a nivel consciente. Sin embargo, todos los estudios científicos de las últimas décadas confirman la importancia de aprender a usarla a nuestro favor, de lo contrario nos puede jugar en contra. Uno de los científicos que más exploró este tema es el doctor Robert Sapolsky, especialista en estrés, profesor de neurología de la Universidad de Stanford que explicó en su libro *Por qué las cebras no tienen úlceras* que las cebras no tienen úlceras porque no pueden imaginar situaciones estresantes que las generen. Es decir, la cebra ve a un león y responde de dos maneras: huyendo o atacando. Ahí se estresa, pero pasado el episodio la cebra no se queda pensando en el león todo el tiempo o imaginando «ese león la tiene tomada conmigo y va a volver por mí». Pasado el episodio, la cebra —si sobrevivió —vuelve a la calma. En cambio, a los seres humanos nos pasa lo contrario. Ante un episodio negativo nos quedamos «rumiando» y angustiándonos por todo lo que pasó y lo que puede llegar a pasar. **Sapolsky concluye diciendo que nos basta con imaginar una situación difícil para empezar a sentirnos mal porque la descarga de hormonas de estrés en el cuerpo es la misma, sea algo real o imaginario.** Además, como vimos anteriormente, cada vez que nos quedamos dando vueltas sobre lo mismo e imaginando el peor escenario estamos reforzando un camino neuronal que nos puede llenar de negatividad y fomentar un estado de ánimo de pesimismo.

Pero atención, si esto es así, y lo es porque está comprobado por la ciencia, entonces también es cierto que la imaginación la podemos usar en 180 grados de forma opuesta: es decir para imaginar el resultado deseado; esta forma de usar la imaginación se llama «visualización», técnica muy usada en el mundo del deporte.

¿Cómo empezaron los deportistas a usar esta técnica?

EL CASO DE JEAN-CLAUDE KILLY

Jean-Claude Killy, esquiador francés, ganador de tres medallas de oro olímpicas y veintiún pódiums en la Copa del Mundo de Esquí Alpino, entre otros logros, tal vez sea el más emblemático y uno de los precursores de la práctica de la visualización en la década de los sesenta en el mundo del deporte. Este deportista ensayaba los descensos mentalmente antes de iniciar las carreras y lo hacía de manera intuitiva porque nada se sabía a ciencia cierta sobre el poder de la visualización.

Antes de los Juegos Olímpicos de Invierno de 1968, en Grenoble, sufrió una lesión en una pierna, lo que le impidió entrenar físicamente en la pista. Debido a esta lesión, Killy se vio obligado a pasar mucho tiempo en reposo, y esto le dio la oportunidad de dedicarse intensamente a la visualización como parte de su preparación para la carrera de esquí alpino. ¿Podemos imaginar que Jean-Claude Killy se entrenó en su cama mientras que los otros se entrenaban intensamente en la pista?

Durante este periodo de convalecencia, Killy se dedicó a visualizar la carrera en la pista La Face de Bellevarde, imaginando cada detalle y movimiento en su mente. Esta técnica de visualización se convirtió en una parte crucial de su entrenamiento y preparación para la competencia, ya que le permitió mantenerse mentalmente enfocado y preparado a pesar de sus limitaciones físicas. Pero recordemos que no se pudo entrenar en la pista y solo podía imaginarla en su mente.

A esta altura ya te debes estar imaginando el resultado. Killy se recuperó a tiempo para la carrera y resultó ganador. Sorprendiendo a muchos que conocían su lesión, explicó que había entrenado mentalmente visualizando de forma meticulosa cada detalle de la carrera varias veces al día.

La lesión de rodilla de Killy y su posterior éxito en los Juegos Olímpicos de Invierno de 1968 posicionaron el poder de la visualización como una herramienta mental efectiva para los atletas de alto rendimiento. Su historia ilustra cómo la visualización puede ser utilizada no solo como un complemento al entrenamiento físico, sino también como una forma de preparación mental integral y fomento del hábito de la actitud mental positiva que puede contribuir al éxito en cualquier desafío.

LA VISUALIZACIÓN VA A LA CANCHA: UNA HISTORIA REAL IMPLEMENTANDO EL MÉTODO CONFIANZA TOTAL

Era un partido crucial repleto de desafíos y tensiones, los jugadores se iban a enfrentar a uno de los equipos más difíciles de la temporada que eran los favoritos indiscutibles. La preparación para este enfrentamiento había sido meticulosa y completa, pero la magnitud del desafío estaba a la par con el ferviente deseo de la victoria.

Ante este panorama, les pedimos a los jugadores que se sumergieran en una preparación de A.M.P. única: escribir una «carta del futuro» detallando cada aspecto del juego tal como deseaban que ocurriera. Que imaginaran cada momento, cada detalle, cada jugada al estilo «Killy». Y que leyeran esa carta todos los días durante varios meses. Sí, que la leyeran todas las noches antes de irse a dormir como una manera de cargar las imágenes y palabras que surgían de la carta en su mente subconsciente.

Tenían que practicar el hábito de la A.M.P. al igual que practicaban las jugadas en la cancha. Después, les enseñaron a visualizar cada momento desde cada tramo del campo hasta cada movimiento y acción individual todos los días. La respiración, la soltura, la concentración; cada detalle fue imaginado con precisión total. Había que pasar esa película en la mente mil veces incluyendo todo: jugadas, pases, penaltis, emociones y sensaciones. Les pedimos que, además de leer la carta, se pasaran «la película» del partido que querían jugar.

Llegó el día del partido. A medida que el reloj avanzaba la tensión aumentaba y, para complicar aún más las cosas, una lluvia torrencial azotó el campo de juego. Sin embargo, los jugadores se mantuvieron enfocados, determinados y decididos a no dejar que nada los detuviera en su búsqueda de la victoria.

Entonces, casi al final del partido y con el marcador igualado, llegó el momento crucial: el gol de la victoria. La euforia estalló entre los jugadores y el equipo, que celebraron el logro con la intensidad de verdaderos gladiadores.

Cuando la prensa buscó respuestas sobre lo que había sido el factor determinante en este éxito que los había sorprendido a todos, uno de los jugadores compartió un secreto revelador. Habló sobre la preparación mental que habían llevado con las «chicas de Confianza Total» (Flor y yo). Durante meses los habíamos preparado para que trabajaran en la mente y las emociones utilizando una herramienta clave: la carta del futuro y la visualización de cada detalle plasmado en ella. Fue esta preparación mental la que les proporcionó la confianza y la determinación necesarias para alcanzar la victoria.

Visualizar no siempre conduce a la victoria inexorable pero, sin duda, aumenta las posibilidades de que suceda, mejora exponencialmente el desempeño, tanto individual como grupal, y refuerza el camino neuronal de la Actitud Mental Positiva que prepara a las personas para afrontar los desafíos futuros de la mejor manera.

EL OPTIMISMO: EL VALOR MÁS IMPORTANTE DE LA A.M.P.

El optimismo: creer es crear. El optimismo es un atributo clave que se relaciona estrechamente con el hábito de la Actitud Mental Positiva (A.M.P.) y con el de «pensar bien» e «imaginar bien». Tener una perspectiva optimista implica ver las situaciones de la vida con esperanza y confianza en un resultado favorable incluso en medio de desafíos y dificultades. El optimismo puede tener un impacto significativo en los resultados ya que influye en la forma en que abordamos los desafíos, afrontamos las adversidades y perseguimos nuestras metas. Las personas optimistas, dice

Daniel Goleman —creador del concepto de Inteligencia Emocional—, consideran que el fracaso se debe a algo que puede ser modificado de manera tal que logren el éxito en la siguiente oportunidad. A continuación, algunas formas en las que el optimismo, como parte de la actitud mental positiva, puede influir en los resultados porque creer es crear:

- **Resiliencia:** el optimismo nos ayuda a desarrollar una mayor resiliencia frente a los contratiempos y obstáculos. Cuando afrontamos desafíos, una actitud optimista nos permite verlos como oportunidades para aprender y crecer en vez de considerarlos barreras insuperables. Esta mentalidad resiliente nos permite recuperarnos más rápido de los reveses y seguir adelante con determinación.
- **Creatividad y solución de problemas:** el optimismo fomenta un pensamiento más creativo y flexible, lo que nos permite encontrar soluciones innovadoras a los problemas. Cuando creemos en la posibilidad de un resultado positivo estamos más motivados para buscar diferentes enfoques y estrategias que nos permitan alcanzar nuestras metas, incluso en situaciones difíciles.
- **Persistencia y perseverancia:** el optimismo nos impulsa a persistir a pesar de los desafíos y las adversidades. Cuando confiamos en que en algún momento alcanzaremos el éxito, estamos más dispuestos a perseverar a través de los tiempos difíciles y a continuar trabajando hacia nuestras metas, incluso cuando afrontamos contratiempos.
- **Impacto en la salud y el bienestar:** se ha demostrado que el opti-

mismo tiene efectos positivos en la salud física y mental. Mantener una actitud optimista puede reducir el estrés, fortalecer el sistema inmunológico, promover una mayor longevidad y mejorar el bienestar emocional en general. Estos beneficios pueden contribuir indirectamente a mejores resultados en diversas áreas de la vida.

Cultivar el hábito de una mentalidad optimista puede marcar una gran diferencia en nuestra capacidad para afrontar desafíos, superar obstáculos y alcanzar nuestros sueños con éxito. Y como nos encantan los ejemplos de deportistas, porque son muy fáciles de entender, veamos el caso de una deportista argentina, Paula Pareto.

EL CASO DE «LA PEQUE» PARETO

En el campo de batalla del deporte olímpico, Paula Pareto, la argentina campeona olímpica de judo, no solo conquistó millones de corazones como una judoca excepcional, sino que también desafió los límites del potencial humano. Enfrentándose a rivales de tamaño más imponente, «La Peque» —como la apodan por su baja estatura— se elevó por encima de las expectativas y se convirtió en un icono de la fuerza, la destreza y la determinación.

Pero su historia no termina ahí. Mientras conquistaba medallas de oro y rompía récords olímpicos, Pareto también se embarcaba en un viaje paralelo de superación personal. Desafiando las expectativas convencionales se graduó como médica traumatóloga, combinando su pasión por el deporte con su compromiso con la salud y el bienestar de los demás. ¿Quién podía pensar en tamaño desafío: competir en los Juegos Olímpicos y, al mismo tiempo, graduarse de una carrera tan difícil como medicina? El optimismo y la actitud mental positiva de Paula lo hicieron posible. Ella misma contó que llevaba sus apuntes de la facultad... ¡a los Juegos Olímpicos!

Repasando su vida encontré una anécdota, contada por ella misma, que refleja su determinación y su optimismo: «Una vez, volviendo de una competición, había turbulencias muy fuertes en el avión y yo continuaba estudiando, porque me acuerdo de que llegábamos a las 6 de la mañana y yo a las 9 tenía un examen que ya me habían pospuesto y, si me salía mal, perdería la convocatoria, y una amiga mía me dice: "Se va a caer el avión y tú sigues estudiando", a lo cual yo le respondí: "Hay un 90 % de probabilidades de que no se caiga y yo tengo que aprobar este examen"».

A lo largo de su carrera se enfrentó a desafíos que pondrían a prueba incluso al atleta más resistente: lesiones, adversarios formidables y la presión de representar a su país en los escenarios más grandes del deporte mundial proviniendo de un lugar donde el judo no era un deporte muy popular. Sin embargo, en cada paso del camino, Pareto demostró una fuerza interior enorme y una actitud mental positiva que la llevó hacia la grandeza. Antes de que ella se animara, el judo era casi un deporte exclusivo de los hombres. En 2016 se consagró campeona olímpica: fue la primera mujer argentina en ganar una medalla de oro.

«Muchas chicas deportistas se acercaron después, reconociendo que había roto esta barrera, el techo de cristal que sirvió para empoderar a las mujeres, para que más chicas se sumen y se interesen por el judo», reflexionó la judoca.

Además de su éxito en el deporte, Paula Pareto también se convirtió en un ejemplo inspirador de cómo el optimismo y la determinación pueden llevarnos a alcanzar alturas extraordinarias, tanto en el campo de juego como en la vida cotidiana. Su historia es un recordatorio poderoso de que no hay límites para lo que podemos conseguir cuando creemos en nosotros mismos y practicamos el hábito de la actitud mental positiva. Y, por supuesto, no renunciamos a nuestros sueños.

Ejercicio: práctica de visualización

Objetivo: Usar el poder de la imaginación para lograr un objetivo.

Siéntate en una silla con la espalda recta —si te acuestas en la cama o en el suelo podrías quedarte dormida—. Cierra los ojos y respira conscientemente. Respira lento y profundo varias veces (inhala por la nariz y exhala por la boca) para despejar la mente y relajar el cuerpo.

Repite varias veces hasta que sientas que consigues esa relajación.

A continuación, selecciona una habilidad específica que quieras desarrollar o practicar, por ejemplo: hablar en público, la ejecución de un movimiento específico en un deporte, aprender a aparcar entre dos conos, comunicarte con tu equipo de trabajo con confianza. Elige eso que quieres lograr. Tiene que ser algo que dependa de ti.

Comienza por crear una imagen mental del entorno e incluye de manera progresiva todo lo que ves y todo lo que oyes. Presta atención a tus sensaciones físicas: tu postura corporal, tu rostro, tu respiración, tu actitud mental positiva. Elige cómo te quieres ver, sentir y cómo querrías actuar.

Mientras construyes esta imagen vívidamente respira hondo y visualiza tu objetivo, inhala profundo y permite que el oxígeno se desplace por todo tu cuerpo. Tienes que ver, sentir y disfrutar de verte a ti misma practicando esta habilidad segundo a segundo.

Si aparecen imágenes de errores o dificultades visualiza cómo remontarlos. Mantén tu atención plena durante la visualización sin distracción alguna. Si la mente divaga la vuelves a traer al lugar que estás visualizando, a la escena que estás creando.

Desafíate a practicar con éxito este ejercicio la mayor cantidad de veces posible con concentración plena y actitud mental positiva. Practica el hábito de imaginar el resultado deseado en cualquier habilidad que quieras desarrollar.

Y luego... ¡me cuentas!

CONCLUSIÓN

En conclusión, la Actitud Mental Positiva (A.M.P.) no solo es la mentalidad de la persona feliz, sino también la clave para atraer la buena suerte y el éxito en la vida. Sin embargo, como seres humanos tenemos una tendencia innata a enfocarnos en lo negativo debido a la evolución de nuestro cerebro desde tiempos prehistóricos. Esta inclinación puede afectar a nuestra vida cotidiana, creando lo que se conoce como el efecto «velcro-teflón», donde las experiencias negativas se adhieren fácilmente a nosotros mientras que las positivas resbalan sin dejar rastro.

Por eso, cultivar una A.M.P. debe ser una elección consciente y diaria, especialmente en momentos de adversidad. Es un hábito que requiere esfuerzo y práctica constante. Para ayudarnos en este camino es crucial comprender que aquello en lo que nos enfocamos tiende a expandirse. Por lo tanto es fundamental preguntarnos: ¿en qué quiero enfocarme?, ¿qué quiero atraer a mi vida?

Para desarrollar el hábito de la A.M.P. es útil practicar la observación de nuestros pensamientos, identificar las trampas mentales y elegir aquellos pensamientos que nos hagan sentir bien y nos abran posibilidades de acción. De esta manera, podemos cultivar la mentalidad de crecimiento que nos permite afrontar los desafíos con determinación y aprender de cada experiencia.

Recordemos que la mente humana actúa como un imán atrayendo aquello en lo que pensamos y nos enfocamos. Por lo tanto, al dominar nuestros pensamientos y emociones podemos tomar el control de nuestras vidas y pasar de ser víctimas a ser protagonistas de nuestro destino. Este ciclo de sentir, pensar y actuar nos permite adueñarnos de nuestras emociones y elegir «pensar bien» en lugar de «pensar mal», «sentirme bien» en lugar de «sentirme mal» y «accionar bien» en lugar de «accionar mal» o no accionar. Nuestra mente es una herramienta poderosa: aprender a utilizarla de manera efectiva es fundamental para nuestro bienestar y éxito. La visualización detallada de los escenarios que deseamos para nuestra vida y los resultados que queremos lograr pueden ser grandes recursos en el cultivo de una Actitud Mental Positiva duradera y transformadora.

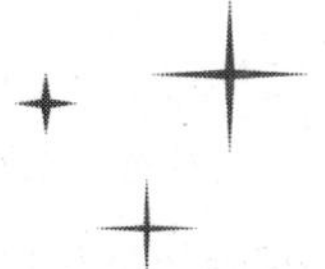

HÁBITO #3

EL BIENESTAR O EL AUTOCUIDADO

EL ANTÍDOTO CONTRA EL HÁBITO DEL DESCUIDO PERSONAL

Al pensar en el hábito del bienestar me viene a la mente la expresión francesa *«être bien dans sa peau»* que se traduce como «sentirse bien en tu propia piel». Y empiezo haciéndote la pregunta que muchas veces también me he hecho: ¿te sientes bien en tu propia piel? En mi caso, la respuesta fue «muchas veces no». Y precisamente creo que esta insatisfacción me llevó a estudiar y explorar los caminos que quiero compartir en este capítulo. La idea detrás de la expresión «sentirse bien en tu propia piel» —que también podría traducirse como «estar a gusto con uno mismo»— significa que el bienestar no solo trata de aspectos externos, como la apariencia física, sino también de cómo te sientes contigo en un nivel más profundo. Se refiere a una sensación de aceptación y confianza en uno mismo, donde te sientes en paz y satisfecho con quien eres.

Esta noción enfatiza la importancia del autocuidado y del amor propio en el camino hacia el bienestar. Cuando estás a gusto en tu propia piel estás más capacitado para afrontar los desafíos de la vida, mantener relaciones saludables y perseguir tus metas con confianza y determinación. Por eso, en este capítulo, abordaremos este tema que es clave para vivir mejor. Porque sabemos que, frente a la idea del bienestar y del autocuidado, solemos sentirnos abrumados al pensar que tenemos que cambiar radicalmente el estilo de vida.

¿Te preguntaste cómo puedes incorporar hábitos simples pero efectivos que te ayuden a sentirte mejor física y mentalmente? Si es así, este capítulo te va a encantar. El deseo de estar bien, de cuidarnos y vivir una vida plena y saludable es algo que todos compartimos en algún momento. También sabemos que iniciar y mantener estos hábitos del bienestar puede resultar desafiante. La vida moderna está llena de distracciones, compromisos y demandas que, a menudo, nos dejan poco tiempo y energía. Y nos sirven como excusas y explicaciones que nos impiden avanzar.

Pero aquí está la buena noticia: el bienestar no tiene que ser complicado ni requerir cambios drásticos de la noche a la mañana. De hecho, a menudo son los pequeños cambios consistentes los que tienen el mayor impacto a largo plazo. Al incorporar hábitos simples de autocuidado y bienestar en nuestra vida diaria podremos empezar a construir una base sólida para sentirnos mejor física, mental y emocionalmente.

¿Estás listo para empezar?

SIN CONCIENCIA NO HAY CAMBIO POSIBLE

Autodiagnóstico inicial

- En una escala del 1 al 10, donde 1 es el nivel más bajo de bienestar y autocuidado y 10 es el más alto, ¿en qué nivel te encuentras hoy?
- Ahora piensa dónde te gustaría estar en esta escala al finalizar la lectura de este libro. ¿Cuál sería tu meta o nivel ideal de tu bienestar y autocuidado dentro de un mes, por ejemplo?
- Finalmente, imagina cómo te gustaría que fuera tu nivel de bienestar y autocuidado después de un año de poner en práctica las enseñanzas de este hábito. ¿Qué nivel te gustaría alcanzar en ese momento?

NUESTRA RELACIÓN CON EL CUERPO

La relación con nuestro cuerpo puede ser compleja y, a menudo, conflictiva. Este vínculo puede estar influido por una variedad de factores: desde presiones sociales y culturales hasta experiencias personales y expectativas internas. Algunas de las razones más comunes que he encontrado son estas:

- **Presiones sociales y culturales:** vivimos en un mundo que frecuentemente promueve estándares de belleza irreales e inalcanzables. Los medios de comunicación, la publicidad y las redes sociales a menudo presentan imágenes mejoradas con edición y modelos que no reflejan la realidad de muchos cuerpos humanos. Esto puede llevarnos a compararnos constantemente y a sentirnos insatisfechos con nuestro propio cuerpo. En mi experiencia, trabajando tantos años con personas que quieren reparar su autoestima, descubrí que el factor de la presión social ha ido en aumento y afecta a todos, pero, en particular, a los más jóvenes que empiezan a relacionar cuánto valen con el número de *likes* que tienen sus publicaciones.
- **Comparación con otros:** solemos compararnos con los demás, ya sea en persona o a través de las redes sociales. Compararnos con los demás es una de las formas más comunes y peligrosas de dañar nuestra autoestima. Nos hace sentir inadecuados si percibimos que no cumplimos con ciertos estándares de belleza o aptitudes físicas. Recuerdo que cuando era pequeña solía salir la última en las carreras de atletismo, y era algo que me avergonzaba mucho. Con el tiempo descubrí que al tener pies planos era casi imposible que pudiera correr bien, pero entonces no lo sabía y sufría bastante porque me comparaba con mis compañeras. Yo misma me hacía *bullying*.
- **Experiencias personales:** experiencias negativas con otros, como el *bullying*, a partir de comentarios negativos de familiares

o amigos pueden dejar huellas duraderas en la imagen que tenemos de nosotros mismos, y contribuir a una percepción negativa de nuestro cuerpo. Por ejemplo, a una niña de talla grande recibir comentarios sarcásticos como «ahí viene la *flaquita* otra vez con el plato bien lleno», definitivamente puede minarle la autoestima y hacer que le resulte difícil quitarse esa idea de sí misma cuando sea mayor. Además, el sarcasmo es literalmente mordaz: se caracteriza por decir algo con la intención de transmitir lo contrario de lo que se está diciendo, a menudo de manera burlona o despectiva. De hecho, la palabra «sarcasmo» tiene su origen en el griego antiguo y significa «morder los labios en señal de desprecio».

- **Expectativas internas:** a veces somos nuestros peores críticos. Las expectativas poco realistas que nos imponemos, ya sea en términos de peso, forma corporal o rendimiento físico pueden generar sentimientos de insatisfacción y autoexigencia. A nuestros clientes siempre les explicamos que tenemos algo que se llama «herencia» y que se traduce en altura, color de los ojos y la piel, y también la forma corporal. La altura es algo que no podemos modificar, al igual que el color de los ojos o de la piel, la forma también es algo «innato» difícil de modificar, pero sí podemos trabajar muchos otros aspectos, como por ejemplo: fortalecer nuestros músculos, mejorar nuestra postura y flexibilidad, elegir una dieta equilibrada para llegar a un peso saludable, etcétera. En este capítulo vamos a profundizar estos temas siempre teniendo en cuenta el *equilibrio*.

- **Cambio de circunstancias:** el envejecimiento, el embarazo, la enfermedad o las lesiones pueden provocar variaciones en nuestro cuerpo que nos hacen sentir incómodos o insatisfechos con nuestra apariencia física. Este es un punto especialmente sensible para las mujeres. La alteración hormonal puede tener un impacto significativo en la apariencia y el funcionamiento del cuerpo. Por ejemplo, la menopausia puede provocar alteraciones en el peso corporal, redistribución de la grasa (ay, esa grasita que se empieza a acumular en el abdomen), modificaciones en la textura de la piel y otros síntomas que pueden afectar la autoimagen. Si tienes más de cincuenta años sabes a lo que me refiero. La cuestión es que todo eso va a suceder, igual que cuando nos quedamos embarazadas nuestro cuerpo se altera, ¡la clave está en prepararnos para vivirlos sin derrumbarnos!

Entonces, revalorizar la relación con nuestro cuerpo es fundamental para empezar a desarrollar el hábito del bienestar y el autocuidado. Para empezar, te invito a que leas este poema varias veces, escribas algunas reflexiones después, y respondas esta pregunta: ¿cuánto mejor sería la relación con tu cuerpo si trabajaras en equipo con él?

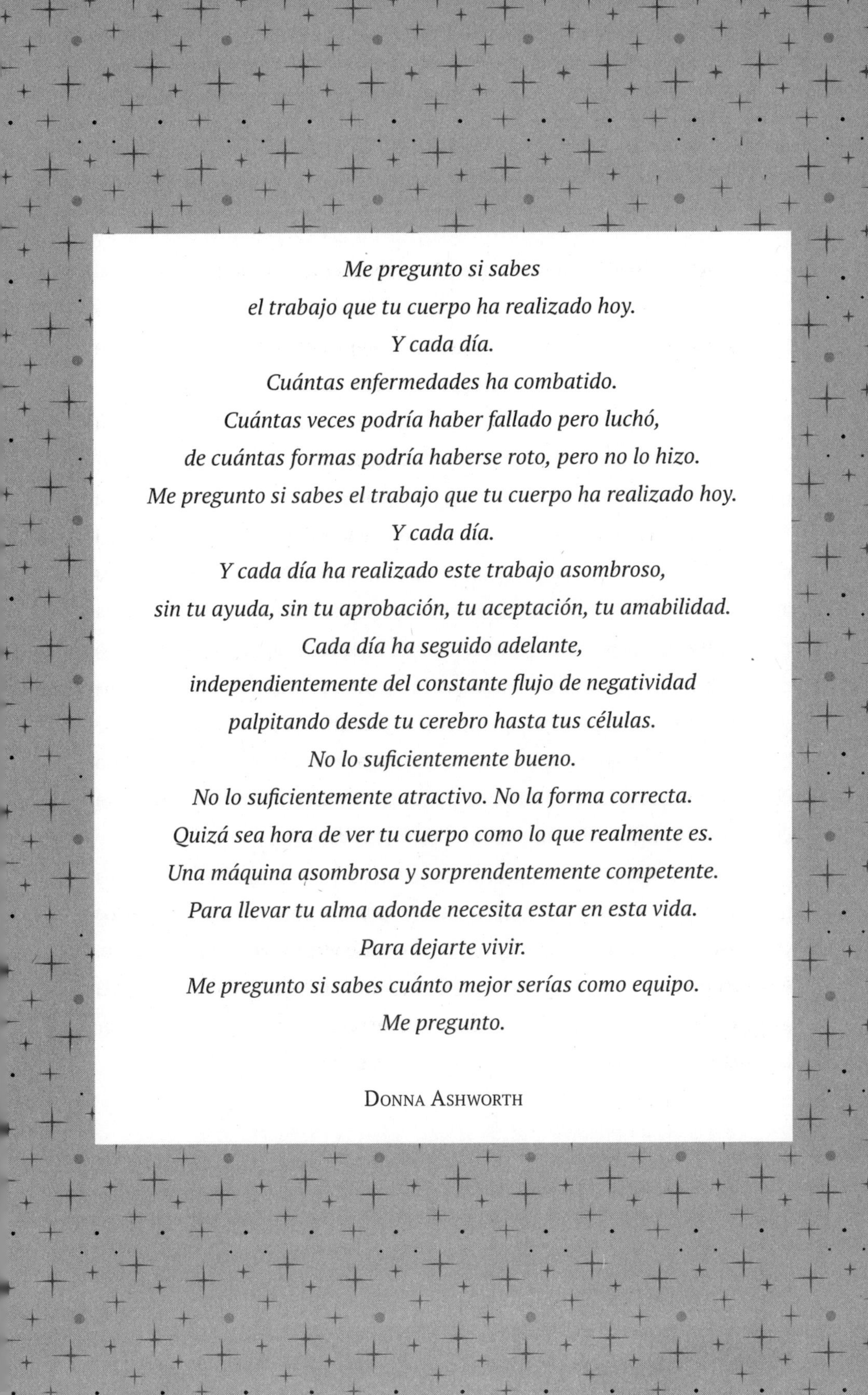

Me pregunto si sabes
el trabajo que tu cuerpo ha realizado hoy.
Y cada día.
Cuántas enfermedades ha combatido.
Cuántas veces podría haber fallado pero luchó,
de cuántas formas podría haberse roto, pero no lo hizo.
Me pregunto si sabes el trabajo que tu cuerpo ha realizado hoy.
Y cada día.
Y cada día ha realizado este trabajo asombroso,
sin tu ayuda, sin tu aprobación, tu aceptación, tu amabilidad.
Cada día ha seguido adelante,
independientemente del constante flujo de negatividad
palpitando desde tu cerebro hasta tus células.
No lo suficientemente bueno.
No lo suficientemente atractivo. No la forma correcta.
Quizá sea hora de ver tu cuerpo como lo que realmente es.
Una máquina asombrosa y sorprendentemente competente.
Para llevar tu alma adonde necesita estar en esta vida.
Para dejarte vivir.
Me pregunto si sabes cuánto mejor serías como equipo.
Me pregunto.

Donna Ashworth

Nuestro cuerpo suele ser el gran olvidado. A veces solo le prestamos atención cuando «llora», se rompe o se pone enfermo. Vamos por la vida ignorando las señales amarillas que nos manda. Si tenemos un dolor nos tomamos un analgésico, si subimos excesivamente de peso hacemos la «vista gorda» frente a las balanzas y los espejos. Si no podemos dormir nos acostumbramos a tomar una pastilla. Si nos cansa caminar nos apoltronamos y nos volvemos sedentarios.

En el libro *El cuerpo tiene sus razones*, que leí hace miles de años, su autora, Thérèse Bertherat, la gran pionera de la terapia corporal, explora la idea de que el cuerpo humano tiene su propia sabiduría innata y capacidad de autocuración. Argumenta que muchas dolencias físicas pueden estar relacionadas con tensiones musculares, posturas inadecuadas y bloqueos emocionales, y propone movimientos para ayudar a liberar estas tensiones y promover una mayor conciencia corporal. Ella dice que cuando un cuerpo sufre, sufre la persona. Pienso lo mismo. **También creo que cuando sufre la persona sufre su cuerpo.**

Bertherat enfatiza la importancia de escuchar y respetar las señales que nuestro cuerpo nos envía, y aboga por un enfoque más holístico y natural para su cuidado. Su obra ha tenido un impacto significativo en el campo de la terapia corporal y ha inspirado a muchas personas a explorar nuevas formas de conexión con su cuerpo y producir bienestar físico y emocional.

LA HISTORIA DE CLARA

Clara tenía cincuenta y cinco años y pasó la mayor parte de su vida dedicada a su carrera y a su familia. Durante décadas había estado constantemente ocupada equilibrando múltiples responsabilidades y priorizando las necesidades de los demás sobre las propias. Sin embargo, a medida que alcanzaba la mediana edad, comenzó a notar modificaciones significativas en su cuerpo que nunca había experimentado.

Se encontraba luchando con la menopausia, una etapa de la vida que le trajo una serie de síntomas físicos y emocionales desde sofocos y alteraciones en el estado de ánimo hasta problemas de sueño y variaciones en el peso corporal. Estos cambios desencadenaron una serie de sentimientos complejos para Clara. Se sentía frustrada por su incapacidad para controlar su cuerpo de la manera que solía hacerlo. Se preocupaba por su apariencia física y se sentía desconcertada por la sensación de que su cuerpo ya no le pertenecía de la misma manera. Como que estaba habitando una «casa» que no conocía.

A medida que intentaba adaptarse, Clara se enfrentaba a nuevos desafíos en cuanto al autocuidado. Siempre había sido buena para cuidar de los demás, pero ahora luchaba por encontrar tiempo, energía y sobre todo «ganas» para cuidarse a sí misma.

Sin embargo, con el tiempo, comenzó a darse cuenta de que ignorar su propia salud y bienestar no era sostenible a largo plazo. Clara estaba la mayor parte del tiempo de malhumor, y por eso, cuando supo que las emociones son contagiosas, decidió realizar un entrenamiento con Flor y conmigo. Y allí entendió por qué toda su familia también parecía estar de malhumor. Su estado estaba afectando a los demás. Y eso no le gustó. Fue el punto de inflexión para querer iniciar una transformación. Se dio cuenta de que necesitaba priorizarse de la misma manera que priorizaba a los demás.

Comenzó a hacer pequeñas modificaciones en su rutina diaria, como dedicar tiempo a cosas que le dieran placer: una cita con la dermatóloga para cuidar su piel, disfrutar de un masaje de vez en cuando, dar una vuelta a la manzana caminando con buen ritmo y adoptar una dieta un poco más saludable. Con el tiempo intensificó las caminatas y empezó a pensar qué otras actividades físicas podía sumar.

A medida que se comprometía con su autocuidado, Clara comenzó a experimentar una transformación interna. Se sentía más en sintonía con su cuerpo y con mayor capacidad para aceptar las alteraciones que venían con la edad. Aprendió a apreciar las fortalezas de su cuerpo y a tratarse con más amabilidad y compasión. Se apuntó a más clases: yoga una vez por semana, y natación ¡tres veces por semana! —porque descubrió que era algo que le daba placer—. Además, consiguió animar a una amiga para hacer caminatas todos los días y empezar con energía. Finalmente, se apuntó a un curso de cocina fácil para comer saludable y rico. Fue poco a poco, pero todos esos hábitos de pronto se empezaron a notar. **Sus amigas le preguntaban: ¿te hiciste algo?**

Clara descubrió que el autocuidado no consiste solo en cumplir una lista de tareas, sino en cultivar una relación más profunda consigo misma. Aprendió a escuchar las necesidades de su cuerpo y a honrarlas de manera regular. A medida que avanzaba en su viaje de autocuidado, Clara encontró una mayor sensación de paz y bienestar sabiendo que estaba priorizando su salud y felicidad en el momento de la vida que más lo necesitaba.

LA MÁSCARA DE OXÍGENO: EL AUTOCUIDADO NO ES EGOÍSMO

Clara le encontró mucho sentido cuando le explicamos la metáfora de la máscara de oxígeno. En los aviones, durante las instrucciones de seguridad antes del despegue, a los pasajeros se les dice que, en caso de emergencia, deben colocarse primero la máscara de oxígeno antes de ayudar a otros, como niños o personas con movilidad reducida. Esto es porque si no nos cuidamos primero no estaremos en condiciones de ayudar eficazmente a los demás.

La metáfora se aplica a la vida cotidiana para recordarnos que, al igual que en un avión, es fundamental cuidarnos a nosotros mismos antes de poder cuidar a otros. Si nos descuidamos y no priorizamos nuestro propio bienestar corremos el riesgo de agotarnos física y emocionalmente.

Clara entendió que su autocuidado no era egoísta, sino esencial para su salud y capacidad para cuidar de los demás. La ayudó a comprender que, al atender sus propias necesidades, primero estaba fortaleciendo su capacidad para ser una mejor madre, esposa y profesional.

LAS PALABRAS QUE NOS DECIMOS IMPACTAN EN NUESTRO CUERPO

Las palabras no son inocentes ni se las lleva el viento. Ni se olvidan, sobre todo si son las que usamos para referirnos a nuestro cuerpo o las que usan personas a las que les damos autoridad.

Fue uno de los conceptos que exploramos con Clara y que también le produjo un gran impacto, porque ella reconoció que solía «maltratarse» bastante y sentirse todo el tiempo «culpable» diciéndose «que era una egoísta» si tenía que separar tiempo o dinero para su bienestar. Teresa Zalazar —médica argentina creadora del método Biomecánica Aplicada al Movimiento (B.A.M.)— dice en su libro *Escrito sobre el cuerpo* que «las palabras, las buenas palabras, pueden tener un efecto placebo sobre el enfermo». Ella amplía este concepto citando a David Le Breton —sociólogo y antropólogo francés autor de *La psicología del cuerpo*— que dice algo muy significativo: «El cuerpo tiene una porosidad, es decir la posibilidad de absorber lo que nos dicen». ¡Qué fuerte este concepto! También tiene aplicación directa a las cosas que nosotros nos decimos.

Por eso, lo que más necesitamos para desarrollar el hábito del bienestar y del autocuidado del cuerpo es entenderlo, escucharlo y respetarlo. En resumen: habitarlo.

EDUCAR «DEL CUELLO PARA ARRIBA»

Habitar el cuerpo no es tarea fácil porque desde la temprana escolaridad nos educan en que lo importante es la cabeza: lo que hay «del cuello para arriba», como si el cuerpo en su totalidad fuera una casa de la que solo habitamos el piso de arriba, olvidando que somos una unidad y que nuestra mente habita nuestro cuerpo.

Durante muchos años trabajé en el campo de la educación y me di cuenta de que el cuerpo era el gran olvidado. Recuerdo en mis primeros viajes de formación a Inglaterra, allá por los inicios de la década de los noventa, la gran revelación que fue para mí descubrir que, si integrábamos el cuerpo en la enseñanza, la curva de aprendizaje se aceleraba: se podía aprender más rápido, recordar mejor y aprender con menos esfuerzo y más placer. ¡Ah, pero el placer!: el otro gran olvidado de la educación. Recordemos que durante años la premisa fue «la letra con sangre entra».

El educador inglés Sir Ken Robinson fue una de las voces más influyentes en la crítica del sistema educativo tradicional y defender un enfoque más holístico que reconozca y valore las diferentes habilidades y talentos de los estudiantes, como la creatividad y la expresión artística y, por supuesto, la integración de todo el cuerpo en la educación.

Saber esto nos ayuda a comprender que en la educación tradicional, que casi todos hemos recibido, se ha dado una gran importancia al desarrollo intelectual y mental —al igual que en otros campos—, pero se ha ignorado la conexión cuerpo-mente. Por eso, podemos sentir una gran desconexión con nuestro cuerpo y que nos resulte difícil darle prioridad al bienestar y al autocuidado. Por eso, es probable que vayamos por la vida ignorando que tenemos un cuerpo. Y que necesitemos pautas concretas para desarrollar una nueva relación con él.

CÓMO CREAR NUEVOS HÁBITOS

El hábito del bienestar y del autocuidado nos va a permitir desarrollar una nueva relación con nuestro cuerpo. Aquí vamos a explorar algunos principios que pueden ser de gran utilidad:

- **Poner el foco en lo que queremos lograr en lugar de lo que «tenemos que hacer».** Definir la nueva identidad que aspiras tener sería centrarte en lo que te quieres convertir. Si lo asocias con el «placer» —es decir con el deseo de lo que quieres lograr— vas a funcionar mejor; en cambio, si lo vives desde la perspectiva de «tengo que hacerlo», se hace más pesado porque lo asocias con el «deber ser»: se transforma en una obligación, te hace ir más lento y, generalmente, dura poco. Entonces, lo primero es decidir la clase de persona que quieres ser: por ejemplo, ser una persona saludable, y puedes preguntarte en el inicio del nuevo hábito, que es cuando tienes que tomar muchas decisiones, qué haría una persona saludable: ¿caminaría o iría en taxi?, ¿subiría las escaleras o tomaría el ascensor?, ¿comería pizza o una ensalada? Es interesante saber que los nuevos hábitos —aquello en lo que te estás convirtiendo— pueden cambiar las creencias que tienes acerca de ti mismo. ¿No es genial? ¡Porque es muy importante que te guste la persona en la que te estás convirtiendo!

- **Para automatizar un nuevo comportamiento necesitas hacerlo con frecuencia.** Las repeticiones son fundamentales pues, de esta manera, aprendemos todo: a conducir un coche, a hablar una lengua extranjera, a usar internet: todo. Aún recuerdo a una gran maestra que tuve en Inglaterra, Grethe Hooper Hansen, diciendo *«the brain needs repetition»* —el cerebro necesita repetición—. ¿Por qué? Porque las repeticiones son fundamentales para la formación de nuevos circuitos neuronales, esenciales para crear un hábito. ¿Cuántas repeticiones son necesarias? Cientos y hasta miles de repeticiones. Para crear un nuevo hábito debes practicarlo. Y atención: hacerlo fácil es seguir «la ley del menor esfuerzo». Esto lo escribo y todavía me choca, porque toda la vida fui una defensora del mayor esfuerzo y despreciaba a los que hacían el menor esfuerzo. Hasta que me adentré en el terreno de los hábitos. ¿Qué quiere decir la ley del menor esfuerzo en este caso? Significa modificar el entorno para que te ayude a practicar eso que quieres lograr, tan simple como tener fruta a la vista si te hace bien comer más fruta, o esconder la botella de vino o la tableta de chocolate en el fondo de la alacena para no tentarte con el consumo de alcohol o de azúcar.

- **Tener presente el ciclo de retroalimentación de los hábitos.** James Clear presenta un modelo de cuatro pasos para la formación de hábitos: señal, deseo, respuesta y recompensa. Veamos cada paso pensando en el hábito de, por ejemplo, hacer actividad física, que es algo que nos suele costar.
    - » **Señal: darse cuenta de que una recompensa está cerca.** Este es el aviso que desencadena el inicio de un hábito. Ejemplo: Si quieres adoptar el hábito de hacer ejercicio, la señal podría ser preparar tu ropa de deporte la noche anterior y ponerla en un lugar bien visible: es decir, **«hacerlo obvio».**
    - » **Deseo: querer la recompensa.** El deseo es la motivación que se percibe como una señal. Es importante que lo transformes en algo «atractivo», que te guste el cambio que vas a experimentar al ejercitar tu cuerpo.

      Ejemplo: Al levantarte, tienes el deseo de ejercitarte porque te hace sentir bien, te ayuda a llenarte de energía para empezar el día, te encanta arrancar la mañana con esa ropa que te hace sentir atlética y la imagen que ves en el espejo con tu cuerpo en transformación te agrada.

» **Respuesta: obtener la recompensa.**
La respuesta es la acción que realizas como consecuencia del deseo, y aquí la palabra clave es que tiene que ser algo que te resulte «fácil» hacer, que lo puedas hacer. Ejemplo: si vas al gimnasio busca uno que te quede cerca y en el horario en donde sepas que no vas a fallar.

» **Recompensa: satisfacer el deseo y sentirte bien.**
La recompensa es el beneficio que obtienes al completar el hábito, es el sentimiento de satisfacción que obtienes. Ejemplo: Después de ejercitarte te sientes enérgico y orgulloso de ti mismo. Tiene que ser algo que te dé satisfacción. Esta sensación de bienestar y logro es tu recompensa que refuerza la conexión entre la señal y la acción de hacer ejercicio.

En resumen: lo primero es identificar la señal que va a desencadenar el hábito, crear un deseo o motivación para el cambio, establecer una respuesta o acción específica y obtener una recompensa al final del ciclo.

Es importante que sepas que los hábitos no limitan la libertad, ¡la crean!

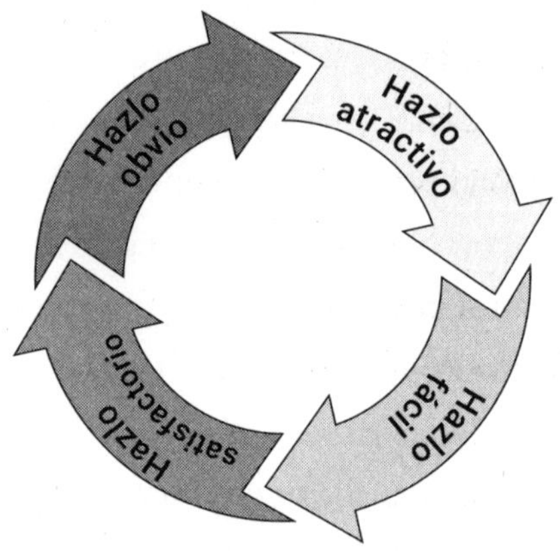

Ejercicio: práctica de los cuatro pasos

Objetivo: Establecer el hábito de beber más agua durante el día.

Pasos:

Señal: Identifica una señal o momento específico en tu día que te sirva como recordatorio para beber agua. Por ejemplo, podrías elegir tomar agua cada vez que revisas tu teléfono móvil.

Escribe esta señal en una nota y colócala en un lugar visible. También puedes usar una alarma en tu móvil programando la ingesta de agua cada x horas como aviso.

Deseo: Asocia un sentimiento positivo o una necesidad que satisfaga el acto de beber agua. Por ejemplo, puedes pensar en que te sentirás más alerta y saludable después de hidratarte adecuadamente.

Visualiza los beneficios que obtendrás al beber agua, como tener más energía, sentirte más concentrado, mejorar el aspecto de tu piel, etcétera.

Respuesta: Prepara una botella de agua o un vaso con agua limpia y colócalo en un lugar accesible cerca de tu área de trabajo o donde pases la mayor parte del tiempo.

Cada vez que veas la señal que has elegido (por ejemplo, mirar el móvil) toma un sorbo de agua de tu botella o vaso.

Recompensa: Después de beber agua dedica un momento a reconocer y celebrar tu logro. Siéntete bien contigo mismo por cuidar tu salud y tu bienestar. Si lo deseas, puedes llevar un registro de cuánta agua bebiste a lo largo del día y sentirte satisfecho al ver tu progreso.

Repitiendo este ejercicio de forma consistente, día tras día, estarás aplicando los cuatro pasos para construir el hábito de beber más agua. Con el tiempo ya no necesitarás las señales como la alarma de tu móvil, pues este hábito se volverá automático.

En mi caso, a mí me costaba mucho tomar los ocho o doce vasos de agua que se indican como los necesarios para una hidratación óptima. Por consejo de Florencia, me llevé una jarra con agua al baño. Al empezar el día, cuando entro en el baño veo la jarra (señal) y lo primero que hago es tomar dos o tres vasos de agua. Luego distribuí jarras por toda la casa: al lado del ordenador, en la cocina, en el comedor, en los diferentes lugares donde me muevo durante el día. Una jarra de agua en cada lugar es un recordatorio de lo que quiero lograr: estar bien hidratada y más alerta para trabajar mejor (deseo). Al tener agua bien a la mano (respuesta) me resulta fácil beber con frecuencia (acción, hacerla fácil) y, aunque son pocas las veces que llego a los doce vasos, casi siempre llego a los ocho, lo cual me da una gran satisfacción (recompensa) y refuerza el hábito de beber más agua. ¡Es así de simple!

Y esto nos lleva al próximo tema muy relacionado con la ingesta de agua: la ingesta de alimentos.

EL HÁBITO DE TENER UNA RELACIÓN AFORTUNADA CON LOS ALIMENTOS

La comida: otra gran cuestión —conflictiva— por decirlo indirectamente; y tan relacionada con el hambre. ¿Por qué comemos?, ¿por qué tenemos hambre? Con respecto a este tema vamos a citar a nuestro amigo y colega de T.L.C. Eric Edmeades, creador de un sistema llamado Wildfit y autor del libro *Postdiabetic*, que sugiere que la mayoría de las veces no comemos por hambre. Eric explica que hay seis tipos diferentes de hambre.

Hambre nutricional. Esta es la única forma genuina de hambre. Las otras cinco pueden imitarla, pero solo el hambre nutricional es la que te indica cuándo tu cuerpo necesita más nutrientes. Este tipo de hambre se refiere a la necesidad de tu cuerpo de obtener los nutrientes esenciales para funcionar correctamente. Si tienes hambre nutricional tu cuerpo puede estar deseando alimentos ricos en vitaminas, minerales y otros nutrientes esenciales. Se sugiere optar por alimentos frescos y enteros como frutas, verduras y proteínas magras para satisfacer esta necesidad.

Sed. Muchas personas se sorprenden al descubrir que, a menudo, cuando su cuerpo tiene sed, pueden experimentar hambre. A veces, cuando sientes hambre, en realidad, estás deshidratado. Tomar un vaso de agua antes de comer puede ayudarte a determinar si estás verdaderamente hambriento o simplemente sediento. Para mí fue un gran descubrimiento que, al tomar un vaso de agua, muchas veces desaparecía la sensación de hambre.

Variedad. El cuerpo naturalmente desea variedad en la dieta para asegurarse de recibir la gama completa de nutrientes necesarios. Si sientes hambre intenta simplemente cambiar tu menú para ver si te sientes más saciado. O sea: ¡pollo con ensalada todos los días no funciona!

Bajo nivel de azúcar en la sangre. El aumento y la caída del azúcar en la sangre después de consumir azúcares de baja calidad (golosinas, gaseosas) también pueden hacernos sentir hambre, incluso poco después de comer. Evitar los azúcares de baja calidad (pastelería, en general) siempre que sea posible e incluso limitar a tres las fuentes de azúcar natural, como las frutas, para evitar un nivel de azúcar en la sangre que caiga bruscamente.

Hambre de estómago vacío. Cuando nuestros ancestros se enfrentaban a condiciones perpetuas de «festín o hambruna» aprendieron a comer hasta saciarse siempre que tenían acceso a alimentos, una forma de resguardarse para los periodos donde no tenían fácil acceso a los alimentos. Ahora siempre tenemos el festín (abundancia de alimentos), pero nunca la hambruna. Podemos estar bien nutridos y, de todas maneras, tener la sensación de hambre si nuestro estómago no está lleno. Nos hemos acostumbrado a comer mucho más de lo que necesitamos y el estómago se agranda. Entonces, cuando no está lleno, nos parece que tenemos hambre. Necesitamos reconocer que esta sensación está solo en nuestra cabeza e ignorarla para acostumbrarnos a comer menos y, sobre todo, no comer todo lo que tengamos a la vista, ¡especialmente si vamos a una fiesta! Eric sugiere que cada tanto hagamos un pequeño ayuno, tomando agua, para darle un descanso a nuestro estómago y que pueda recuperar su forma.

Hambre emocional. La noción de «hambre emocional» se refiere al impulso de comer, no debido a la necesidad física de alimento, sino a una respuesta emocional o psicológica. Este tipo de hambre está estrechamente relacionado con las emociones y los estados de ánimo y puede surgir como una forma de compensar el estrés, la ansiedad, la tristeza, la angustia, el aburrimiento o cualquier otra emoción desagradable.

Al formarme con Eric pude identificar que el hambre que a mí más me afectaba es la emocional. Por ejemplo: cuando todos mis hijos se fueron a vivir fuera, yo empecé a engordar como nunca lo había hecho. Llegué a pesar doce kilos más de lo habitual en mi peso, ¡eso solo me había pasado en los embarazos!... Significativa asociación...

Pude detectar que el hambre emocional es la que a mí más me desequilibra, y por eso me metí más a fondo con el tema, siempre desde una perspectiva práctica. Quisiera compartir aquí algunas ideas sobre cómo este tipo de hambre se relaciona con las emociones:

Antojos de alimentos específicos: cuando experimentamos hambre emocional a menudo tenemos antojos de «alimentos ricos, reconfortantes» y ¡normalmente no sanos! que están asociados con experiencias emocionales positivas en el pasado, como helado, chocolate, pizza u otros alimentos ricos en grasas y azúcares.

Comer en respuesta a desencadenantes emocionales: en lugar de comer en respuesta a señales físicas de hambre, cuando sentimos hambre emocional tendemos a comer en respuesta a situaciones o emociones desencadenantes, como la angustia por un cambio inesperado, el estrés en el trabajo, una discusión con un ser querido o el aburrimiento durante una noche sola en casa. En lugar de buscar una salida para expresar las emociones de forma adecuada... ¡me reconforto comiendo chocolate o un kilo de helado!

Comer rápidamente sin sentir saciedad: el hambre emocional a menudo hace que comamos rápidamente y en exceso, sin prestar atención a las señales de saciedad del cuerpo.

Sentimientos de culpa o remordimiento: después de comer

emocionalmente podemos experimentar sentimientos de culpa, remordimiento o vergüenza por habernos «permitido» ingerir en exceso alimentos poco saludables, lo que puede desencadenar que ¡sigamos comiendo!

Ejercicio: identifica tu tipo de hambre más común

Registro de observaciones: durante una semana lleva un registro de cuándo experimentas hambre y qué situaciones o emociones podrían estar asociadas.
Análisis de patrones: al final de la semana, revisa tu registro y busca patrones o tendencias en tus hábitos alimenticios. ¿Hay momentos del día en que experimentas más este tipo de hambre?, ¿hay ciertas situaciones o emociones que parecen desencadenarlo?
Seguimiento: ahora elige una acción específica para abordar este tipo de hambre de manera más efectiva. Por ejemplo, si esa hambre es emocional durante periodos de estrés podrías comprometerte a hacer ejercicio o practicar técnicas de relajación o hacer cosas que te hagan sentir bien, como hablar con una amiga, en lugar de recurrir a la comida como mecanismo compensatorio. O consultar con un profesional.

Ahora relacionemos toda esta información con la buena suerte: en el inicio de la formación de un nuevo hábito nos pasamos el tiempo tomando decisiones, son elecciones que tenemos que hacer muchísimas veces hasta que tengamos el nuevo camino neuronal formado, las nuevas conductas automatizadas y el hábito consolidado.

Podemos decir que hay decisiones relacionadas con el hábito de la alimentación que nos van a traer buena suerte: salud, energía, estar a gusto con nosotros mismos. Para tomar estas buenas decisiones primero tenemos que entender los diferentes tipos de hambre para, luego, poder decidir cómo queremos proceder en lugar de actuar en piloto automático.

Y aquí vamos con algunos «trucos» prácticos para una alimentación inteligente.

Honrar la regla de «hacerlo fácil»: tienen que ser fáciles; si no, no funciona.

Estar organizados: por ejemplo, tener fruta cortada en la nevera, también verdura lavada para usar rápido (no hay nada más aburrido que lavar la lechuga, así que mejor hacerlo antes de guardarla), tener alimentos magros de cocción rápida, como pechugas de pollo o de pavo; también tener huevos, que nos sacan de apuros rápidamente; para estar hidratados: poner jarras de agua por todas partes, bien visibles y de forma atractiva (me compré unas jarras preciosas); usar platos pequeños para reducir las porciones; si voy a comer en un restaurante, en lugar de «atacar» la cesta del pan, tomar dos vasos de agua antes de empezar a comer.

Hacerlo con otro: encontrar una compañera/o de alimentación para compartir tus metas, desafíos y éxitos relacionados con la alimentación inteligente. Hacerlo con otro, con una amiga o amigo crea un sentido de responsabilidad mutua. Ambos se comprometen a apoyarse y alentarse mutuamente en el logro de sus objetivos, lo que aumenta las posibilidades de éxito. Y además lo hace más divertido, pueden compartir ideas, recetas y darse ánimos si flaquean.

Almacenar con ingenio: organizar tu cocina de manera que los alimentos saludables estén fácilmente accesibles y visibles. Mantén los productos frescos a la vista en el frigorífico y coloca los alimentos poco saludables fuera de la vista o en lugares menos accesibles. ¡Cuando yo era pequeña, me «moría» por los caramelos Sugus y vivía con caries! Y mi madre decidió esconderlos en la alacena más alta de la cocina. Yo sabía dónde estaban, pero tener que trepar hasta allí me lo hacía difícil (¡o imposible!).

Probar recetas nuevas: experimentar con nuevas recetas y alimentos saludables para evitar caer en la monotonía y mantener tu interés en una alimentación inteligente. Hoy hay mil recetas en internet, ni te cuento en Instagram donde hay vídeos que son realmente fáciles de aprender: recomiendo visitar en Instagram la cuenta de @nutrimoina, ¡es buenísima, con recetas supersimples y riquísimas! Y hay elementos nuevos como la freidora de aire, que de verdad te hacen la cocina mucho más fácil y divertida.

¡Todo esto es para que te ayudes a tomar las buenas decisiones, las de la buena suerte!

¿Y cuáles serían las malas decisiones, las de la «mala suerte»?

Aquí va una lista —que no es exhaustiva— a la que vale la pena que le prestes atención:

- **Comer rápido y sin disfrutar la comida:** comer rápido puede llevar a una mala digestión, indigestión y dificultad para sentirse satisfecho, lo que puede contribuir al aumento de peso y a una mala relación con la comida. Es comer sin prestar atención, este era y sigue siendo uno de mis desafíos. La idea es hacer lo contrario: prestar mucha atención al momento de la comida; a mí me ayuda mucho masticar varias veces la comida (¡no siempre lo logro porque soy ansiosa!).
- **Comer lo primero que encuentres sin considerar las opciones saludables:** optar por alimentos poco saludables debido a la conveniencia puede ser el resultado de una dieta desequilibrada, carente de nutrientes esenciales y rica en calorías vacías, lo que puede contribuir a problemas de salud a largo plazo. Cuidado con echar mano de lo primero que encuentres en tu nevera: el sándwich rápido de jamón y queso no es buena nutrición; y en el restaurante hay que pedirle al camarero que se lleve la cesta del pan.
- **Tomar mucho café y poca agua:** el exceso de cafeína puede provocar deshidratación y afectar negativamente la hidratación general del cuerpo. La falta de agua adecuada puede afectar la función cognitiva, la salud de la piel y el equilibrio de líquidos en el cuerpo. A veces no somos conscientes de cuánto café consumimos por día,

podrías llevar un registro que te ayude a darte cuenta. Por cada taza de café se recomienda tomar el doble de agua.

- **Consumir alcohol en exceso:** los médicos explican que el consumo excesivo de alcohol puede tener graves consecuencias para la salud incluyendo daño hepático, aumento de peso, presión arterial alta y riesgo elevado de enfermedades cardiovasculares, entre otras. Además, puede contribuir a problemas de comportamiento y adicción. Y sin llegar tan lejos, se sabe que el alcohol produce aumento de grasa abdominal (la tan temida barriga). El famoso «beber con moderación» es importante.
- **Beber gaseosas y otras bebidas azucaradas regularmente:** las bebidas azucaradas son una fuente significativa de calorías vacías y azúcares añadidos, lo que puede contribuir al aumento de peso, resistencia a la insulina, caries dental, debilitamiento de los huesos y otros problemas de salud relacionados con la dieta. Y está comprobado que hay muchas gaseosas que producen una especie de adicción. ¡Ojo, porque podemos llegar a reemplazar el agua por gaseosa... y eso es peligroso!
- **Consumir alimentos altamente procesados con regularidad:** los alimentos altamente procesados suelen ser bajos en nutrientes y altos en calorías, grasas saturadas, azúcares añadidos y sodio. Su consumo regular puede aumentar el riesgo de obesidad, enfermedades cardiacas, diabetes tipo 2 y otros problemas de salud crónicos. Ejemplos de este tipo de alimentos son: salchichas, pro-

ductos enlatados (sopas enlatadas, verduras enlatadas, frutas en almíbar), comidas congeladas como pizzas, nuggets de pollo, patatas fritas congeladas, hamburguesas comerciales, etcétera. Todo lo que es *fast food* (comida rápida) que, además, suele parecernos rico, en realidad no lo es. ¡Es un fiasco! Por eso yo los llamo «*fast food* fiasco», porque alimentarme así es engañarme y definitivamente me va a traer consecuencias negativas en mi salud.

- **Saltarse comidas o tener horarios irregulares de alimentación:** saltarse comidas o tener horarios irregulares de alimentación puede afectar negativamente al metabolismo, provocar picos y caídas en los niveles de azúcar en la sangre y aumentar el riesgo de comer en exceso o de recurrir a opciones poco saludables cuando finalmente se come. Yo sé que está de moda el ayuno intermitente, y cada uno puede consultar con su médico o nutricionista sobre cómo implementarlo, pero la vieja regla: comer un máximo de cuatro comidas nutritivas diarias (sin picoteo) creo que sigue siendo válida. También creo que es interesante otro viejo concepto que dice: desayunar como un rey (la verdad es que nunca tengo tiempo de hacerlo, pero cuando puedo intento incorporar huevos y frutas), almorzar como un príncipe (hacer del almuerzo la comida más importante y nutritiva) y cenar como un mendigo: la cena debería ser la comida más ligera del día ya que el cuerpo tiende a necesitar menos energía y nutrientes durante la noche. Optar por porciones más pequeñas y alimentos más ligeros puede ayudar a facilitar la digestión y promover un mejor descanso durante la noche. Evitar comidas pesadas y ricas en grasas antes de acostarse puede ayudar a prevenir problemas digestivos, y a mantener un peso saludable. ¡Y cenar lo más temprano posible también ayuda!

Veamos ahora, de forma práctica, cómo podemos integrar los cuatro pasos de James Clear y los distintos tipos de hambre de Eric Edmeades para romper lo que llamo «el ciclo de alimentación de la mala suerte» y transformarlo en la «alimentación de la buena suerte».

1. **Señal (en piloto automático):** tengo hambre y me tienta comer comida rápida.
2. **Deseo (normal):** quiero satisfacción inmediata y cómoda.
3. **Respuesta:** en lugar de ceder a la tentación, identifico el tipo de hambre que estoy teniendo y elijo una nueva respuesta inteligente —de nuevo ejerzo mi libertad—. Por ejemplo, me puedo preguntar ¿qué comería una persona saludable? (una ensalada rica y nutritiva).
4. **Recompensa:** me siento con energía y orgullo de la buena decisión. Esto va a reforzar el hábito para elegir buenos alimentos que cuiden mi cuerpo. No es tan difícil, ¿no?

EL CASO DE MANU GINÓBILI

El famoso jugador de baloncesto argentino un día se dio cuenta de que necesitaba hacer un cambio si quería seguir rindiendo al máximo. Pidió ayuda a su primo Paulo Maccari, fisioterapeuta que también trabaja con la selección argentina de baloncesto, y ambos diseñaron un plan de acción en su alimentación para poder seguir jugando como deportista de élite.

La señal o aviso del cambio, en este caso, fueron las lesiones reiteradas que Manu venía sufriendo cuando jugaba. El deseo ardiente que tenía —su motivación— era seguir jugando unos años más en su máximo nivel.

La respuesta o acción a la que Manu fue invitado por su primo fue a hacer un cambio radical en su forma de alimentarse y, por ejemplo, abandonar la pasta. A lo que Manu le dijo: «Yo la pasta no la voy a dejar». Aquí me siento representada por Manu: ¡quién quiere dejar la pasta, que tan buena está! Su primo, con mucha inteligencia, no se lo impuso, sino que le propuso empezar y ver cómo se iba sintiendo. Brillante: empieza por algo fácil y luego harás lo más difícil. ¡Algo que todos podemos hacer! Y comenzaron quitando los cereales que contenían gluten, después los lácteos y todo alimento que tuviera azúcar refinada, pero le permitían usar un poco de miel para endulzar. Su primo dice que hoy Manu no consume ni harinas ni endulzantes.

¿En qué consiste su alimentación? Se basa en verduras, pescado, poca carne roja, pollo y huevos de granja. El concepto es que todo sea comida natural y haya grasas naturales provenientes de aguacates, almendras, nueces, pescados, coco, huevo. Maccari dice que «ese tipo de grasas son fundamentales porque dan mucha energía». Cuando pensamos que nos va a resultar imposible cambiar un hábito en la alimentación que tenemos muy arraigado pensemos en esto que dijo Manu: «Toda mi vida hasta los treinta y cinco años mi rutina era un trozo de pollo con pasta. Lo hacíamos todos. Hoy por hoy eso está cambiando. No es tan necesario o estricto el tema ese de que sin la pasta y los carbohidratos no vas a tener la energía necesaria para jugar», le dijo Ginóbili al sitio NBA Latam.

Es un alivio saber que la forma en que Manu practica la dieta es estricta pero no extremista. «No soy fanático ni extremista en lo que como, pero me cuido. Si vamos a un restaurante y hay un pan ahí con aceite de oliva, vamos...», aseguró el propio Ginóbili. ¡Me encanta la idea de no ser un «talibán» de la alimentación! Y me parece mucho mejor la idea de mirar la forma en que comemos y lo que comemos bajo la óptica de «cuidarnos», que es lo más cercano a «querernos».

Los resultados de estos cambios de hábitos en su alimentación fueron asombrosos. Manu no solo experimentó una mejora notable en su salud y bienestar general, sino que también vio avances significativos en su rendimiento en la cancha. Su energía aumentó, su resistencia mejoró y su capacidad para recuperarse de lesiones y fatiga se volvió notablemente más rápida. Se convirtió en el cuarto jugador de más de cuarenta años en anotar al menos veinte puntos en dos partidos consecutivos uniendo su nombre al Hall de la Fama con otros legendarios del deporte como Kareem Abdul-Jabbar, Robert Parish y Michael Jordan, los únicos que lo habían logrado en la NBA. ¡Sin palabras!

LA DIETA QUE LE CAMBIÓ LA VIDA A NOVAK DJOKOVIC

Novak Djokovic, ganador de veinticuatro títulos de Grand Slam, cambió radicalmente su rendimiento y su suerte después de modificar su forma de alimentarse. Durante los primeros años de su carrera, Djokovic era conocido por su talento excepcional en la cancha, pero también por sus problemas de salud. Sufría frecuentes enfermedades respiratorias, fatiga crónica y dificultades para mantenerse en forma durante los largos partidos de tenis. Hasta 2010 solo había ganado un título de Grand Slam y el Open de Australia. Solía sufrir crisis en mitad del partido y no podía mejorar su resistencia. Pero conoció al doctor Igor Cetojevic, un gran nutricionista serbio, que le diagnosticó intolerancia al gluten y a la lactosa.

Al estilo de Manu, los primeros pasos fueron pequeños y difíciles. ¿Era posible quitarle la pasta y el queso a Djokovic, cuya familia es dueña de una pizzería? Pero Nole —es el apodo de Novak en serbio— se decidió a probar y se adaptó a una dieta sin gluten durante dos semanas, y los resultados fueron inmediatos. Mejoró su calidad de sueño, se empezó a sentir con más energía, más rápido, y «se convirtió» al nuevo estilo de alimentación. Un día se dio cuenta de que el simple acto de comer una rosquilla (bagel) lo dejaba cansado y sin energía. Después de un año entero comiendo sin gluten, Djokovic logró ganar tres de los cuatro títulos de Grand Slam.

Djokovic escribió: «De repente había un factor X, un cambio en mi dieta que permitía a mi cuerpo rendir como debía». Ese cambio fue determinante en su buena suerte: Nole se convirtió en uno de los jugadores más exitosos de la historia del tenis: ha ganado diez veces el Open de Australia, tres veces el Roland Garros, siete Wimbledon y cuatro US Open, y todavía le queda mucho camino por recorrer. «Esto es demasiado significativo para mí y, aunque puede sonar repetitivo, es un sueño haber logrado ganar el Grand Slam número 24. La resiliencia en mí y el creer en mi cuerpo, en mi equipo y en mi familia han sido la clave de esto. Este premio va para todos ellos», declaró después de lograr sus veinticuatro títulos de Grand Slam, dos más que Rafa Nadal y cuatro más que Roger Federer.

OTROS HÁBITOS DEL BIENESTAR «NO NEGOCIABLES»

¿A qué nos referimos cuando decimos «no negociables»? A hábitos del bienestar cuya práctica es importante llueva o truene, haga frío o calor, estemos cansados o sin ganas. Hábitos importantes que hay que incorporar «contra viento y marea», es decir: en contra de nuestras propias ganas.

Hemos hablado extensamente de los hábitos relacionados con la alimentación y, en el mismo nivel de importancia, está el hábito del movimiento, que también es algo que al común de los mortales nos suele costar, especialmente después de los cincuenta años (¡antes el movimiento es algo más natural, sobre todo si tienes hijos pequeños, estás todo el día en movimiento!).

Y aquí te voy a contar una historia muy personal, por eso la llamo:

LA HISTORIA DE VERÓNICA (MI HISTORIA)

Ya te conté que de pequeña me costaba correr. En el colegio —uno muy competitivo donde el atletismo era considerado muy importante— yo no ganaba ni media carrera, ¡solo, ocasionalmente, las carreras de levantar patatas con una cuchara! (ya no se usan, pero hace mucho tiempo eran tradicionales en eventos especiales como los *sports day* en los colegios británicos). Años después supe que por los pies planos es difícil ser rápido, pero tuve ese inicio complicado. No era grave y quizá ahí se instaló la idea dentro de mí, la raíz de alguna creencia limitante con respecto a mi capacidad de movimiento. De mayor, como soy voluntariosa (¡mucho!), quise probar con varios deportes. Por ejemplo, con el tenis no era *mala* pero tampoco llegué a ser «muy buena». ¿Será tan fuerte la imagen de uno mismo formada a temprana edad? ¿O tanto influyen los pies planos?

Sigamos con mi historia del movimiento. Algo pasó cuando cumplí veinte años y fui por primera vez a esquiar. Ahí no dependía de la velocidad de mis pies, tampoco tenía una historia que remontar, así que recuerdo, como si fuera hoy, la sensación de libertad que sentí al deslizarme por primera vez por una pendiente. Me caí mil veces, pero me divertía tanto que no me importaba, además me di cuenta de que todos los principiantes se caen. Por primera vez me sentía libre practicando un deporte que además era desafiante. Después seguí yendo muchos años más a la montaña, a ese lugar en donde no solo era feliz, sino que mi cuerpo se expresaba con total libertad: muchas veces podía tener la sensación de estar volando. Y, como sucede en otros aspectos de la vida, de tanto practicar me volví bastante buena —comparada con mis propios estándares, por supuesto—. Llegué a bajar por las llamadas «pistas negras», que son las reservadas para expertos.

Nunca había sido experta en nada relacionado con el movimiento, más bien lo contrario. Todo lo que fuera movimiento, otros deportes y gimnasia —aunque me esforzara— no me apasionaban porque no me salían naturalmente bien como a otras personas. Y ya no podía seguir echándole la culpa a mis pies.

Así se afianzó esta relación ambivalente con el movimiento. Una parte mía ansiaba la actividad física, comprendía su importancia, pero otra parte no estaba tan dispuesta porque la mayoría de las veces resultaba frustrante. Sin embargo, había una práctica que mantenía con cierta regularidad: las caminatas intensas sostenidas por el vínculo amoroso de un grupo de amigas con las que llevaba caminando cerca de veinte años.

Pero llegó la pandemia, con sus restricciones y prohibiciones, y el tan temido confinamiento. Y emocionalmente fue un momento difícil porque coincidió con la partida de todos nuestros hijos y nietos, que se fueron a vivir a Europa. De pronto nos vimos obligados a quedarnos encerrados, incluso se nos prohibió salir a dar una vuelta a la manzana. Así comenzaron los meses más largos de mi vida, en los que me encontré «favorecida» para no sentirme culpable por mi falta de actividad física. Un par de clases que me aburrían por *zoom* fueron suficientes para que me acomodara en el sofá con un buen libro o una serie y dejara de moverme.

Sin embargo, como mencioné antes, tengo una voluntad fuerte y sabía que estaba tomando un rumbo equivocado. Por lo que, apenas nos dieron permiso para practicar deportes al aire libre, después de pasar más de medio año sentada en el sofá, corrí a buscar a mi profesor de tenis y le pedí que me diera clases de nuevo. Estaba decidida a intentarlo otra vez.

El primer día de clase estaba feliz. No sabía si era por jugar al tenis o simplemente por poder salir de casa. La segunda clase también estaba radiante y me esforcé aún más. Pero en el último segundo del partido me estiré al máximo para devolver un revés, como si mi vida dependiera de eso. Caí contra las vallas, en una cancha que no estaba en las mejores condiciones, y me precipité con toda la fuerza con la que intenté atrapar esa pelota.

Quise levantarme una y otra vez, pero era como si un edificio entero descansara sobre mi cuerpo. Por más que lo intentaba, el dolor inmenso que sentía me indicaba que no podría incorporarme. Era una sensación extraña, nunca experimentada, como si una parte de mí se hubiera desconectado del resto. Pensé que tal vez se tratara de un problema en el nervio ciático y que con un relajante muscular el dolor desaparecería. Sin embargo, por la gracia divina, un médico extraordinario y amigo cercano de la familia, José Luis Mattozzi, me instó a dirigirme directamente a un hospital sin regresar a mi casa ya que sospechaba que el problema no era muscular.

Llegué al hospital con un dolor indescriptible y nunca antes experimentado. El médico de guardia me pidió que me pusiera de pie, pero fue imposible. Sabía en lo más profundo de mi ser que mi cuerpo no podría sostenerme y aún desconocía la gravedad de lo que me había ocurrido. Tras realizar una radiografía, llegó el devastador diagnóstico: fractura de la cabeza del fémur en la cadera.

Me sometieron a una cirugía y colocaron tres clavos para estabilizar la fractura. Antes de la operación, con una total falta de conciencia sobre la gravedad de la situación, lo único que le pregunté al médico fue: «¿Podré volver a esquiar?». Él respondió afirmativamente. Ahora, con la perspectiva del tiempo, puedo imaginar que el médico podría haber pensado «¡qué tontería», pero optó por no decírmelo. En cambio, compartí mi sueño con él: «Tengo el sueño de esquiar algún día con mis nietos que son pequeños». Era un anhelo postergado ya que todos mis nietos se habían ido a vivir al extranjero. Pero ese sueño seguía latiendo en mi corazón.

Escribo esto y no puedo evitar asociar, «extranjero»: extrañar, extraño, extrañeza. ¡Qué extraño era todo! Mejor sigo con la historia.

La operación fue bien, pero pronto descubrí que durante dos largos meses no podría apoyar el pie en el suelo. Durante dos meses dependía totalmente de mi ángel de la guarda: Héctor, mi marido, que con paciencia infinita me ayudaba a cambiarme, me suministraba los calmantes, los anticoagulantes y me preparaba la comida. Experimenté lo desafiante que era levantarme de la cama para ir al baño y sentí la necesidad de instalar una barra de apoyo en la bañera, similar a las que usan los ancianos, para evitar caídas al entrar. Me vi obligada a utilizar una silla de ruedas, luego un andador y, finalmente, un bastón. Cada paso era un desafío, cada avance una victoria sobre el miedo. Arrastrando los pies, paso a paso, avanzaba, logrando un mínimo progreso cada día.

Y así, los tres clavos que sostenían firme mi cadera parecían recordarme su presencia en cada movimiento. En cada paso, en cada esfuerzo, incluso al subir las escaleras de mi casa, sentía su «mordida» constante. La molestia llegó a ser tan intensa que tuvieron que infiltrarme para aliviar el dolor. Sin embargo, incluso después de un año, seguían causándome molestias fuertes. Fue entonces cuando me sugirieron una segunda operación para extraerlos. Estuve a punto de aceptar, pero el precio era volver a enfrentarme a la inmovilidad total durante otros dos meses. Para mí eso significaba regresar al infierno. Ahí aprendí con marca de fuego lo necesario que es el movimiento.

Decidí buscar otra opinión médica: me dijeron que mi cadera estaba muy bien operada. El consejo fue que, en lugar de someterme a otra operación para sacarme los clavos, fuera al gimnasio a fortalecer mis músculos para que mi cuerpo dependiera menos de los huesos. Aquella fue la solución que necesitaba. Aunque nunca me había gustado la idea de ir al gimnasio, pronto me convertí en una fiel asistente. A las 7.30 de la mañana estaba lista para comenzar la rutina, y durante los últimos dos años y medio he sido testigo de mis «increíbles» progresos comparados con mi propio estándar.

Los clavos ya casi no me duelen, y aunque sé que aún tengo mucho por crecer y mejorar, gracias a mi entrenador, el profesor Nico Cordiviola, he establecido una nueva relación con mi cuerpo y mi movilidad. En el gimnasio, he encontrado esa misma sensación de libertad que una vez experimenté en la montaña. ¿No es curioso? Yo, que detestaba los gimnasios. Además, pude cumplir mi sueño: un año después de comenzar el entrenamiento, mis hijos me invitaron a esquiar, y así lo hice con mis nietos a mi lado.

A veces la vida nos sorprende, sobre todo si no nos damos por vencidos.

Ahora quiero compartir contigo algunos «trucos» que he aprendido y que nos ayudan a consolidar los hábitos del movimiento que muchas veces «procrastinamos».

SUPERAR LA PROCRASTINACIÓN

Procrastinar: qué palabra rebuscada, tan rebuscada como es el mecanismo que tenemos los seres humanos para postergar o dilatar algo que sabemos que nos va a hacer bien, pero no lo hacemos.

La procrastinación, entonces, es el acto de retrasar una tarea o actividad, generalmente por una falta de motivación, indecisión o para evitar el trabajo que debe realizarse o por miedo. Es un fenómeno común que nos puede afectar a todos, sin importar la edad que tengas y en diversos contextos, como el trabajo, los estudios, las responsabilidades domésticas, visitar al médico y cuidar del cuerpo, entre otros.

Algunas causas comunes de la procrastinación incluyen la falta de claridad sobre qué queremos lograr, cómo comenzar una tarea, el miedo al fracaso o al éxito, la búsqueda de la gratificación inmediata en vez de trabajar hacia metas a largo plazo o la falta de motivación intrínseca para realizar la tarea.

La procrastinación puede atraer la «mala suerte» porque suele producir consecuencias negativas: como el aumento del estrés, la disminución del rendimiento académico o laboral, la pérdida de oportunidades y la disminución de la autoestima, etcétera.

Sin embargo, existen estrategias para superar la procrastinación y ahora vamos a ver algunas de ellas.

ESTABLECER METAS CLARAS Y REALISTAS

Cuando hablamos de establecer metas claras y realistas en el contexto del movimiento o el ejercicio físico es como planificar un viaje emocionante hacia un estilo de vida más activo y saludable.

Imagina que quieres mejorar tu estado físico y empezar a hacer ejercicio regularmente. Establecer metas claras y realistas, en este caso, sería como trazar un mapa para tu viaje de acondicionamiento físico. Primero, necesitas tener una idea clara de a dónde quieres llegar: ¿quieres correr un maratón, perder peso, ganar músculo o simplemente sentirte más en forma y saludable en tu día a día?

Una vez que tengas una meta en mente es importante hacerla realista, principio fundamental de todas las metas. Por ejemplo, si nunca has corrido antes puede que no sea realista proponerte correr un maratón en un mes. En cambio, podrías empezar con metas más pequeñas y alcanzables como correr durante diez minutos todos los días y luego aumentar gradualmente tu resistencia.

La claridad entra en juego aquí al definir específicamente qué tipo de ejercicio quieres hacer, cuándo lo harás y cómo medirás tu progreso. Esto puede implicar establecer un horario de entrenamiento semanal (yo empiezo a las 7.30, no me encanta, pero me ayuda) y llevar un registro de tu tiempo, distancia, peso, o cualquier otra medida relevante. Al tener metas claras y realistas estás creando un plan de acción que te guiará en tu viaje hacia un estilo de vida más activo. Te ayuda a mantenerte enfocada, motivada y comprometida con tus objetivos, a la vez que te permite ajustar tu rumbo si es necesario.

DIVIDIR LAS TAREAS EN PASOS MÁS PEQUEÑOS Y CONTROLABLES

Por ejemplo, dividir la tarea de levantar pesas en pasos controlables es esencial para garantizar un progreso seguro y efectivo en el entrenamiento de fuerza. Primero, podrías comenzar con un análisis de tus objetivos y habilidades actuales. ¿Quieres desarrollar fuerza en general, aumentar tu masa muscular o mejorar tu resistencia?, ¿tienes experiencia previa levantando pesas o eres nuevo en el entrenamiento de fuerza? En mi caso, te cuento: en cuanto a levantar pesas yo empecé con experiencia previa *menos uno*. Es más, solía decir: «Yo no tengo nada de fuerza», pero en realidad era «yo no estoy nada entrenada», hasta que me decidí a empezar.

Una vez que tengas claros tus objetivos, puedes dividir el proceso en pasos más pequeños y controlables. Por ejemplo:

- **Aprender la técnica correcta:** comienza con ejercicios básicos que trabajen grupos musculares principales, como sentadillas, *bench press* y peso muerto. Dedica tiempo a aprender la forma adecuada con cargas livianas o incluso sin peso para evitar lesiones y maximizar los beneficios. Aquí parezco una experta hablando, pero ¡no lo soy! Sin embargo, a lo largo de los años he ido aprendiendo algunos nombres... y los ejercicios que al principio me resultaban «horribles».
- **Establecer un programa de entrenamiento:** desarrolla un plan que incluya ejercicios específicos, series, repeticiones y descansos. Comienza con un peso que te permita completar cómodamente el número deseado de repeticiones y aumenta gradualmente la carga a medida que te sientas más fuerte. Para lograr esto es ideal que alguien te guíe.
- **Registrar tu progreso:** lleva un registro de tus entrenamientos incluyendo el peso levantado, las repeticiones realizadas y cómo te sientes durante y después del ejercicio. Esto te ayudará a identificar áreas de mejora y ajustar tu programa según sea necesario. Esto no lo hago yo, sino mi profe, pero me encanta cuando mira su cuadernito y me muestra cómo voy evolucionando en cuanto al peso o número de repeticiones que voy logrando. Por ejemplo,

hay un ejercicio que se llama *hip-trust* cuya traducción literal sería algo así como «confianza en las caderas», porque es una elevación que se hace con las caderas soportando un peso. Nada más lejos de mí: ¡confianza, nada menos que en las caderas! Yo con mis tres clavos en la cadera izquierda, ¿cómo iba a levantar peso ahí? Pues recuerdo mi cara de espanto y mi sensación de «no voy a poder». Pero decidí probar, porque me lo proponía mi profesor. Empecé levantando con miedo una bolsa de arena de ocho kilos apoyada en mis caderas. Terminé agotada, casi hiperventilando por el esfuerzo. Sí, ya sé lo que estás pensando... ¡Qué exagerada! Pero en realidad lo viví así, como algo que me generaba pánico. Hoy levanto una barra de sesenta kilos y también termino agotada, con el corazón al galope, pero feliz y maravillada por la capacidad de recuperación que tiene el cuerpo.

CREAR UN HORARIO ESTRUCTURADO

Al establecer un horario regular estás estableciendo un compromiso contigo misma para priorizar tu bienestar y tu salud.

Yo descubrí que ir al gimnasio a las 7.30, aunque parezca un horario «irreverente» para muchos, entre los cuales estoy yo, fue una gran solución. Por un lado, empezar el día con ejercicio me dio un impulso de energía y claridad mental que me preparan de la mejor manera para el resto del día. Además, tener la actividad física bien temprano me libera el resto del día para otras responsabilidades y actividades sin la carga mental de tener que encontrar tiempo para hacer ejercicio más tarde.

Un horario estructurado también te brinda consistencia, lo que es fundamental para formar y mantener hábitos saludables a largo plazo. Al reservar un tiempo específico para el ejercicio en tu calendario estás estableciendo una rutina que se convierte en parte de tu estilo de vida. Recuerda: los hábitos necesitan repetición para consolidarse. Con el tiempo, esto se convierte en tu segunda naturaleza y el ejercicio se convierte en una parte integral de tu día.

Compartir este horario con mi marido, ¡que además es más disciplinado que yo!, añadió un componente de responsabilidad y apoyo mutuo. Tener un compañero o amiga de ejercicio puede ser muy motivador y puede ayudar a mantenerte comprometida incluso en esos días en los que no tienes ganas de hacer ejercicio.

En resumen, crear un horario estructurado para el ejercicio te proporciona un marco sólido para incorporar la actividad física de manera consistente en tu vida diaria. Te ayuda a establecer hábitos saludables, a maximizar tu tiempo y energía y a mantener la motivación a largo plazo.

CELEBRAR LOS LOGROS ALCANZADOS

Celebrar los logros es como darse un merecido premio por el esfuerzo y la dedicación invertidos en el camino hacia nuestras metas. Esta práctica no solo nos motiva a seguir adelante, sino que también nos ayuda a reconocer y valorar nuestro progreso fortaleciendo así nuestra autoestima y confianza en nosotros mismos.

Imagina que te has propuesto correr tres kilómetros sin parar y después de semanas de entrenamiento constante finalmente lo consigues. ¿Qué mejor manera de celebrar este logro que dándote una recompensa que te haga feliz y te motive a seguir adelante?

La clave para recompensarse de manera efectiva es elegir algo que realmente disfrutes y que esté alineado con tus valores y con tus objetivos. Puede ser algo pequeño, como ir a tomar un café con una amiga o una tarde libre para relajarte o darte un masaje, o algo más significativo como comprar ese par de zapatillas que tanto deseabas.

Lo importante es que la recompensa te haga sentir bien contigo misma y te motive a seguir trabajando hacia tus metas. Al celebrar tus logros estás reforzando de manera positiva tu comportamiento y creando un ciclo de motivación y logros que te impulsa a seguir esforzándote y superándote a ti mismo. Recuerda los cuatro pasos para afianzar los hábitos: señal (preparo mi ropa de gym la noche anterior), deseo (me conecto con las ganas de lo que quiero lograr), respuesta (las acciones para lograrlo. Voy al gym) y recompensa (celebro mis logros).

Así que no dudes en celebrar cada pequeño logro en el camino hacia tus metas, ¡te lo mereces!

OTROS PEQUEÑOS TRUCOS PARA AFIANZAR LOS HÁBITOS RELACIONADOS CON EL MOVIMIENTO

Aquí te daré un listado simple pero poderoso y superpráctico de diez trucos para afianzar el hábito del movimiento.

- Tener ropa de gym que te guste y que te haga sentir bien. ¡Descarta ese viejo chándal estirado y desteñido que ya no te favorece! La ropa que vas a usar en el gimnasio, además de que sea cómoda, es importante que te guste.
- Contratar un entrenador personal y pagar las clases por adelantado es duro, ya lo sé, pero es otra forma de decir que lo hagas casi «inevitable».
- Si no puedes contratarlo, comprométete a ir con un compañero o con una amiga: en lo posible elige a una persona que sea disciplinada. ¡Te ayudará mucho!
- Prepara una *playlist* motivadora con tus canciones favoritas y las más motivadoras para hacer ejercicio en tu casa o en tus caminatas, no hay excusa para no moverse. La música puede ser un gran estímulo para mantenernos activos y con energía durante el entrenamiento.
- Variar tu rutina: experimenta con diferentes tipos de ejercicio y actividades para mantener las cosas interesantes y evitar el aburrimiento. Prueba nuevas clases de *fitness*, actividades al aire libre,

la idea es que busques algo que te guste. En mi caso, además del gym, sigo con las caminatas con mis amigas y voy a pilates con mi profe Vanesa del Castillo, son clases que me encantan. Y como recompensa me hace mucho bien darme algún masaje con mi querida Luciana Mathesius.

- Hacer ejercicio con un propósito: encuentra un propósito más allá del aspecto físico para hacer ejercicio. Puede ser reducir el estrés, aumentar tu energía, mejorar la postura o simplemente sentirte mejor contigo misma.
- Programar el ejercicio como una cita en tu calendario: anota tus sesiones de entrenamiento en tu calendario y respétalas como lo harías con cualquier otra cita importante. Es un compromiso contigo misma.
- Utilizar una app de seguimiento de *fitness*: la puedes descargar en tu teléfono móvil o reloj, es gratis, es una aplicación que te permite registrar tus entrenamientos, establecer metas y realizar un seguimiento de tu progreso a lo largo del tiempo. Ver el progreso en la pantalla es una gran fuente de motivación y te ayudará a mantenerte enfocada en tus objetivos. Mis hijos me regalaron un reloj que hace eso y es genial. Me motiva, me felicita y hasta me anima a ir a por más.
- Respetar un horario de sueño y descanso es crucial para garantizar que tengas la energía necesaria para realizar actividad física de manera efectiva. Personalmente, utilizo algunos trucos que

me han ayudado a dormir mejor. Uno de ellos es establecer una alarma a las 22.45 h que suena con una melodía suave para indicarme que estoy dentro de la ventana de sueño óptima. Esta ventana comienza a las 22.45 h y termina a las 23.00 h, momento en el que apago las luces incluso si aún no tengo sueño. Además, he descubierto que mantenerme alejada de las pantallas al menos media hora antes de acostarme y asegurarme de estar en un ambiente oscuro favorece enormemente mi capacidad para conciliar el sueño sin dificultad.

- Usar la regla de los dos minutos: cuando se trata de hacer ejercicio, a menudo procrastinamos debido a la percepción de que requiere mucho tiempo y esfuerzo. Sin embargo, la regla de los dos minutos sugiere que, si una tarea lleva menos de dos minutos, no hay impedimento para hacerla. ¿Cómo aplicar esto al movimiento? Si te sientes perezoso o sin ganas de hacer ejercicio comprométete a hacer solo dos minutos de actividad física. Puede ser tan simple como dar una caminata rápida alrededor de la manzana, hacer algunas sentadillas o estiramientos. La clave es superar la barrera inicial y comenzar. Una vez que hayas superado esos dos minutos iniciales es probable que te sientas más motivado para continuar y completar un entrenamiento más completo. ¡Cada pequeño paso cuenta!

En una nota del diario *El País,* del 16 de febrero de 2024, se explica que **veinticinco minutos de ejercicio moderado a la semana** puede ayudar a prevenir el deterioro cognitivo: «Hacer ejercicio moderado durante veinticinco minutos a la semana (es decir, el equivalente a menos de cuatro minutos por día) podría ser una estrategia válida para fortalecer el cerebro y ayudar a prevenir el deterioro cognitivo», esta conclusión se basa en un estudio reciente publicado en la revista científica *Journal of Alzheimer's Disease* para la que se realizó una resonancia magnética cerebral a más de diez mil hombres y mujeres sanos de entre dieciocho y noventa y siete años. Los investigadores hallaron que, independientemente de la edad, aquellos participantes que hacían ejercicio moderado durante al menos veinticinco minutos a la semana tenían cerebros con un mayor volumen en áreas relacionadas con el pensamiento y la memoria que tienden a perder volumen conforme envejecemos.

Cyrus A. Raji, principal investigador de este estudio y profesor de la Escuela de Medicina de la Washington University, considera que los datos son «sorprendentes» por el bajo umbral de actividad física necesario para conseguir un impacto beneficioso sobre la salud del cerebro: «Las recomendaciones actuales de salud pública sugerían ciento cincuenta minutos por semana de actividad física moderada; sin embargo, nuestro estudio es alentador, porque los umbrales más bajos de actividad física, que son más fáciles de alcanzar para más personas, aún pueden conllevar beneficios potenciales para la salud del cerebro».

Vale la pena moverse, ¿no?

Ejercicio: superar la procrastinación usando la regla de los dos minutos

Selecciona un hábito que desees cultivar, pero que hayas estado postergando, como hacer ejercicio diariamente. Comprométete a dedicar solo dos minutos cada día durante una semana a trabajar en este hábito. Observa cómo te sientes durante esos dos minutos y registra si te sientes motivado para continuar. Si encuentras que lo puedes controlar y te dan ganas de seguir, considera aumentar gradualmente el tiempo en la semana siguiente. Por ejemplo, puedes incrementar a cuatro minutos diarios durante la segunda semana y así sucesivamente hasta alcanzar los veinte o veinticinco minutos de actividad física diaria.

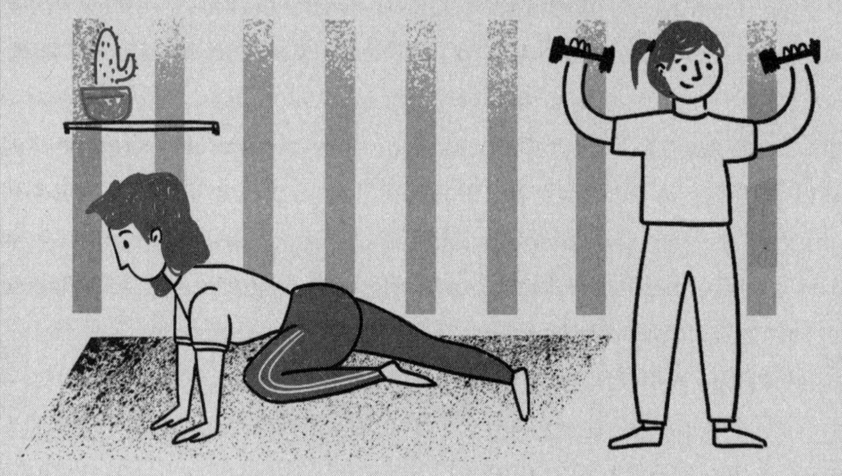

En resumen, cultivar el hábito del bienestar y del autocuidado es fundamental para sentirnos a gusto con nosotros mismos. Solemos prestar poca atención a nuestro cuerpo hasta que nos «grita» con dolores, malestares o enfermedades. Pero eso no tiene por qué ser así, siempre estamos a tiempo de iniciar una nueva relación con nuestro cuerpo sin importar la edad que tengamos y priorizando la salud y el bienestar.

El proceso de formación de hábitos requiere tiempo, dedicación y mucha repetición. Pero llega un momento en que los hábitos se automatizan y lo que al principio parece difícil luego se vuelve fácil. Para lograrlo, podemos utilizar herramientas como el ciclo de cuatro pasos que nos ayuda a retroalimentar las conductas deseadas.

También podemos identificar y comprender los diferentes tipos de hambre que experimentamos y estar mejor preparados para tomar decisiones más saludables relacionadas con la alimentación. Recordemos que, hasta los atletas más destacados como Manu Ginóbili y Novak Djokovic, en algún momento de su vida han tenido que prestar atención a su alimentación y debieron hacer un cambio importante para lograr sus objetivos. Y los hábitos relacionados con el movimiento —que tanto nos cuestan, en especial a medida que pasa el tiempo— son fundamentales para una vida plena.

Definitivamente, la vida es movimiento y al encontrar formas de practicar el movimiento regularmente podemos construir el hábito del bienestar y del autocuidado y vivir una vida más plena y satisfactoria. En última instancia, en nuestro viaje hacia un estilo de vida más saludable **es muy importante que nos guste la persona en la que nos estemos convirtiendo. Eso sí que es tener «buena suerte».**

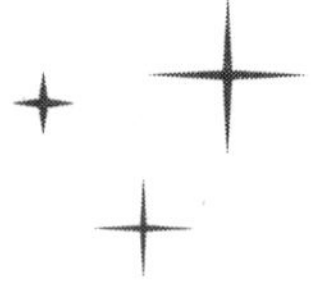

HÁBITO #4

LA FLEXIBILIDAD

EL ANTÍDOTO CONTRA EL HÁBITO DE LA RIGIDEZ

En el capítulo anterior exploramos la idea de que la vida es movimiento constante y cada vez más vertiginoso. Para afrontarlo, necesitamos desarrollar una habilidad crucial: la flexibilidad que es la capacidad de adaptarse a las circunstancias, los objetivos y las necesidades cambiantes. Para ilustrar esta idea, pensemos en la metáfora del árbol de bambú frente al roble. El bambú, aunque aparentemente frágil, puede doblarse y adaptarse a las condiciones del viento sin romperse. En contraste, el roble, aunque fuerte y robusto, puede quebrarse ante una tormenta debido a su rigidez. La flexibilidad nos permite la supervivencia y la adaptación, mientras que la rigidez nos puede llevar al colapso ante situaciones adversas.

La flexibilidad también nos invita a reconocer que no existe una única manera de hacer las cosas. Es aceptar que pueden existir métodos mejores que el propio y estar dispuesto a cambiar nuestro enfoque cuando sea necesario. Esta apertura nos permite considerar otras alternativas y encontrar soluciones innovadoras. Al ser flexibles, podemos afrontar los desafíos y las oportunidades que la vida nos presenta con una mente abierta y una buena disposición para aprender, crecer y descubrir formas nuevas de hacer las cosas. Imaginemos qué hubiera pasado si Pablo Picasso no se hubiera animado a experimentar con nuevos estilos y técnicas. Picasso es famoso por haber pasado por varios periodos artísticos como el Período Azul, el Período Rosa y el desarrollo del Cubismo. Su disposición a explorar y a adoptar diferentes enfoques artísticos no solo enriqueció su obra, sino que también transformó el arte moderno. Si hubiera sido rígido en su estilo, probablemente no habría tenido el impacto revolucionario que tuvo en el mundo del arte.

Consideremos a Steve Jobs, cofundador de Apple. Jobs era conocido por su capacidad de innovar y adaptarse a los cambios tecnológicos. Si no hubiese sido por su apertura mental, Apple nunca habría lanzado productos revolucionarios como el iPhone que cambió la forma en que interactuamos con la tecnología. La flexibilidad de Jobs para cambiar, aprender de sus errores, por ejemplo, ser despedido de la misma empresa que él había creado y seguir nuevas direcciones permitieron a Apple convertirse en una de las empresas más valiosas e influyentes del mundo.

LA RIGIDEZ: EL OBSTÁCULO PARA LA CREATIVIDAD Y LA INNOVACIÓN

Cuando una persona o una organización se aferra a un único enfoque o método, se cierra a nuevas ideas y oportunidades. Esta falta de adaptabilidad puede acabar en estancamiento.

Por ejemplo, pensemos en empresas como Blockbuster, que no supo adaptarse a los cambios en la industria del entretenimiento, y en la llegada de servicios de streaming como Netflix. La rigidez en su modelo de negocio tradicional contribuyó a su desaparición. En contraste, las empresas que fomentan una cultura de flexibilidad como Google, continuamente se reinventan y prosperan en un mundo en constante cambio.

Reflexiona por un momento sobre tu propia vida. ¿Por qué nos cuesta ser flexibles? Porque desde niños nos enseñaron que hay una sola forma correcta de hacer las cosas y que los errores indican que algo está mal en nosotros y son señalados en «rojo» como señal de peligro. Nos inculcaron la idea de que debemos saber todas las respuestas, cuando lo verdaderamente importante es aprender a formularnos las preguntas. Las investigaciones han demostrado que los niños en la escuela dejan de hacer preguntas alrededor de los diez años, aunque antes de esa edad son máquinas de generar preguntas. Y hoy se sabe que una característica de grandes visionarios como Elon Musk, Jeff Bezos o Bill Gates es que son curiosos y hacen «cien preguntas más» que el común de la gente. Pero nosotros no lo hacemos porque nos da miedo no saber «la respuesta correcta».

Esta mentalidad rígida nos limita y nos impide adaptarnos a los cambios y desafíos que afrontamos. Porque las preguntas son lo que nos permite atravesar los diferentes momentos de la vida. ¿Qué oportunidades se presentan con este cambio?, ¿en qué podemos mejorar?, ¿qué podemos aprender de los fracasos o errores?, ¿dónde están las posibilidades que todavía no vemos?, ¿cómo podemos mirarlo desde otro ángulo?

En este capítulo, exploraremos formas prácticas de desarrollar la flexibilidad que actúa como antídoto frente a la rigidez. Aprenderemos a abrazar el cambio, a aceptar diferentes perspectivas y a encontrar nuevas soluciones convirtiéndonos en personas más adaptables, resilientes y creativas. Además, el ser flexible puede atraer la buena suerte. Las personas flexibles están más preparadas para aprovechar las oportunidades que se presentan, incluso aquellas que parecen surgir de la nada. Al estar abiertos a lo nuevo y no aferrarnos rígidamente a viejas maneras de pensar o hacer las cosas, aumentamos nuestras posibilidades de atraer experiencias positivas y enriquecedoras. La buena suerte, entonces, no es tanto una cuestión de azar, sino de nuestra capacidad para adaptarnos y responder a la vida con una mentalidad más joven y maleable.

SIN CONCIENCIA NO HAY CAMBIO POSIBLE

Autodiagnóstico inicial

- En una escala del 1 al 10, donde 1 es el nivel más bajo de flexibilidad y 10 es el más alto, ¿en qué nivel te encuentras hoy?
- Ahora piensa dónde te gustaría estar en esta escala al finalizar la lectura de este libro. ¿Cuál sería tu meta o nivel ideal dentro de un mes, por ejemplo?
- Finalmente, imagina cómo te gustaría que fuera tu nivel de flexibilidad después de un año de poner en práctica las enseñanzas de este hábito. ¿Adónde te gustaría llegar en ese momento?

LA FLEXIBILIDAD EN EL MUNDO DE LOS NEGOCIOS. JEFF BEZOS Y AMAZON: UN EJEMPLO INSPIRADOR

Imagina estar en una reunión importante con ejecutivos discutiendo estrategias y decisiones cruciales. Ahora visualiza una silla vacía en la mesa, pero no está realmente vacía. En esa silla se sienta simbólicamente tu cliente, alguien cuyas necesidades, deseos y frustraciones son el centro de cada decisión que tomas. Este enfoque innovador es lo que Jeff Bezos implementó en Amazon, una práctica que transformó la empresa en un gigante global.

¿Cuántas veces nos aferramos a una única manera de hacer las cosas?, ¿cuántas oportunidades hemos perdido por no estar dispuestos a cambiar nuestro enfoque? La flexibilidad no es solo una habilidad empresarial, sino una clave para el crecimiento personal y profesional.

Jeff Bezos y Amazon son un ejemplo perfecto de cómo la flexibilidad y el enfoque en el cliente pueden revolucionar una empresa. Mientras muchas compañías se concentran en el producto que quieren vender, Bezos siempre se centró en lo que el cliente realmente necesita. Esta mentalidad no solo transformó a Amazon de una librería online a una de las mayores plataformas de comercio electrónico y servicios tecnológicos del mundo, sino que también redefinió la forma en que pensamos sobre el servicio al cliente.

Desde sus inicios, Bezos dejó claro que cada decisión en Amazon debía hacerse pensando en el cliente. La práctica de dejar una silla vacía en las reuniones de la junta directiva, simbolizando al cliente, fue un recordatorio constante de este enfoque. Preguntarse «¿qué necesita el cliente?» y «¿cómo podemos mejorar su experiencia?» llevó a Amazon a desarrollar innovaciones que no solo satisfacen, sino que anticipan las necesidades.

La historia de Jeff Bezos y Amazon nos invita a reflexionar sobre nuestra propia flexibilidad. Al centrarnos en las necesidades de aquellos a quienes servimos, ya sea en el ámbito empresarial o personal, podemos descubrir nuevas oportunidades y soluciones innovadoras. Como el bambú, que se dobla pero no se rompe, la flexibilidad nos permite crecer, adaptarnos y prosperar en un mundo en constante movimiento.

EL CONCEPTO DE *KAIZEN* O MEJORA CONTINUA

Tal vez hayas escuchado hablar del concepto de *Kaizen* o mejora continua. Tiene sus raíces en Japón, especialmente en el ámbito empresarial. Surgió después de la Segunda Guerra Mundial cuando Japón se tenía que levantar de las ruinas, estaba en proceso de reconstrucción y buscaba formas de mejorar su productividad y competitividad en el mercado mundial.

Una de las figuras clave en el desarrollo del *Kaizen* fue el ingeniero y consultor de gestión Masaaki Imai, quien introdujo el término en su libro *Kaizen: The Key to Japan's Competitive Success* en 1986. Imai explicó cómo las empresas japonesas, como Toyota, aplicaban el *Kaizen* para lograr mejoras constantes en sus procesos, productos y servicios.

La filosofía del *Kaizen* se basa en varios principios fundamentales:

- **Mejora continua:** la idea central es que siempre hay margen para mejorar y se fomenta la búsqueda constante de hacer mejor las cosas. Sin flexibilidad no hay mejora posible.
- **Participación de todos:** el *Kaizen* involucra a todos los niveles de la organización, desde los trabajadores de la línea de producción hasta la alta dirección. Se valora la contribución de cada persona en la identificación e implementación de mejoras. Es lo contrario a las estructuras rígidas y piramidales donde solo importa la opinión de los altos mandos. Aquí también vemos la flexibilidad en acción.
- **Enfoque en el proceso:** se presta atención al proceso en lugar de solo al resultado final. Se cree que, si se mejora el proceso, los resultados mejorarán automáticamente. Para hacer esto es necesario flexibilizar la mirada o poner atención a los pasos de la realización en lugar de solo tener en cuenta el producto final.
- **Respeto por las personas:** el *Kaizen* reconoce el valor y la experiencia de cada individuo y se basa en el respeto mutuo y la colaboración. Nuevamente, *Kaizen* apunta a una estructura circular en lugar de piramidal. El círculo es más amigable y flexible que la pirámide.

A partir de su éxito en Japón, el *Kaizen* se ha extendido a nivel mundial y se aplica en una variedad de contextos incluidos los negocios, la salud y la educación. El elemento clave de la mejora continua es justamente la flexibilidad. Es tener la adaptabilidad para crear un camino mejor, una opción mejor, un resultado que sea más fácil con menos desgaste para las personas.

Kaizen se basa en la idea de que pequeños cambios constantes conducen a mejoras significativas a lo largo del tiempo. Esto implica una mentalidad abierta a las modificaciones. En un entorno donde se practica el *Kaizen,* las personas están dispuestas a cuestionar el *statu quo* y a experimentar con ideas y procesos nuevos. Esta flexibilidad permite adaptarse rápidamente a los cambios en el mercado, las necesidades del cliente y las nuevas tecnologías.

Se opone al paradigma de «aquí las cosas se hacen así», característica de muchas culturas que representa una mentalidad rígida y resistente al cambio. En este enfoque, las personas tienden a aferrarse a las prácticas existentes simplemente porque siempre se han hecho de esa manera sin considerar si son las más eficientes o efectivas. La rigidez puede obstaculizar la innovación y limitar el crecimiento y la competitividad de una organización y atención: también limitar el crecimiento de las personas.

En nuestra vida podemos adoptar el concepto *Kaizen.* **Recordemos que la práctica de mejorar un 1 % en el hábito que queremos desarrollar ¡al cabo de un año produce un cambio exponencial del 37 %! Quiere decir que al cabo de doce meses de práctica podemos**

tener una nueva identidad; o podemos quedarnos en «aquí las cosas se hacen así», que traducido a las personas sería algo así como «¡yo soy así! y no puedo, ni pienso, ni quiero cambiar».

En una postura se crece, en la otra se estanca.

¿Cuál querrías desarrollar?

¿Estás listo para adoptar este enfoque en tu propia vida?

Empecemos con un ejercicio de autoobservación.

Ejercicio: autoobservación

Piensa en una situación reciente en que las cosas no salieron como esperabas.

¿Cómo reaccionaste frente a ese desafío?

¿Te adaptaste fácilmente a la nueva situación o te aferraste a tus expectativas originales?

Reflexiona sobre tu respuesta y considera si tu reacción refleja una mentalidad más flexible o rígida.

Finalmente, responde a esta pregunta con atención:

¿Hay algo que podrías haber hecho de manera diferente para ser más adaptable?

LA FLEXIBILIDAD COMO SINÓNIMO DE JUVENTUD

No solo es una habilidad vital para adaptarse y prosperar en un mundo en constante movimiento, sino que también es un poderoso sinónimo de juventud que no se define únicamente por la edad, sino por una mentalidad abierta y receptiva. Ser flexible es mantener una actitud jovial y vibrante frente a la vida.

Cuando somos jóvenes estamos, naturalmente, más abiertos a nuevas experiencias, ideas y formas de hacer las cosas. Esta disposición a explorar y a aprender es lo que nos permite crecer y desarrollarnos. La rigidez, en cambio, es como una señal de envejecimiento mental: nos volvemos inflexibles, resistentes al cambio y menos propensos a aceptar nuevas perspectivas. Mantener la flexibilidad es, en esencia, mantener viva esa chispa que nos impulsa a seguir creciendo y adaptándonos. Por algo, la «juventud física» de una persona se mide por su capacidad corporal.

Para entender mejor cómo la flexibilidad puede influir en la longevidad y la calidad de vida, podemos mirar a los llamados «centenarios de las zonas azules», regiones del mundo donde las personas viven significativamente más años y con mejor salud. Estas áreas han sido identificadas y estudiadas por investigadores que buscan entender las claves de la longevidad y la calidad de vida. Las cinco principales zonas azules son:

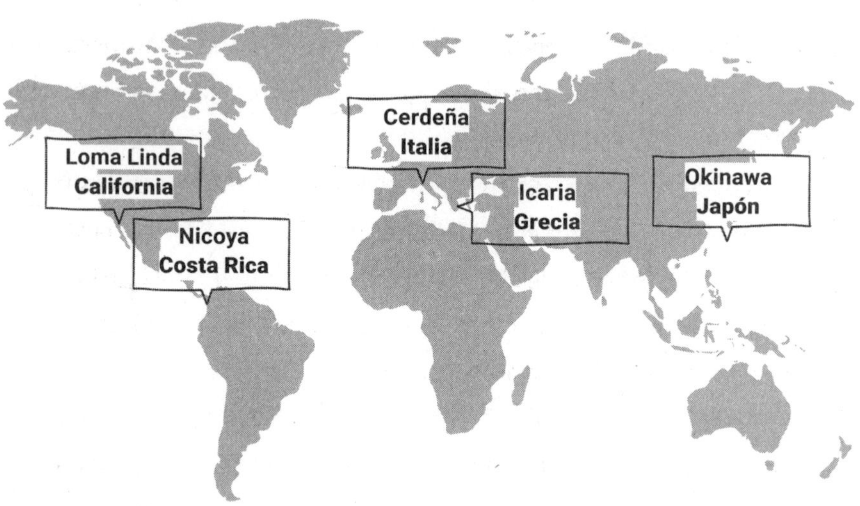

Las personas que viven en estas zonas azules comparten varios hábitos y características que contribuyen a su longevidad. ¡Muchos de estos hábitos son los que planteamos en este libro!

1. **Dieta saludable**
   - Okinawa, Japón: la dieta se basa en vegetales, tofu, pescado y té verde.
   - Cerdeña, Italia: consumen una dieta mediterránea rica en frutas, verduras, cereales integrales, queso de cabra y vino tinto.
   - Nicoya, Costa Rica: la dieta incluye maíz, alubia, calabaza y una variedad de frutas y vegetales frescos.
   - Icaria, Grecia: una dieta mediterránea rica en legumbres, verduras, aceite de oliva y vino (¡esta es mi preferida!).

- Loma Linda, California: muchos residentes son adventistas del Séptimo Día y siguen una dieta vegetariana rica en nueces y legumbres.

2. **Actividad física regular**
   - Las personas en las zonas azules se mantienen activas físicamente a través de actividades diarias como caminar, jardinería y tareas domésticas. Esta actividad constante, aunque no siempre intensa, ayuda a mantener la movilidad y la salud física.
3. **Conexión social y comunitaria**
   - Un fuerte sentido de comunidad y apoyo social es común en las zonas azules. La interacción social regular y el compromiso con la familia y los amigos son factores importantes para la salud mental y emocional.
4. **Sentido de propósito**
   - Tener un sentido de propósito, o *ikigai*, es una característica común. Este sentido de propósito proporciona una razón para levantarse cada día y se asocia con una vida más larga y satisfactoria. El término *ikigai* se compone de dos palabras japonesas: *iki*, que significa «vida», y *gai*, que se traduce como «realización» o «valor». En conjunto, *ikigai* se refiere a encontrar aquello que da sentido a la vida y aporta felicidad y plenitud.
5. **Gestión del estrés**
   - Las personas en las zonas azules tienen prácticas regulares para regular el estrés, como la meditación, la oración, las siestas y el tiempo dedicado a la relajación y la diversión.

6. **Consumo moderado de alcohol**
    - Excepto en Loma Linda, donde muchos se abstienen del alcohol, un consumo moderado de vino tinto es común en las otras zonas azules, particularmente durante las comidas y en contextos sociales.

Aunque puede que no lleguemos a vivir cien años, hay muchas lecciones valiosas que podemos aprender para encontrar significado y satisfacción en cada etapa del camino. Aquí encontramos tres puntos importantes, que se relacionan con los hábitos, y que es interesante aplicar a nuestra propia vida:

Salud y bienestar: los centenarios mantienen hábitos de vida saludables que contribuyen a su longevidad, como una dieta equilibrada y ejercicio regular. Estos fueron los que desarrollamos en el capítulo anterior sobre el bienestar.

Resiliencia y adaptabilidad: los centenarios han vivido a través de múltiples eventos históricos, cambios sociales y desafíos personales. Su capacidad para adaptarse a los cambios y mantenerse resilientes a lo largo de sus vidas puede inspirarte a ser más flexible y adaptable en tu propio camino. Estos hábitos podemos contemplarlos dentro del capítulo 2, donde desarrollamos la Actitud Mental Positiva, y también dentro de lo que estamos viendo ahora que es la flexibilidad.

Valorar el tiempo y las relaciones: las personas que han vivido muchos años se enfocan en lo que realmente importa en la vida, como pasar tiempo con seres queridos, con los amigos y encontrar alegría en las pequeñas cosas. Aprender de su enfoque puede ayudarnos a flexibilizar nuestro enfoque, muchas veces prioritario, en el trabajo y lograr un equilibrio con los afectos que, en definitiva y al final del camino, son lo más importante de la vida.

En nuestras conferencias teatrales —término que acuñó el gran empresario Lino Patalano para describir el género de las presentaciones que hacíamos con Florencia en los teatros—, a menudo citamos lo que sigue como recordatorio de lo verdaderamente importante de la vida. Inevitablemente, la audiencia se estremece.

LAS CINCO COSAS QUE LAMENTAN LAS PERSONAS ANTES DE MORIR

Según lo documentado por la enfermera australiana Bronnie Ware, quien trabajó durante años con pacientes terminales, estas son las cinco cosas que lamentan las personas antes de morir; muchas de ellas están relacionadas con la flexibilidad y las prioridades de la vida.

- **No haber vivido la vida que deseaban, sino la que se esperaba de ellos:** muchas personas lamentan no haber tenido el coraje de perseguir sus sueños y vivir una vida auténtica en lugar de conformarse con las expectativas de otros.

- **Haber trabajado demasiado y no haber pasado suficiente tiempo con sus seres queridos:** el arrepentimiento por no haber dedicado más tiempo y energía a las relaciones significativas, como la familia y los amigos, es común entre las personas al final de la vida.
- **No haber expresado sus sentimientos:** muchas personas lamentan no haber dicho lo que realmente sentían a las personas importantes en sus vidas. Esto puede incluir no haber expresado amor, gratitud o perdón cuando era necesario.
- **Haber perdido contacto con amigos:** a menudo, las personas se lamentan de no haber mantenido o cultivado amistades importantes a lo largo de sus vidas. Al llegar al final, pueden darse cuenta de la importancia de estas conexiones sociales.
- **No haberse permitido ser más felices:** muchas personas lamentan haber permitido que el miedo, la preocupación por el qué dirán o las expectativas sociales les impidieran perseguir la felicidad y disfrutar plenamente de la vida.

LA HISTORIA DE JUAN

Juan era un hombre con una vida que muchos envidiaban. Como ejecutivo exitoso de una empresa prestigiosa había escalado las filas con excelencia y determinación. Su familia era su orgullo: una esposa amorosa y dos hijos talentosos. Sin embargo, su dedicación al trabajo había cobrado su precio en tiempo y atención hacia ellos. Aunque sentía un leve sentimiento de culpa por su ausencia, lo justificaba como parte de su responsabilidad como proveedor y la naturaleza de su carrera. ¡Juan era un hombre de suerte!

Todo cambió un día cuando en la empresa en la que había invertido, no solo su tiempo sino también su vida entera, quebró. La noticia de la adquisición por parte de otra compañía lo dejó atónito. Con la llegada de un nuevo jefe y la incertidumbre que acompañaba a la transición, Juan sintió que había perdido su lugar en el mundo. Su seguridad se esfumó junto con su suerte.

A medida que la realidad se asentaba, Juan comenzó a experimentar un proceso emocional desgarrador. La sensación de pérdida y desorientación lo invadió. La estructura rígida y sólida que había caracterizado su enfoque hacia la vida y su carrera, ahora se volvía en su contra. Se encontraba incapaz de adaptarse a esta nueva realidad, aferrándose a la estructura que se desmoronaba frente a él.

Los días se convirtieron en una lucha constante. A pesar de seguir trabajando en la empresa, ya no se sentía parte fundamental como antes. La falta de reconocimiento y la sensación de ser reemplazado lo empujaron al borde de la desesperación. Finalmente, llegó el día en que se vio obligado a dimitir. Aunque la compensación que recibió fue generosa no pudo compensar la pérdida de la estructura y el propósito que su carrera le había proporcionado durante tantos años.

El impacto de la crisis laboral no solo pesaba en la mente de Juan, sino que también dejaba una huella en su cuerpo. Antes erguido y seguro de sí mismo, ahora parecía que su columna se había doblado bajo el peso abrumador de la situación. Cada paso era un esfuerzo, arrastrando los pies como si el peso de lo que acontecía fuera simplemente insostenible. Los cuerpos hablan, y el de Juan contaba la historia de una carga demasiado pesada de llevar.

Juan había aprendido una lección difícil sobre la rigidez. Su negativa a adaptarse a los cambios inevitables lo había dejado vulnerable cuando la vida lo desafiaba. Ahora, en medio de la incertidumbre y la pérdida, se enfrentaba a la necesidad de reconstruir su identidad, de «reinventarse», una palabra muy de moda que detestaba porque lo dejaba vacío, y de encontrar un nuevo sentido de dirección en un mundo que ya no era el mismo.

Empezamos a trabajar con Juan teniendo como premisa principal desarrollar su flexibilidad. Este ejercicio de siete pasos fue muy poderoso y transformador. Si estás atravesando una crisis en tu vida, o un cambio importante y te das cuenta de que necesitas ser menos rígido, te recomendamos que también lo hagas.

Ejercicio: cultivando la flexibilidad y la renovación

Objetivo: Ayudar a Juan a desarrollar flexibilidad mental y emocional mientras navega por la transición después de perder su trabajo, permitiéndole adaptarse a los cambios y encontrar nuevas oportunidades.

Pasos:

Reflexión sobre la resistencia al cambio:

- Invitamos a Juan a dedicar tiempo a reflexionar sobre cómo la rigidez en su enfoque hacia su carrera y su identidad profesional contribuyó a su angustia durante la transición.
- Le pedimos que identificara los momentos en que su resistencia obstaculizó su capacidad para adaptarse a nuevas circunstancias.

Exploración de la flexibilidad:

- Le pedimos que considerara la importancia de la flexibilidad mental y emocional en la vida personal y profesional.

- Que identificara ejemplos en los que la plasticidad había sido beneficiosa en su pasado y cómo puede aplicar este principio a su situación actual.

Reconexión con valores fundamentales:

- Después le pedimos que identificara sus valores fundamentales y reflexionara sobre cómo pueden guiarlo en tiempos de cambio.
- Que pensara cómo puede vivir de acuerdo con sus valores mientras se adapta a nuevas circunstancias y persigue nuevos objetivos.

Visualización de posibilidades:

- Le propusimos a Juan que usara su imaginación para pensar una variedad de escenarios futuros posibles, reconociendo que la flexibilidad es lo que le permite explorar nuevas oportunidades y caminos inesperados.
- Lo introdujimos en la práctica de la visualización de diferentes resultados para que se acercara a la idea de que el cambio puede llevarlo a lugares insospechados y emocionantes.

Establecimiento de objetivos:

- Invitamos a Juan a formularse objetivos que sean lo suficientemente flexibles como para acomodarse a medida que evolucionan sus circunstancias.

- Se comprometió a mantener una mente abierta y a ajustar sus objetivos según fuera necesario a lo largo del camino.

Práctica de la adaptabilidad:

- Juan se comprometió a practicarla en su vida diaria, a afrontar los pequeños cambios con una actitud abierta y receptiva.

Seguimiento y ajuste

- Juan se comprometió a revisar regularmente su progreso hacia sus objetivos y a realizar ajustes según fuera necesario. Y celebrar sus logros y dar las gracias a quienes lo apoyan en esta nueva etapa.

Beneficios:

- Juan desarrolló una mayor flexibilidad mental y emocional, lo que le permitió adaptarse más fácilmente a los cambios en su vida personal y profesional.
- Se sintió más capacitado para afrontar la incertidumbre y encontrar nuevas oportunidades en medio de la transición.
- Aprendió a abrazar el cambio como una oportunidad para el crecimiento y la renovación personal.
- Al practicar la flexibilidad y la adaptabilidad, Juan se mostró más abierto a las oportunidades que se presenten, aumentando así su probabilidad de encontrar la buena suerte en nuevos caminos y posibilidades que antes no podía ver.

Para finalizar el entrenamiento le propusimos a Juan que leyera esta historia.

LA HISTORIA DE UN LÍDER QUE CAMBIÓ EL DESTINO DE SUDÁFRICA

En los rincones más oscuros de la historia sudafricana, emergió un líder cuya luz brillaba con una intensidad inquebrantable: Nelson Mandela. Su vida fue una hazaña de lucha, resistencia y redención, una historia que resonaba en lo más profundo de los corazones de quienes soñaban con un mundo más justo y libre.

Nacido en el seno de una nación dividida por la segregación y la injusticia, Mandela creció entre la desigualdad y la opresión. Pero en lugar de permitir que la oscuridad lo consumiera optó por abrazar la luz del cambio y la esperanza. Desde temprana edad, se comprometió a luchar por la igualdad y la libertad de su pueblo sabiendo que el camino sería duro y peligroso.

Su lucha lo llevó a las filas del Congreso Nacional Africano (ANC), donde se convirtió en un defensor apasionado de los derechos humanos. Sin embargo, su compromiso con la causa lo llevó a enfrentarse con un régimen brutal que buscaba silenciar su voz y sofocar su espíritu.

En 1964, Mandela fue sentenciado a cadena perpetua por su papel en la lucha contra el *apartheid.* El *apartheid* fue un sistema de segregación racial impuesto en Sudáfrica que institucionalizó la discriminación y la opresión de la población negra, negándoles derechos básicos y segregándolos en todos los aspectos de la vida pública y privada.

Le pedimos a Juan que imaginara que en lugar de perder su lugar de trabajo le quitaran algo mucho más preciado: su libertad. Le preguntamos qué sentiría si por defender sus valores lo encerraran tras las rejas durante veintisiete años y tuviera que pasar su vida en un cubículo de 2,4 m de alto por 2,1 m de ancho. De qué manera mantendría viva la esperanza y la determinación en medio de la oscuridad de la prisión.

Nelson Mandela soportó sacrificios, sufrimiento y la soledad de la cárcel. Veintisiete años es mucho tiempo, pero nunca abandonó su visión de un mundo más justo y libre. Cuando, finalmente, emergió de la oscuridad de la prisión en 1990 no lo hizo como un hombre derrotado o resentido, sino como un símbolo viviente de la resistencia y de la esperanza.

Entonces, le dijimos a Juan cómo respondería ante tal desafío; qué valores y creencias guiarían su camino en los momentos más difíciles; qué estrategias emplearía para mantener su mente y su espíritu fuertes en medio de la adversidad; qué habría pasado si Mandela se hubiera aferrado a una visión rígida y vengativa por estar en la cárcel —en lugar de mantener una postura flexible y adaptativa ante las circunstancias—. Es probable que su liderazgo y su legado se hubieran visto limitados y que su capacidad para inspirar la reconciliación y el cambio positivo en Sudáfrica y en el mundo no hubiera existido.

A los setenta y un años, Nelson Mandela fue elegido el primer presidente de Sudáfrica en las elecciones democráticas de 1994. Estas elecciones marcaron el final del *apartheid* y el comienzo de una nueva era en Sudáfrica donde, por primera vez, todos los ciudadanos mayores de dieciocho años, sin importar su raza, pudieron votar. Su elección simbolizó un nuevo comienzo para el país, marcando el inicio de un proceso de reconciliación nacional y construcción de una sociedad democrática y multirracial.

Al mantener una actitud de perdón y reconciliación, Mandela pudo trascender las barreras del pasado —y los barrotes de la cárcel— y liderar a su país hacia un futuro de esperanza y unidad. Su flexibilidad mental y emocional fue fundamental para su éxito como líder y para la transformación de Sudáfrica en una sociedad más justa y equitativa.

EL PAPEL DE LA FLEXIBILIDAD EN LA HISTORIA DE NELSON MANDELA

La elasticidad de Nelson Mandela se hizo evidente en varios aspectos de su vida, especialmente durante su encarcelamiento y después de su liberación. Por ejemplo, adaptación a las condiciones de prisión: Mandela demostró una notable capacidad para adaptarse a las difíciles condiciones de su encarcelamiento en Robben Island y otras prisiones. A pesar de estar confinado en un espacio limitado y afrontar un régimen de trabajo forzado y abusos, encontró formas creativas de mantener su mente y espíritu fuertes. «La celda es el lugar idóneo para conocerse a uno mismo. Me da la oportunidad de meditar y evolucionar espiritualmente», le escribió a su mujer. Es notable cómo su capacidad de adaptación le permitió sacar ventaja hasta de estar encerrado en condiciones deplorables.

Apertura al diálogo y la reconciliación: después de su liberación, Mandela adoptó una postura de apertura al diálogo y la reconciliación con sus antiguos opresores. Aunque podría haber optado por la venganza o la represalia, eligió el perdón y la reconciliación como el camino hacia la construcción de una Sudáfrica democrática y unida. Esta actitud compasiva le permitió ganar el respeto y la admiración de personas de todas las razas y credos en Sudáfrica y en todo el mundo.

Negociación política: Mandela demostró habilidades excepcionales en el arte de la negociación política durante los acuerdos de paz que llevaron al fin del *apartheid* y a la transición hacia la democracia en Sudáfrica. A pesar de su larga historia de opresión y persecución por parte del Gobierno blanco, supo cómo trabajar con sus antiguos enemigos para lograr un acuerdo que beneficiara a todas las partes involucradas.

En resumen, la flexibilidad de Nelson Mandela se reflejó en su capacidad para adaptarse a las circunstancias cambiantes, mantener una mente abierta al diálogo y la reconciliación, así como negociar con sus oponentes políticos según las necesidades del momento. Su ejemplo nos recuerda la importancia de ser adaptable en todo momento y, en particular, en los peores.

¿Cómo podemos aplicar los principios de flexibilidad mental y emocional en nuestras propias vidas para afrontar los desafíos y superar las adversidades? Hagamos el siguiente ejercicio.

Ejercicio: imitando a los grandes

James Clear dice que tendemos a imitar los hábitos de tres grupos sociales: los cercanos (amigos y familiares), los del grupo social (la tribu) y los admirados (los que tienen prestigio).

Objetivo: Explorar y practicar la apertura mental y emocional mediante la observación de modelos a seguir admirados, como Nelson Mandela, y aplicar esos principios a nuestra propia vida para afrontar desafíos y superar adversidades.

Pasos:

- **Identificación de modelos a seguir:** identifica a personas admiradas y respetadas en la sociedad, como líderes políticos, figuras históricas, deportistas, artistas o personas cercanas que hayan demostrado flexibilidad mental y emocional en su vida. Por ejemplo, alguien del mundo del deporte que me encanta es Rafa Nadal, se dice que es el líder con el que todos quieren trabajar.
- **Análisis de las características admiradas:** ¿qué comportamientos específicos han demostrado estas personas que los hacen dignos de respeto y admiración? Por ejemplo, en el caso de Rafa: se queja poco, es positivo, se pone metas, no necesita ostentar, no es rencoroso, etcétera. ¿Qué ha hecho para superar desafíos?

- **Aplicación a la propia vida:** reflexiona sobre cómo puedes aplicar los principios de flexibilidad mental y emocional en tu propia vida. ¿En qué situaciones específicas podrías aplicarlos?, ¿cómo podrías adaptar tu forma de pensar y de actuar para afrontar esos desafíos de manera más efectiva?
- **Desarrollo de estrategias:** ¿qué habilidades nuevas puedes desarrollar para ser menos rígido? Esto podría incluir frecuentar nuevos grupos donde haya personas con más apertura al cambio y adaptación a nuevas circunstancias. Una de las cosas más efectivas es buscar un grupo de pertenencia donde la cultura dominante sea el comportamiento que más deseas lograr y que sea el comportamiento normal del grupo. Cambiar nuestro entorno social puede ser una estrategia efectiva para cambiar nuestros hábitos y comportamientos a largo plazo. Esto lo traduzco así: si estás rodeada de personas que se quejan todo el día o de personas conformistas, difícilmente vas a desarrollar el hábito de la flexibilidad.
- **Seguimiento y evaluación:** lleva un registro de tus esfuerzos por practicarla y reflexiona regularmente sobre tu progreso. ¿Qué aprendiste sobre ti mismo y sobre tu capacidad para adaptarte a las situaciones cambiantes?, ¿cómo puedes seguir mejorando en este aspecto?

LA HISTORIA DE ANALÍA

¿Con qué te quieres quedar: con la razón o con la relación? Analía era una mujer brillante y ambiciosa. Desde temprana edad, se esforzó por destacar en todo lo que hacía. Siempre quería tener la razón y no toleraba equivocarse. Esta rigidez la llevó a ser reconocida en su campo profesional, pero también le generó numerosos problemas en su vida personal y laboral.

En su trabajo, Analía era conocida por su inflexibilidad. Siempre quería tomar el control de las situaciones y no permitía que otros tuvieran voz. Esto dificultaba la colaboración en equipo y generaba resentimiento entre sus colegas. A pesar de sus logros, Analía se sentía constantemente estresada y agotada. Sus problemas digestivos y de postura eran cada vez más frecuentes, reflejando el peso de su rigidez en su salud física.

En su vida personal también afrontaba dificultades. Le costaba relacionarse con los demás y mantener amistades cercanas. Su incapacidad para admitir errores y su actitud crítica la alejaban de las personas que la rodeaban. Aunque aparentaba seguridad en sí misma, en realidad sufría de una baja autoestima que intentaba ocultar detrás de su fachada de perfección.

Un día, Analía recibió un duro golpe en el trabajo cuando un proyecto en el que había trabajado durante meses fracasó debido a su incapacidad para aceptar sugerencias y críticas constructivas de su equipo.

Esta experiencia la llevó a una profunda reflexión sobre su actitud y su forma de relacionarse con los demás.

Decidió buscar ayuda y comenzar un proceso de autoconocimiento y crecimiento personal. Poco a poco, Analía aprendió a ser menos dura con ella misma y con los demás. Así como también a escuchar activamente, a admitir sus errores y a valorar las opiniones de los demás. Con el tiempo, Analía se convirtió en una líder más efectiva y en una persona más feliz y equilibrada.

Su rigidez se fue desvaneciendo y esto no solo mejoró su salud física y emocional, sino que también fortaleció sus relaciones personales y profesionales. Analía finalmente encontró su *ikigai* al aprender a aceptarse a sí misma y a los demás tal como son, con sus luces y sus sombras.

Una de las preguntas que más impactó a Analía fue justamente esa: si cada vez que se enfrentaba con alguien prefería quedarse con la razón o con la relación.

La idea de elegir entre tener la razón o mantener la relación es algo que todos afrontamos en nuestras vidas, ya sea en discusiones con amigos, familiares o colegas. Cuando nos aferramos a tener la razón, es como si dijéramos: «¡Yo sé lo que digo y no voy a cambiar de opinión!». Pero ¿a qué precio? A menudo, esto puede llevar a peleas innecesarias, resentimientos y distanciamiento.

Por otro lado, cuando elegimos priorizar la relación, estamos diciendo: «Sí, esta discusión es importante, pero no quiero dañar nuestra conexión por ello». Esto implica escuchar activamente al otro, intentar entender su punto de vista y tratar de encontrar un terreno común en lugar de solo insistir en que tenemos la razón. Como dijo el poeta persa y místico Rumi, del siglo XIII: «Más allá de las ideas sobre lo que está bien y sobre lo que está mal hay un campo. Nos encontraremos allí». Adaptado podría leerse como «entre tu punto de vista y el mío hay un espacio: allí te encontraré».

Es fácil caer en la trampa de querer ganar todas las discusiones, pero ¿realmente vale la pena? Después de todo, la razón es subjetiva y lo que puede ser verdad para nosotros puede no serlo para los demás. Entonces, la próxima vez que te encuentres en una discusión pregúntate: ¿qué es más importante para mí: tener la razón o mantener esta relación? A menudo, descubrirás que la segunda opción es la que realmente importa a largo plazo.

LAS NEURONAS QUE SE ACTIVAN JUNTAS PERMANECEN JUNTAS

El concepto «*neurons that fire together wire together*» (las neuronas que se activan juntas permanecen juntas) descrito por el neurofisiólogo Donald Hebb, en 1949, significa que al practicar un hábito se producen claros cambios fisiológicos en el cerebro. Es una forma de expresar que las conexiones neuronales se refuerzan cuando las neuronas se activan simultáneamente. Esto significa que, cuando ciertos grupos de neuronas se activan juntas repetidamente, se fortalecen sus conexiones sinápticas, lo que facilita la transmisión de señales entre ellas en el futuro.

Ahora, aplicándolo al hábito de desarrollar la flexibilidad, podemos entenderlo de la siguiente manera, y así fue como se lo explicamos a Analía:

Imagina que tu cerebro es como un camino en el bosque. Al principio, este camino está lleno de maleza y es difícil de recorrer. Sin embargo, cada vez que eliges ser flexible en una situación estás «limpiando» ese camino y cuantas más veces lo hagas, más claro y fácil será transitarlo en el futuro.

Desde una perspectiva científica, esto se debe a que, cuando somos permeables mental y emocionalmente, estamos activando ciertos circuitos neuronales en nuestro cerebro. Cada vez que afrontamos una situación desafiante y elegimos una respuesta flexible, esas neuronas se activan simultáneamente. Con el tiempo, estas conexiones neuronales se fortalecen, lo que significa que será más fácil para nosotros responder en situaciones similares en el futuro.

Entonces, desarrollar el hábito de la flexibilidad es como entrenar un músculo en el gimnasio: cuanto más practiques, más fuerte se volverá. Al elegir la tolerancia en diversas situaciones, estás fortaleciendo esas conexiones neuronales en tu cerebro y haciendo que la flexibilidad se convierta en una respuesta natural para ti.

En resumen, al igual que las neuronas que se activan juntas se mantienen unidas, practicar la plasticidad reiteradamente fortalece las conexiones neuronales en nuestro cerebro haciéndola una habilidad más fácil y natural de utilizar en nuestras vidas cotidianas. La mejor forma de aprender una aptitud nueva es practicándola. Y, como vimos antes, termina siendo tu segunda piel o tu identidad.

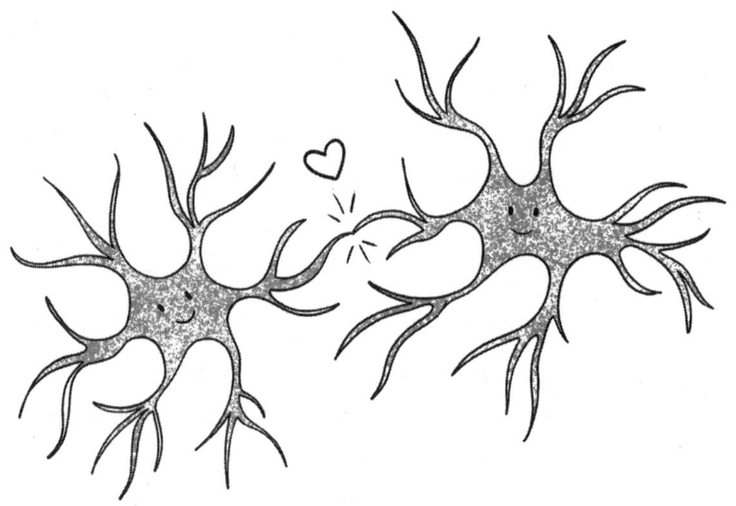

NO DESEAMOS TANTO PRACTICAR EL HÁBITO, SINO OBTENER EL RESULTADO

Algo que también le explicamos a Analía es que nos interesa más el resultado que el hábito en sí mismo. Entonces, para sostener una capacidad nueva como la flexibilidad, que no es fácil, le propusimos que se enfocara en los beneficios que se derivan de la práctica. Por ejemplo:

- **Reducción del estrés:** la flexibilidad nos permite adaptarnos más fácilmente a situaciones cambiantes, lo que puede reducir el estrés y la ansiedad asociados con el miedo a lo desconocido o a la falta de control. Analía sufría ataques de ansiedad y angustia, así que entendió rápidamente.
- **Mejora de las relaciones interpersonales:** la falta de rigidez nos permite ser más comprensivos y empáticos con los demás, lo que fortalece nuestras relaciones y fomenta una comunicación más abierta y efectiva. Otro de los dolores de Analía era la dificultad para sostener las amistades y las buenas relaciones en el trabajo.
- **Mayor resiliencia:** la elasticidad nos ayuda a afrontar los desafíos de la vida con una mente abierta y una actitud positiva, lo que nos hace más resistentes frente a la adversidad y nos permite recuperarnos más rápidamente de los contratiempos. Analía admiraba a la gente exitosa, y quería ser como ellos. Cuando descubrió que lo que caracterizaba a muchos de ellos era la adaptabilidad sintió el deseo de incorporar esta habilidad a su vida en vez de querer ganar las discusiones.
- **Mayor creatividad y pensamiento innovador:** ser flexibles nos permite considerar diferentes puntos de vista y explorar nuevas soluciones, lo que puede impulsar la creatividad y el pensamiento innovador en diversas áreas de nuestra vida. Este punto la terminó de convencer; ella tenía una mente empren-

dedora, pero muchas veces por su rigidez sentía temor a implementar cambios por miedo al fracaso.

- **Mejora del bienestar emocional:** todo esto es lo que Analía quería (tener una nueva sensación de libertad y satisfacción).

En resumen, cuando Analía pudo apreciar los beneficios tangibles que le iba a traer desarrollar la plasticidad estuvo dispuesta a hacer el esfuerzo necesario y los resultados empezaron a aparecer.

SALIR DE LA ZONA DE CONFORT

Innovar en nuestra vida implica romper con los patrones establecidos y salir de nuestra zona de confort y así explorar nuevas experiencias y oportunidades de crecimiento. La llamada «zona de confort» no es otra cosa que los límites dentro de los cuales nos encerramos a nosotros mismos. Tengo una frase acuñada que dice que «lo cómodo termina siendo incómodo». Y de eso se trata, de atravesar esa incomodidad poniendo los ojos en los beneficios que obtendremos al progresar en nuestra vida.

Aquí hay algunas formas para salir de allí:

- **Actividades nuevas:** incorporar actividades nuevas en nuestra rutina diaria puede ayudarnos a expandir nuestros horizontes y desafiar nuestras habilidades. Esto podría incluir aprender habilidades del marketing digital, participar en un club o grupo social diferente o explorar un pasatiempo completamente nuevo.

- **Mente-cuerpo:** es importante reconocer que la flexibilidad no se limita solo a nuestra mente, sino también a nuestro cuerpo. Participar en prácticas nuevas, por ejemplo, un deporte, el yoga, la meditación o el tai chi pueden ser útiles para estos fines.
- **Tocar un instrumento:** es una excelente manera de desarrollar habilidad mental y coordinación física. Requiere paciencia, práctica y la disposición a cometer errores y aprender de ellos.
- **Aprender un idioma:** dominar un nuevo idioma es un desafío emocionante que puede abrirnos puertas a nuevas culturas, experiencias y oportunidades profesionales. Además, el proceso de aprender un idioma extranjero puede ayudarnos a desarrollar funciones cognitivas como la memoria, la concentración y la resolución de problemas. Y si las clases son presenciales, puedes conocer a gente nueva con intereses similares a los tuyos.
- **Actividad física nueva:** por ejemplo, ciclismo, baile, pilates, nos permite experimentar el mundo de una manera diferente y desafiante. Además de los beneficios físicos, estas actividades pueden ayudarnos a desarrollar habilidades como la confianza en uno mismo y la capacidad de adaptación.

Es natural que afrontemos miedo o resistencia al salir de nuestra zona de confort, pero es importante recordar que es precisamente fuera de esta zona donde se producen el crecimiento y la innovación. Al estar abiertos a nuevas experiencias, podemos descubrir un mundo de posibilidades que antes ni siquiera habíamos imaginado.

Como dice mi amigo y maestro Jack Canfield:

«Todo lo que estás buscando está al otro lado del miedo».

Ejercicio: renovar nuestra vida

Objetivo: Fomentar la renovación personal explorando actividades nuevas.

- **Reflexiona sobre tus actividades diarias.** Dedica unos minutos a pensar en tus rutinas y las actividades que realizas regularmente. ¿Hay alguna actividad que despierte tu interés, pero que aún no hayas probado?, ¿hay alguna actividad que te gustaría realizar de manera más regular?
- Elige una actividad nueva basándote en eso, tiene que ser algo que te guste y que te desafíe. Puede estar relacionado con perfeccionar una habilidad; por ejemplo, si ya hablas bien francés, puedes apuntarte a un curso de historia del arte en ese idioma o a alguna actividad nueva que tengas ganas de explorar como tocar el piano o una actividad física que te gustaría iniciar.

- **Planifica tu compromiso:** establece un plan concreto para incorporar la nueva actividad en tu vida diaria. ¿Cuándo y dónde dedicarás tiempo a esta actividad? Puedes usar alguno de los «trucos» que venimos viendo para sostener hábitos como *hacerlo fácil, hacerlo obvio, hacerlo atractivo, hacerlo gratificante.*

LA FLEXIBILIDAD, LA RESILIENCIA Y EL SENTIDO DEL HUMOR

¿Qué tienen que ver todos ellos? Que son tres aspectos fundamentales para afrontar los desafíos de la vida de manera efectiva y mantener una actitud positiva incluso en tiempos difíciles.

Ser flexible implica tener la capacidad de adaptarse y ajustarse a las circunstancias cambiantes. En un mundo que evoluciona constantemente, esto nos permite afrontar nuevos desafíos con una mente abierta y sin miedo al cambio. No ser rígido nos ayuda a encontrar soluciones creativas a los problemas y a aprovechar las oportunidades que se presentan, en lugar de quedarnos estancados en nuestras formas habituales de pensar y actuar.

La resiliencia es otro aspecto crucial. La vida está llena de altibajos y esta nos permite recuperarnos de las dificultades y seguir adelante con fuerza renovada. Ser resiliente implica aprender de los fracasos y de las adversidades en lugar de dejarnos abrumar por ellos. Nos permite mantener una actitud positiva incluso en los momentos más oscuros, sabiendo que somos capaces de superar cualquier desafío que se nos presente.

Y, por último, pero no menos importante, está el sentido del humor. El humor es una herramienta poderosa que nos ayuda a mantenernos equilibrados emocionalmente, incluso en situaciones estresantes. Reírnos de nosotros mismos puede ayudarnos a reducir el estrés, ganar perspectiva y encontrar alegría incluso en medio de la adversidad. El sentido del humor nos conecta con los demás y nos permite mantener una actitud optimista y esperanzadora. Por algo dicen que la risa es contagiosa y que es la distancia más corta entre dos personas.

DESDRAMATIZAR

Mariana era una mujer que había sido educada con rigor, entonces era bastante propensa a tomarse todo demasiado en serio. «A pecho», como se suele decir. Para que se pudiera «aflojar», le ofrecimos una salida: le contamos el impacto positivo que tiene en el cuerpo lo que llamamos «desdramatizar».

Desdramatizar es como quitar el peso pesado a las cosas, es como decirle a la vida: «Vamos a tomar esto con calma», «Vamos a darle la vuelta». Imagina que tienes un día superestresante en el trabajo, todo parece salir mal y sientes que el mundo se te viene encima. Estás tenso de los pies a la cabeza. Pero, de repente, decides desdramatizar la situación. Te das cuenta de que, bueno, sí, fue un día difícil, pero no es el fin del mundo. Mariana grabó esa frase en su ordenador como fondo de pantalla: **«No es el fin del mundo».**

Enseñarle a Mariana a desdramatizar fue como mostrarle un superpoder a un niño. Al cabo de un tiempo de práctica de este superpoder, Mariana era otra persona. Mi hija Flor y yo nos preguntamos: ¿te acuerdas de cuando Mariana se angustiaba por cada pequeño problema que surgía en su vida? Pues, al aprender a desdramatizar, ella pudo afrontar esas situaciones con una mentalidad más relajada y menos estresante. Ya no se sentía abrumada por cada obstáculo que se interpusiera en su camino, sino que aprendió a verlos como simples desafíos que se pueden superar.

Además, desdramatizar mejoró notablemente sus relaciones sociales. En vez de mostrarse tensa e inflexible —como solía ser—, Mariana se volvió más amigable y hasta divertida. Frente a una discusión con un amigo o un familiar, en lugar de dejar que la situación se volviera incómoda y dramática, intentaba desdramatizarla. Esto significa dar un paso atrás, respirar hondo y tratar de encontrar una solución sin exagerar la gravedad del problema.

LA RISA COMO EL GRAN ALIVIO DEL ESTRÉS

Poder reírnos de nosotros mismos no solo alivia el estrés y fomenta el bienestar emocional, sino que también nos fortalece frente a la adversidad; nos permite desarrollar una flexibilidad emocional para afrontar los altibajos de la vida con gracia y optimismo.

Patch Adams, médico y payaso, es conocido por su enfoque singular en la medicina al incorporar el humor y la risa como componentes esenciales para el proceso de curación. Su filosofía se basa en la creencia de que la risa y la alegría tienen un poder terapéutico innegable que puede complementar los tratamientos médicos convencionales. Fundó el Instituto Gesundheit en 1971, «un experimento holístico con una visión médica», según sus propias palabras, con la visión de crear un entorno de atención médica basado en la compasión, el humor y la interacción humana genuina. Su enfoque holístico reconoce que la salud no se limita solo al cuerpo físico, sino que también incluye el bienestar emocional, social y espiritual. Qué importante es la mirada holística, esa relación cuerpo-mente donde todavía tenemos tanto por descubrir y aprender.

Para Patch Adams la risa no solo es una forma de aliviar el sufrimiento y el estrés, sino que también puede fortalecer el sistema inmunológico, mejorar el estado de ánimo y promover una actitud positiva hacia la enfermedad y la recuperación. Se ha demostrado que la risa aumenta la liberación de endorfinas, las cuales son neurotransmisores que actúan como analgésicos naturales y mejoran el estado de ánimo. El doctor Adams, a quien admiro desde hace más de treinta años, ha demostrado que el simple acto de reír puede conectar a las personas, reducir la ansiedad y ayudarlas a afrontar desafíos difíciles.

El doctor Lee Berk, del Loma Linda School of Medicine de California, reconocido investigador en el campo de la psiconeuroinmunología y la medicina mente-cuerpo, ha trabajado en el mismo campo durante más de veinte años. Berk ha realizado varios estudios sobre la influencia de la risa en la salud y ha encontrado evidencias de que la risa puede tener efectos positivos en el sistema inmunológico, la función cardiovascular y la gestión del estrés.

En sus investigaciones, Berk ha demostrado que la risa puede aumentar la actividad de ciertas células del sistema inmunológico, mejorar la función de los vasos sanguíneos y reducir los niveles de hormonas del estrés como el cortisol. Estos hallazgos respaldan la idea de que la risa puede tener efectos beneficiosos en la salud física y mental. Por eso él afirma que introducir la risa como algo terapéutico no es medicina alternativa.

En una entrevista fascinante con CNN, el doctor Lee Berk compartió los resultados de un estudio innovador que llevó a cabo con cuarenta y ocho pacientes que habían experimentado ataques al corazón. En este estudio pionero, dividió a los participantes en dos grupos: además de recibir su medicación un grupo tuvo el «privilegio» de disfrutar de treinta minutos diarios de humor o comedia, por ejemplo, ver la famosa serie *Friends,* mientras que al otro grupo se lo siguió tratando, pero sin ver comedias.

Los hallazgos fueron asombrosos: aquellos que experimentaron con las risas diarias necesitaron muchos menos medicamentos y, aún más notable, después de doce meses de este experimento, solo el 8 % de los que se deleitaron con las comedias sufrieron un segundo ataque cardiaco. En comparación, ¡el 48 % del grupo de control sufrió otro ataque!

Estos resultados sugieren una conexión profunda entre el humor y la salud cardiovascular. De hecho, Berk plantea una idea verdaderamente revolucionaria: en el futuro, podríamos ver la risa recetada tan comúnmente como la actividad física. «Treinta minutos al día, tres o cuatro veces por semana», sugiere con entusiasmo, revelando un futuro donde la risa es parte integral de un régimen de bienestar holístico.

El trabajo del doctor Berk y otros investigadores en este campo ha contribuido a una mayor comprensión de los mecanismos biológicos que subyacen en los efectos terapéuticos de la risa, y ha ayudado a respaldar la integración de intervenciones basadas en ella en la práctica médica y en programas de bienestar.

Como mi segunda hija, María Sol Andrés, es una gran médica, cardióloga e investigadora, le pedí ayuda para seguir corroborando datos científicos sobre el tema de la risa. Y me sugirió que leyera artículos muy interesantes, por ejemplo «Therapeutic Benefits of Laughter in Mental Health: A Theoretical Review- JongEun Yim», que se traduce como «Beneficios Terapéuticos de la Risa en la Salud Mental». Su síntesis dice: «La sociedad moderna, con su competencia feroz y las interacciones socioeconómicas, ejerce presión sobre la calidad de vida causando una influencia negativa en la salud mental de las personas. La risa es una sensación positiva y parece ser una forma útil y saludable de superar el estrés. La terapia de la risa es un tipo de terapia cognitivo-conductual que puede promover la salud física, psicológica y las relaciones sociales mejorando en última instancia la calidad de vida. Como tratamiento alternativo no farmacológico, la terapia de la risa tiene un efecto positivo en la salud mental y el sistema inmunológico. Además, no requiere preparativos especializados, como instalaciones y equipos adecuados, y es fácilmente accesible y aceptable. Por estas razones, la comunidad médica ha prestado atención y ha intentado incluir la terapia de la risa en tratamientos más tradicionales. **Al disminuir las hormonas del estrés en la sangre, la risa puede mitigar los efectos del estrés.** La risa disminuye los niveles séricos de cortisol, epinefrina, hormona del crecimiento y ácido 3,4-dihidrofenilacético (un importante catabolito de la dopamina), indicando una reversión de la respuesta al estrés. La depresión es una enfermedad en la que los neurotransmisores en el cerebro, como la norepinefrina, la dopamina y la serotonina están reducidos y hay algo mal en el circuito de control del estado de ánimo del cerebro. La risa puede alterar la actividad de la dopamina y la serotonina. Además, las endorfinas secretadas por la risa pueden ayudar cuando las personas se sienten incómodas o deprimidas. La terapia de la risa es un tratamiento alternativo no invasivo y no farmacológico para el estrés y la depresión, casos representativos que tienen una influencia negativa en la salud mental». **En conclusión, la terapia de la risa es efectiva y está respaldada científicamente como tratamiento único o adyuvante.**

¿Te queda alguna duda?, ¿o ya tienes ganas de empezar a poner en práctica estos conceptos?

¡Por mi parte, estoy viendo qué comedia puedo ir a ver este fin de semana!

✦

La risa es la distancia más corta entre dos personas.

VICTOR BORGE

Ejercicio: autoobservación para flexibilizar y desdramatizar

Como todos los ejercicios de este libro, para que den resultado, te pido que respondas con total sinceridad. Es como mirarte al espejo y simplemente describir lo que ves.

- ¿Tienes la tendencia a dramatizar situaciones o a exagerar problemas menores?
- ¿Eres proclive a buscar la perfección en todo lo que haces, incluso a costa de tu felicidad?
- ¿Necesitas tener casi todo bajo control la mayoría de las veces?
- ¿Cómo crees que te perciben los demás: mayormente flexible o inflexible?
- Cuando las cosas no salen como esperas, ¿qué tan dispuesto estás a reírte de ti mismo?
- Ahora reflexiona sobre si el adoptar una perspectiva humorística podría ayudarte a afrontar los desafíos con menos carga.
- Por último, ¿qué cambios podrías hacer en tu enfoque para incorporar más humor y flexibilidad en tu vida diaria?

CONCLUSIÓN

En resumen, todas las prácticas que vimos en este capítulo para desarrollar el hábito de la flexibilidad mental y emocional pueden influir en nuestra salud y promover estados de ánimo óptimos a lo largo de toda la vida.

Exploremos la idea de que, si somos flexibles, podemos ver la vida como una oportunidad para aprender, crecer y ser felices. Y si todavía notamos que tenemos resabios importantes de rigidez pensemos en esto de que «mañana es un día nuevo» y podemos volver a empezar. La flexibilidad, característica de la juventud, se puede desarrollar sin importar la edad que tengamos o cuántos años de rigidez llevemos encima. Es un hábito que hoy podemos empezar a cultivar y que puede ser tan simple como sonreír más. Tan humano como elegir quedarnos con la relación en lugar de la razón. Tan básico como juntarnos con amigos que nos hagan reír, tan único como empezar a mirarnos en el espejo y decidir ser menos duros con nosotros mismos y con el mundo que nos rodea.

La plasticidad que tienen los chicos en su cuerpo y en su mente, de eso se trata. Si nos volvemos flexibles, como los chicos, vamos a creer que todo es posible. De la misma manera podemos recuperar el equilibrio que perdimos en nuestros días estresantes, en esa prisa por llegar que no nos lleva a ningún lado, en esa rigidez del que quiere saberlo todo y controlarlo todo que nos deja agotados. Si nos adaptamos a lo que nos rodea, podemos recuperar la capacidad de asombro, soltar el timón durante un rato, no querer saber todas las respuestas, sino querer hacernos cien preguntas nuevas. Asimismo, podremos abandonarnos a «no saber cómo son las cosas» y aventurarnos a descubrirlas, aceptando la incertidumbre como parte del viaje y usando los desafíos para despertar el genio que llevamos dentro.

Según Einstein, hay dos maneras de vivir la vida: «Como si nada fuera un milagro o como si todo fuera un milagro». Me gusta pensar que cada día es un milagro, lo decimos siempre en nuestros cursos. Que cada momento es único, irrepetible, que no existió antes y no volverá a existir jamás, y por eso merece ser vivido «aquí y ahora» con toda nuestra energía y atención. Abrazar los cambios es esencial ya que, si nos resistimos a ellos, corremos el riesgo de quebrarnos. Sin embargo, al adoptar una actitud flexible y mantener viva esa capacidad de asombro y alegría que caracteriza a los niños, podemos estar abiertos a las infinitas posibilidades que nos da la vida y disfrutar hasta el último momento.

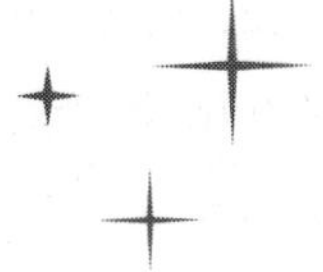

HÁBITO #5

LA COMUNICACIÓN EFECTIVA: EL PODER DE LAS PALABRAS

EL ANTÍDOTO CONTRA EL HÁBITO DE LA QUEJA

¿Alguna vez pensaste que las palabras tienen poder y que pueden afectar a toda nuestra vida, nuestra salud y nuestra suerte?

IKEA, la reconocida empresa sueca de muebles, llevó a cabo un experimento revelador titulado «Acosa a una planta» (*Bully a Plant*) en una escuela de los Emiratos Árabes Unidos. En este innovador estudio, se pidió a miles de estudiantes que grabaran dos tipos de mensajes para las plantas: uno con palabras positivas que elogiaran y resaltaran las cualidades de una planta; el otro con mensajes negativos llenos de desprecio, insultos y críticas hacia la otra planta. Estas grabaciones se reproducían de manera continua junto a cada planta, proporcionando un flujo constante de mensajes positivos a una y un bombardeo constante de palabras negativas a la otra.

El experimento duró treinta días y los resultados fueron sorprendentes: la planta que había recibido palabras de aliento y elogios continuó creciendo vigorosamente, mientras que la planta sometida al acoso verbal se marchitó gradualmente.

¿Qué nos dice esto sobre el impacto en los seres humanos? Si el lenguaje negativo puede dañar a las plantas, imagina el efecto en nuestra salud emocional y mental.

A menudo pensamos que las palabras son efímeras, que «se las lleva el viento» pero, en realidad, **cada palabra que usamos tiene el poder de construir o destruir.** ¿Somos conscientes del impacto profundo que nuestras palabras tienen en nuestro entorno y en nosotros mismos? La verdad es que nuestras palabras y las historias que contamos sobre nuestra vida no solo moldean nuestra percepción, sino que también dirigen nuestras acciones y generan resultados distintos.

Con frecuencia adjudicamos nuestra buena o mala suerte a los hechos externos: las cosas que nos pasan, o que nos hacen, y si bien pueden tener alguna relación, en realidad, no son los hechos en sí mismos los que determinan los resultados, sino las palabras que nos decimos con respecto a esos hechos y las historias de nosotros mismos que vamos contando sobre nuestra vida lo que da de lleno en nuestra manera de actuar.

Por eso, es fundamental recordar uno de los principios más poderosos del *coaching*: **«Las palabras crean realidades».** Cada vez que hablamos, estamos construyendo nuestro mundo.

SIN CONCIENCIA NO HAY CAMBIO POSIBLE

Autodiagnóstico inicial

1. En una escala del 1 al 10, donde 1 es el nivel más bajo de comunicación efectiva (o buen uso del poder de las palabras) y 10 es el más alto, ¿en qué nivel te encuentras hoy en tu comunicación?

    - **Nivel 1:** estás en un nivel donde predominan las quejas, reproches y lamentaciones. No tienes conciencia del poder de las palabras. Este es el nivel más bajo de comunicación efectiva.
    - **Nivel 3:** en este nivel, es común que haya críticas frecuentes a tus familiares, amigos o colegas, sueles enfocarte en lo negativo dejando de lado lo positivo.
    - **Nivel 5:** aquí puedes estar haciendo un esfuerzo por escuchar a los demás, pero a veces te cuesta mantener la atención completa. Y también te esfuerzas por usar bien tus palabras, pero suele haber cierta negatividad presente en tus comunicaciones.

- **Nivel 7:** tu comunicación incluye palabras positivas de aliento y reconocimiento hacia los demás. Ofreces apoyo cuando alguien lo necesita. En general, sabes usar las palabras para automotivarte.
- **Nivel 10:** en este nivel, eres un experto en buena escucha y en el uso positivo del lenguaje. Utilizas palabras de apoyo y reconocimiento genuino de manera regular. Sabes cómo motivar a los demás y a ti mismo fomentando un ambiente de respeto y colaboración.

2. Ahora piensa dónde te gustaría estar en esta escala al finalizar la lectura de este libro. ¿Cuál sería tu meta o nivel ideal de tu comunicación (o buen uso del poder de las palabras) dentro de un mes, por ejemplo?
3. Finalmente, imagina cómo te gustaría que fuera tu nivel de comunicación efectiva. Es decir, en el buen uso del poder de las palabras después de un año de poner en práctica las enseñanzas de este hábito. ¿Qué nivel te gustaría alcanzar en ese momento?

LA HISTORIA DE PEDRO

Era la última oportunidad para Pedro. Si su equipo perdía ese día sería expulsado. El capitán sabía que Pedro tenía talento, pero algo lo estaba frenando. Por eso nos dijo: «Las llamo a ustedes porque sé que le falta confianza. Los últimos partidos no fueron buenos y su desempeño empeora cada vez más. ¿Pueden hacer algo?».

Con el tiempo limitado antes del partido, recurrimos al poder de las palabras. Le pedimos a Pedro que eligiera una frase que lo llenara de confianza. Tenía que ser corta pero contundente, una declaración personal que lo motivara. «Es importante que la repitas mañana, tarde y noche», le dijimos. «Que sea lo primero que veas al despertar y lo último antes de dormir. Necesitamos trabajar con tu mente subconsciente, que es mucho más poderosa que tu mente consciente. Necesitamos plantar una nueva creencia que supere a la limitante que te está afectando».

El día del partido llegó. Era una final dura, ambos equipos luchaban con determinación. El marcador estaba empatado y el tiempo se acababa. En un momento crucial, Pedro tomó la pelota, la elevó como si fuera liviana como una pluma y desde el medio de la cancha, con la determinación de un campeón, anotó un gol que dejó a todos boquiabiertos. Ganaron el partido. Cuando se disponía a recibir el trofeo, Pedro tenía la mano izquierda detrás de la espalda mostrando la palma escrita con una frase que decía: «Creo en mí». Era la declaración que

Pedro había elegido para llenarse de confianza. Creo en mí: solo tres palabras que cambiaron su suerte para siempre.

Tal es el poder de las palabras y de la comunicación efectiva. ¿Listos para explorar este hábito tan impactante? Comencemos.

LA LLAVE DE LA COMUNICACIÓN EFECTIVA

Las palabras, como pudimos ver en la historia de Pedro, no son simples sonidos o letras, sino herramientas poderosas que tienen el potencial de dar forma a nuestras vidas y experiencias. Son capaces de construir puentes, pero también pueden levantar muros que nos separan.

Además, las palabras tienen un impacto directo en nuestro bienestar físico y emocional. Son capaces de curarnos o de ponernos enfermos, ya que el cuerpo es permeable a lo que nos decimos. Cuando nos hablamos a nosotros mismos con amor y compasión, nuestro cuerpo responde de manera positiva, fortaleciendo nuestra salud y bienestar. En cambio, si nos llenamos de autocrítica y negatividad, podemos debilitar nuestro sistema inmune al aumentar el estrés y la ansiedad.

Desde tiempos inmemoriales, la palabra ha sido venerada como una herramienta poderosa. En el relato del Génesis, el inicio de la creación misma se expresa a través de las palabras: «En el principio era el Verbo». Este relato nos enseña que las palabras tienen el poder de crear, de dar vida y forma al mundo que nos rodea.

Por lo tanto, podemos considerar las palabras como la llave de la comunicación efectiva-afectiva. Son la herramienta principal que utilizamos para expresar nuestras ideas, compartir nuestros sentimientos y conectar con los demás. Una comunicación efectiva-afectiva requiere no solo elegir las palabras adecuadas, sino también comprender el impacto que pueden tener en quienes las reciben. Cuando usamos nuestras palabras con intención positiva y empatía, podemos construir relaciones más profundas y significativas y, así, contribuir a un mundo más armonioso y compasivo.

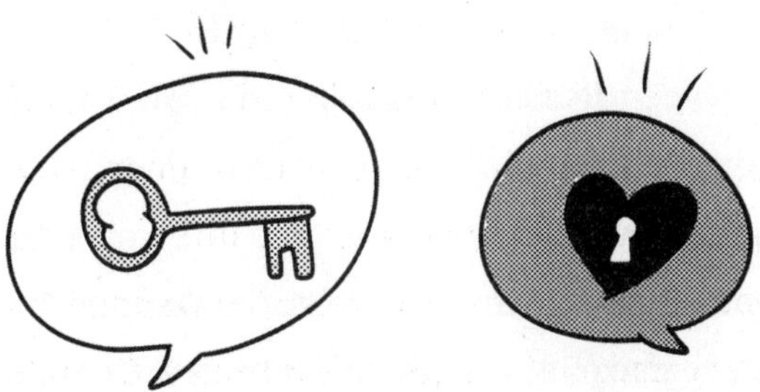

LA HISTORIA DE MARTIN LUTHER KING: TRES PALABRAS QUE CAMBIARON LA SUERTE DE UNA NACIÓN

«Tengo un sueño», fueron las palabras pronunciadas por Martin Luther King, doctor en Teología y pastor bautista, en Washington D. C. delante del monumento de Abraham Lincoln en el año 1963. Las dijo en un contexto donde blancos y negros no podían ir a la escuela juntos, ni rezar juntos en la misma iglesia, ni compartir el mismo autobús y mucho menos acceder a los mismos empleos. Estas palabras, impregnadas de esperanza en un mar de desigualdad, resonaron como un eco de cambio en medio de la opresión. Emergieron como tres flechas de esperanza en un contexto de profunda injusticia, casi como una utopía.

En ese discurso histórico, el doctor King proclamó: «Tengo un sueño, que mis cuatro pequeños hijos vivirán un día en una nación donde no serán juzgados por el color de su piel, sino por el contenido de su carácter». En 1964 M. L. K. recibió el premio Nobel de la Paz, pero no vivió para ver completamente realizado su sueño. El 4 de abril de 1968, a los treinta y nueve años, fue asesinado. Sin embargo, sus palabras no murieron, trascendieron el tiempo y el espacio convirtiéndose en un faro para las generaciones venideras.

En las calles de Birmingham, en las escalinatas del Lincoln Memorial, en cada discurso y marcha, King encarnaba la fuerza de la resistencia pacífica, al estilo Gandhi, recordándonos que el poder de las palabras supera con creces el estruendo de la violencia. Cada «tengo un sueño» era un ladrillo en la construcción de un puente hacia la igualdad, un faro iluminando el camino hacia la justicia.

Decir «tengo un sueño» no era solo articular palabras, era invocar un futuro donde la piel no determinara el destino, donde la igualdad fuera más que una promesa vacía. Era proclamar la visión de un mundo donde la hermandad y el respeto reinasen sobre la discriminación y el odio.

En Estados Unidos, epicentro de la segregación racial, donde asesinaron a King por sus palabras, casi cincuenta años después de que las pronunciara en su célebre discurso «Tengo un sueño», el pueblo eligió como presidente a un hombre de color, Barack Obama, y su esposa, Michelle Obama, se convirtió en una figura emblemática de liderazgo y empoderamiento. Se me pone la piel de gallina cuando advierto esto y me pregunto: ¿puede haber un testimonio más elocuente del impacto perdurable de las palabras?

Solo tres palabras cambiaron el mundo: «Tengo un sueño». Fueron las tres palabras pronunciadas por el bisnieto de un esclavo del sur de los Estados Unidos. Hoy, esas palabras siguen resonando en los corazones de aquellos que sueñan con un mundo mejor. Nos recuerdan que el poder de las palabras puede trascender el tiempo y el espacio. Nos enseñan que el cambio comienza con la convicción de un solo individuo y nos recuerda que la esperanza puede ser un arma más poderosa que cualquier arma de destrucción enfocándose en soluciones en lugar de quejarse.

LA QUEJA ALEJA

Decimos que construir una buena comunicación efectiva-afectiva, que no es otra cosa que el buen uso de las palabras, representa el antídoto del hábito de la queja que es, por excelencia, el mal uso de las palabras y una de las costumbres que parecen más inocentes, pero en realidad es corrosiva.

¿Por qué? Porque la queja ¡aleja!

Cuando hablamos de la queja, no nos referimos a la ocasional y justificada. Eckhart Tolle, en su libro *Una nueva tierra*, lo explica así: «Quejarse no debe confundirse con informar a alguien sobre un error o deficiencia para que pueda ser corregido. No hay ego en decirle al camarero que la sopa está fría y necesita ser calentada, si te ciñes a los hechos que siempre son neutrales. Ahora bien, decirle "¿Cómo te atreves a servirme la sopa fría?", significa quejarse». En la queja, a la que haremos alusión, siempre hay energía negativa. Por eso en este capítulo nos vamos a referir a la queja consuetudinaria. La queja «estilo de vida» que se hace por todo: por lo que pasó, lo que está pasando y lo que pueda pasar. Sí, también esa queja aleja.

La constante expresión de descontento genera un ambiente negativo en nuestras relaciones. Aleja personas, amigos, proyectos, sueños, ilusiones. Y atención con este dato: las investigaciones han demostrado que la persona promedio se queja entre quince y treinta veces al día. Pero si es algo tan negativo, ¿por qué lo hacemos?

Porque por un ratito nos reconforta, nos alivia. Veamos cómo sucede:

- La queja a menudo está asociada con la expresión de insatisfacción o descontento.
- Cuando expresamos quejas, especialmente si recibimos atención de otros como respuesta (¡esto es clave!), nuestro cerebro puede liberar dopamina como una recompensa.
- Esto crea un ciclo donde la queja se convierte en una forma de obtener atención y su consecuente gratificación, aunque sea temporal.

Y suele ser temporal porque la queja no nos soluciona nada, porque nos hace enfocarnos en el problema en lugar de en la solución.

LA QUEJA AFECTA A NUESTRA SALUD

¡Quejarse es malo para la salud: puede afectar a nuestra memoria! La queja crónica también puede remodelar nuestro cerebro. Un estudio publicado por la Universidad de Stanford sugiere que la queja constante contribuye al encogimiento del hipocampo, una región cerebral clave asociada con la memoria, la regulación emocional y la resolución de problemas.

Además, la queja puede liberar una hormona llamada cortisol, que reduce drásticamente la inmunidad en nuestro cuerpo. Explican los científicos que quejarse repetidamente provoca la liberación de cortisol en niveles más altos, lo que nos pone en mayor riesgo de desarrollar enfermedades cardiacas, colesterol alto, diabetes, obesidad y accidentes cerebrovasculares.

¿Será por eso que los estudios muestran que las personas optimistas tienden a vivir más tiempo que las pesimistas? **¡Quejarse es malo para los que te rodean: los contagia!**

Aunque nos parezca que al quejarnos nos liberamos de una carga, nada más alejado de ello porque no nos permite enfocarnos en la solución, sino en el problema. Es como que cada vez que nos quejamos vamos cavando un pozo cada vez más hondo. ¿Quién está adentro del pozo? ¡Nosotros!

Además, la queja no solo nos afecta a nosotros, sino a los otros porque es altamente contagiosa. En el momento en que empezamos a despotricar es como si lanzáramos el virus de la negatividad que hace sentir mal a todos los que nos rodean. El estudio de la Universidad de Stanford también descubrió que al quejarnos, o simplemente escuchar a alguien quejarse, durante más de treinta minutos podría dañar físicamente nuestros cerebros. Además, si pasamos mucho tiempo con personas que se quejan, también podemos terminar quejándonos más. ¿Será por eso que huimos de las personas quejicas?

Ya vimos el principio de la formación de hábitos que dice que cuando repetimos ciertos comportamientos nuestras neuronas se ramifican entre sí para que la información se transfiera más fácilmente. Dentro de tu cerebro hay un montón de conexiones entre las células llamadas sinapsis. Cada vez que piensas en algo, una sinapsis envía un mensaje químico a otra. Con el tiempo, estas conexiones se vuelven más fuertes, como si construyeras puentes para que los mensajes viajen más rápido. Esto significa que tus pensamientos se vuelven más rápidos y eficientes. Es decir, tu cerebro se adapta físicamente para que sea más fácil pensar en ciertas cosas. Cuando nos quejamos constantemente, nuestro cerebro se acostumbra a pensar negativamente haciendo que sea más fácil tener más pensamientos negativos.

Entonces los pensamientos negativos se vuelven recurrentes y se confirma el principio que vimos antes: «*neurons that fire together wire together*» (las neuronas que se activan juntas permanecen juntas). En otras palabras: se refuerza el camino neuronal, la conducta se vuelve más fácil y, entonces, empezamos a hacerlo más seguido. Con el tiempo, ese comportamiento se transforma en nuestra segunda piel, nuestra identidad y nos transformamos en esa persona «que siempre se queja» que nadie quiere tener cerca.

LAS EMOCIONES SON CONTAGIOSAS

Así como podemos desarrollar circuitos negativos, es posible desarrollar circuitos positivos para tener pensamientos positivos que contrarresten los negativos. Una clave es prestar atención a las personas con las que pasamos más tiempo. Recordemos el principio de neurociencias que dice que las emociones son contagiosas y nos contagiamos de las personas que más frecuentamos.

Esto tiene una explicación científica: nuestro cerebro está preparado para regular sus emociones en sintonía con los cerebros de los que nos rodean. Podemos decir que biológicamente estamos preparados para sentir empatía. Por ejemplo, si alguien está enojado nuestros cerebros se conectan a través de una suerte de «wifi» neuronal —que nunca se cae— recibiendo y captando señales que se emiten desde las amígdalas cerebrales. Estas son dos pequeñas estructuras del tamaño de una almendra, en cada hemisferio cerebral en el cerebro medio, cuya función es protegernos de algo que en algún momento nos pueda dañar. Se encargan de procesar emociones fuertes como el miedo y la ansiedad y nos ayudan a reaccionar ante situaciones peligrosas. También influyen en la memoria emocional y en cómo tomamos decisiones bajo presión. Son como tu sistema de alarma interno y son, además, las emisoras de señales que provocan el llamado contagio emocional.

¿Qué es el contagio emocional? No es una metáfora: es fisiología. Lo vemos cuando una persona comienza a sentir y expresar emociones similares a las de otra persona, simplemente al estar cerca de ella. Si la persona está enojada, puedes contagiarte del enojo, lo mismo sucede con la negatividad de la queja. Pero si estás con alguien que se siente muy feliz, sin darte cuenta, comienzas a sentirte más alegre también. Por eso a las personas que contagian alegría se las llama «personas imán» porque atraen, porque contagian emociones positivas y, además, si observas son personas que suelen tener muy buena suerte. También, la alegría es la emoción más contagiosa de todas.

Entonces, ¿el contagio emocional puede ocurrir tanto con emociones positivas como negativas? Sí, y puede influir en cómo te sientes y actúas en diversas situaciones sociales. Es importante ser consciente de esto, ya que puede afectar a tu estado de ánimo, tu bienestar emocional y tu suerte.

¿En qué clase de persona te gustaría convertirte?, ¿en una persona «que se queja siempre» que nadie quiere tener cerca?, ¿o en una persona «imán» que atrae a otras personas de manera natural? Antes de quejarnos seamos conscientes de que tenemos una elección. Está en ese espacio entre el estímulo o el hecho y mi respuesta frente a lo que sucede. Ese espacio se llama libertad. Ahora que sabes todo esto, ¿cómo la quieres usar?

LA HISTORIA DE SEBASTIÁN

Sebastián había crecido en un ambiente rodeado de negatividad. Desde pequeño, sintió el peso de tener una familia complicada, un papá especialmente pesimista (muchas veces con justa razón) por vivir en un país que solía estar sumido en crisis constante. Las caras de preocupación de sus padres, las discusiones a la hora de la cena y las noticias sombrías que resonaban en la radio eran «el pan nuestro de cada día», según nos contó.

Sebastián había aprendido a ver el mundo a través de un filtro de desconfianza y pesimismo. A pesar de tener un corazón generoso y sueños por cumplir, su espíritu se veía constantemente eclipsado por la sombra de la negatividad que lo rodeaba. A menudo, sus palabras estaban teñidas de escepticismo, incluso cuando intentaba expresar esperanza. Las palabras que usaba todos los días estaban marcadas por el «sí, pero...», una frase que parecía brotar de sus labios sin siquiera darse cuenta. Detrás de cada afirmación positiva, siempre había un «pero» cargado de dudas y preocupaciones. «Sí, me encantaría ir de vacaciones este verano, pero qué pasaría si surgiera algún problema en el trabajo».

Aunque no siempre se quejaba en voz alta, porque sabía que no era bien recibido, sus quejas se filtraban incluso en sus murmullos más bajos. Se quejaba de su trabajo, de sus amigos, de sus hijos, de su destino y, por supuesto, de su suerte.

Pese a que Sebastián no era consciente de ello, su mente se había convertido en un depósito de noticias negativas y predicciones catastróficas. Pasaba horas pegado a la televisión, absorbido por los informes sombríos que inundaban los telediarios. Y conocía todas las estadísticas detalladas de desgracias y enfermedades. El hábito de consumir noticias negativas había arraigado en él y persistió incluso después de que el confinamiento terminara.

Su corazón deseaba la alegría, pero su mente estaba atrapada en un ciclo interminable de quejas, preocupaciones y desesperanza. Y así, casi sin darse cuenta, Sebastián se había convertido en una persona que se quejaba siempre, que nadie quería tener cerca. Había quedado atrapado en un laberinto de negatividad del que parecía imposible escapar.

Había quedado sumido en una profunda infelicidad. Y un día nos preguntó: ¿Se puede aprender a ser feliz?

¿SE PUEDE APRENDER A SER FELIZ?

El doctor Martin Seligman —padre de la corriente llamada psicología positiva, investigador y experto en el tema de la felicidad— afirma que es posible, aborda el impacto de la queja y la negatividad en su libro *La auténtica felicidad.* Allí Seligman propone un enfoque para cultivar una vida plena y satisfactoria mediante el desarrollo de fortalezas personales y el fomento de emociones positivas.

Una de las principales ideas que Seligman presenta en su libro es la importancia de adoptar una mentalidad optimista y centrada en soluciones en lugar de enfocarse en lo negativo y quejarse constantemente. Es muy interesante su enfoque porque él mismo dice que, durante una gran parte de su vida, se dedicó a estudiar las causas de la infelicidad y, en particular, del pesimismo, hasta que un día se cansó y se dio cuenta de que tenía que estudiar las causas de la felicidad y aprender de ello. Y lo genial es que él se reconoce a sí mismo como un pesimista nato que pudo cambiar. Sugiere que la forma en que interpretamos los acontecimientos de la vida y nuestra disposición para encontrar soluciones influyen en nuestra felicidad y bienestar general. Volvemos a la idea de que no son los hechos en sí mismos, sino la interpretación que les damos (es decir, lo que pensamos y lo que decimos sobre lo que nos pasa) lo que determina nuestro destino.

En una entrevista realizada por Ima Sanchís en el periódico *La Vanguardia,* el doctor Seligman explica que la felicidad se puede enseñar. «Descubrí que investigar y tratar los aspectos negativos y patológicos del ser humano (la ansiedad, el estrés, la depresión, el suicidio, las adicciones...) sabemos hacerlo muy bien; pero nadie se ocupaba de los aspectos positivos, de manera que la psicología no explicaba a la gente cómo llevar una buena vida. Y no se trata de mostrar a la gente cómo no estar deprimido, no enfadarse o no tener ansiedad, sino de enseñarle a ser feliz». En esta entrevista Seligman dijo que las emociones positivas, la calidad de las relaciones y la felicidad se pueden medir y se pueden enseñar. Contó, desde su experiencia, que él era una persona pesimista y que debió cambiar. Cuando le consultaron sobre cómo lo había hecho fue preciso: «Supongamos que identificando los aspectos negativos de un paciente la psicoterapia consigue sacarlo de su pozo (lo que solo ocurre en el 65 % de los casos), es decir, que pase de menos diez a cero; pero así no se consigue que sea feliz... Las habilidades como optimismo, templanza, coraje, humanidad, autoestima, gratitud están por encima de cero. Potenciar nuestras fortalezas es una forma de potenciar el bienestar. Durante veinte años investigué el pesimismo. Pero personalmente, cuando me sorprendía pensando de manera negativa, reconocía esos pensamientos pesimistas y buscaba argumentos realistas que los desmontaran. Hay que discutir con uno mismo hasta desmontar la negatividad. Luego, para alcanzar el bienestar, hay que centrarse en cómo potenciar y desarrollar aquellas áreas en las que eres bueno en lugar de dedicarte a la prevención de lo problemático».

Seligman describió en esta entrevista que le habían encargado un estudio y un plan de choque porque estaban preocupados por la alta tasa de estrés postraumático en el ejército norteamericano (5 %), y que el principal predictor no fue la intensidad o crudeza del combate, el trauma en sí, sino que es el hecho de ser una persona catastrofista lo que aumenta un 30 % el riesgo de tener estrés postraumático. Y dio un ejemplo perfecto: «En las relaciones es fundamental pasar de una actitud constructiva pasiva ("¡felicidades por tu discurso!") a la constructiva activa ("¿en qué momento te aplaudieron?", "¿qué dijiste?", "¿qué fue lo más emocionante?"). La psicología siempre ha considerado que los motivos de la tristeza, la depresión o la ansiedad venían de fuera, pero hoy sabemos que dependen de lo que tú piensas sobre lo que te ha ocurrido, eso es lo que genera el sentimiento». Y aconseja: «Aumentar las relaciones y las emociones positivas, el compromiso (poner en práctica las fortalezas personales), el sentido y el logro (establecer metas que nos motiven a conseguirlas)».

En toda la propuesta de Seligman, vemos que las palabras que elegimos tanto para describir nuestra vida como el mundo que nos rodea (la visión optimista o la predicción pesimista) van a impactar en nuestras emociones. En otras palabras: nuestros enfoques mentales y nuestras conversaciones tendrán un impacto directo en nuestra percepción de la realidad, en nuestro bienestar emocional, en definitiva, en nuestra felicidad. Esto le explicamos a Sebastián, que se mostró sumamente interesado en iniciar un cambio.

EL PODER DE CIERTAS PALABRAS

Nuestro enfoque es sumamente práctico. Fundamentado en datos científicos de investigación, nos gusta darles a nuestros clientes soluciones concretas para iniciar cambios. A Sebastián le propusimos que pensara en una escala de 1 a 10 dónde se veía con respecto a su tendencia al pesimismo, siendo 10 el punto más alto y 1 el más bajo. Y le pedimos que no dijese este número, pero lo dijo igual: «Estoy en un 11 porque me doy cuenta de que la mayoría de mis interacciones son pesimistas y es algo que quiero cambiar». Sebastián dio el primer paso necesario para cambiar un hábito: reconocer la necesidad de cambiar, no la obligación, porque eso no funciona.

Le explicamos cómo las palabras tienen un poder innegable para influir en nuestros pensamientos y acciones. Algunas de estas palabras pueden abrir caminos hacia el éxito y la realización, mientras que otras pueden cerrar puertas y sembrar dudas en nuestra mente. Esto le sonó muy interesante y despertó su curiosidad. Nos preguntó si habíamos advertido en él el uso de palabras que le cerraban los caminos. Le dijimos que sí, y esa fue una buena noticia, porque tenía algo concreto para empezar a trabajar.

Por ejemplo, la palabra «pero» tiene el poder de invalidar todo lo positivo que se haya dicho anteriormente. También este otro caso, «tienes mucho talento, pero necesitas trabajar más en tu disciplina», puede hacer que el elogio inicial pierda fuerza enfocándonos más en la crítica que en lo positivo. Otra palabra que puede sembrar dudas es «ojalá». Cuando decimos: «Ojalá consiga ese trabajo», estamos sugiriendo una expectativa, pero también un temor subyacente de que las cosas no salgan como se espera. Además, está la palabra «intentaré», que a menudo se utiliza como intención de compromiso, pero puede llevar consigo una connotación de duda. Por ejemplo: «Intentaré terminar este proyecto a tiempo» sugiere la posibilidad de no lograrlo, lo que puede minar la confianza en nuestras propias habilidades.

Le explicamos a Sebastián que podemos reemplazar estas palabras por otras que abran caminos hacia el éxito en las comunicaciones y la realización. En lugar de decir «pero» podríamos decir «y». Así, en lugar de: «Tienes mucho talento, pero necesitas trabajar más en tu disciplina», podríamos decir: «Tienes mucho talento y puedes mejorar aún más con trabajo duro». Se podría reemplazar el «ojalá» expresando nuestra esperanza de una manera más positiva y afirmativa. En lugar, de decir «ojalá consiga ese trabajo», podríamos pensar en «tengo confianza en que conseguiré ese trabajo». Y en lugar de «intentaré» podríamos comprometernos más firmemente con nuestras acciones. Por ejemplo, en lugar de «intentaré terminar este proyecto a tiempo», decir «haré todo lo que esté a mi alcance para terminarlo a tiempo».

Al cambiar nuestra forma de hablar, también cambiamos nuestra forma de pensar y actuar, abriendo así nuevos caminos hacia nuestras metas y sueños. Y, al practicarlo regularmente, estamos instalando el nuevo hábito del buen uso de las palabras para una comunicación eficiente. Sebastián quiso saber qué otras palabras podían ser reemplazadas y realizamos este listado:

1. **«Nunca»:** esta palabra implica la ausencia total de una acción o evento, lo que puede transmitir una sensación de imposibilidad o falta de esperanza. Por ejemplo: «Nunca podré lograrlo» sugiere una mentalidad derrotista.
2. **«Imposible»:** similar a «nunca», esta palabra sugiere una falta de posibilidad o viabilidad. Por ejemplo: «Es imposible alcanzar ese objetivo» puede desmotivar a alguien antes, incluso, de intentarlo.

3. **«Problema»:** aunque es importante reconocer las dificultades que afrontamos, enfocarse demasiado en los problemas puede llevar a una mentalidad negativa. Muy distinto es decir: «Tengo o tenemos un desafío». A la mente le encantan los desafíos y no le gustan los problemas.
4. **«Difícil»:** aunque es importante ser realista sobre los desafíos que afrontamos, usar la palabra «difícil» en exceso puede llevar a una mentalidad derrotista. Por ejemplo: «Eso parece demasiado difícil» puede desalentar a alguien antes, incluso, de intentarlo.

Sebastián, cada vez más entusiasmado por lo concreto de la propuesta, nos consultó qué formas había para reemplazar esas palabras porque él sentía que las usaba todo el tiempo. Y le dimos estos ejemplos:

1. **«Difícil» puede ser reemplazado por «requiere esfuerzo».** Por ejemplo: «Afrontar esta situación va a requerir esfuerzo y creatividad y estoy seguro de que podemos superarlo juntos».
2. **«Problema» puede ser reemplazado por «un obstáculo» o «una oportunidad para crecer».** Por ejemplo: «En lugar de verlo como un problema, prefiero tenerlo en cuenta como un obstáculo que podemos superar con creatividad y determinación».
3. **«Imposible» puede ser reemplazado, por ejemplo, de la siguiente manera:** «Aunque pueda parecer imposible de alcanzar en este momento, con esfuerzo y perseverancia todo es posible».

4. **«Nunca» puede ser reemplazado por «hasta ahora».** Por ejemplo: «Aunque no lo haya logrado hasta ahora, todavía tengo la oportunidad de hacerlo en el futuro». El mejor ejemplo que conozco de este uso de la palabra, y el que más admiro, es el de Esteban Bullrich, exministro de Educación de la República Argentina y senador de la nación hasta que en 2021 fue diagnosticado con esclerosis lateral amiotrófica (ELA), una enfermedad neurodegenerativa que no tiene cura y cuyos tratamientos son de tipo paliativo. Sin embargo, él dice que la curación existe, solo que hasta ahora no ha sido descubierta.

LA HISTORIA DE ESTEBAN BULLRICH: ¡LA VIDA ES HOY!

Esteban Bullrich es el protagonista de esta historia. Escribir el caso de Esteban (y perdón por la confianza, porque no lo conozco personalmente, pero lo siento tan cercano por su elección de valores que lo considero un amigo) me inspira a ser mejor cada día.

Sentí la necesidad de escribir sobre Esteban a partir de una charla que ofreció en Movistar Arena titulada *La vida es hoy* y que recomiendo muchísimo. A medida que iba escuchando su disertación, anoté algunas de sus enseñanzas que hasta hoy me emocionan. Por eso se las comparto:

«Me di cuenta de que tenía que disfrutar cada momento, que ese disfrutar es una decisión que podemos tomar, es un paso hacia el camino de la cura».

«Lo primero que pienso cuando me despierto es ¿será este el día en que me cure?».

«Dios me dio la enorme oportunidad de ser mejor persona. No me voy a dormir sin haberle ganado una batalla a la ELA. Hoy me voy a dormir con una sonrisa».

«El tiempo es un regalo de Dios, de su Gracia. Perder tiempo en burocracias no es lo que queremos, menos aun cuando se trata de encontrar la cura a esta enfermedad».

«Como dijo San Agustín, "haz planes como si fueras a vivir cien años y vive como si fueras a morir mañana"».

«Nunca dudé del éxito de reunir esfuerzos detrás de un objetivo común».

«Me define mi actitud, no la enfermedad».

Durante la charla, Esteban se emocionó varias veces con la sensibilidad a flor de piel del que habla en carne viva y desde el fondo del corazón. Pero cuando le hicieron la pregunta sobre qué les aconsejaría a las personas que viven una situación adversa se rompió, hizo una pausa larga y dijo que les dejaría esta frase: «La puta que vale la pena estar vivos». Lo repitió a través de la máquina que traduce sus palabras y también invitó a la audiencia a hacer lo mismo a viva voz.

No suelo escribir malas palabras y prefiero no usarlas en mis libros, por supuesto no critico a quien lo hace, simplemente no es mi estilo. Pero en este caso me pareció que no podía cambiar ni una coma de lo que Esteban dijo y lo repetí en voz alta:

¡La puta que vale la pena estar vivos!

Gracias, Esteban.

En este evento, la Fundación Estaban Bullrich logró reunir veinticinco millones de pesos para crear el primer centro argentino especializado en la atención de la enfermedad. Me gustaría preguntarle a Esteban si se aprende a ser feliz. Y creo que me diría que su mujer tiene la respuesta. María Eugenia «Uque» Sequeiros, que lo acompaña siempre junto a sus hijos, dijo: «Esteban vive siempre con una sonrisa. No le escapa a la vida. A pesar de los malos momentos y los llantos somos felices».

Después de leer este testimonio, que representa el mejor uso de las palabras para cambiar realidades y la mejor actitud para atravesar dificultades, me resulta difícil escribir un «ejercicio». Como se dice en las películas, «no más preguntas, señoría». Es como que la vida de Esteban es un compendio de comunicación efectiva-afectiva y un ejemplo de Amor con mayúscula.

De todas formas, lo voy a intentar para que le saquen más el jugo a esta historia y se apropien de ella. ¡Aquí vamos!

Ejercicio: 7 preguntas para entender «que la vida es hoy»

Objetivo: Atravesar desafíos con la mejor actitud.

- ¿Qué significado personal tiene vivir el presente según la filosofía de San Agustín?
- ¿De qué manera afrontar desafíos con una actitud positiva puede reflejar un enfoque proactivo frente a las adversidades?
- ¿Qué papel juegan las palabras en la autodefinición de alguien que está lidiando con una dificultad grande o una enfermedad?
- ¿Cómo te impactan las palabras «vale la pena estar vivo» en tu propia perspectiva sobre la vida?
- ¿Qué lecciones sobre la vida y la actitud puedes aprender de historias de personas que afrontan grandes desafíos y cómo podrías aplicar estas lecciones en tu propia vida?

- ¿Cómo puedes incorporar el concepto de vivir plenamente en el presente en tus actividades diarias y decisiones importantes?
- Si tuvieras que elegir alguna frase inspiradora sobre vivir el presente, ¿cuál elegirías y por qué?

LA HISTORIA DE ANDREA

Andrea era una mujer excepcional conocida por su amabilidad y generosidad. Sin embargo, a medida que los años pasaban, comenzó a notar que su energía disminuía gradualmente. Atribuyendo esto a su edad, empezó a expresar comentarios desalentadores como «pues bueno, ya a esta edad...», con un tono de resignación. Aunque solo tenía sesenta años se veía a sí misma como si estuviera en el tramo final de su vida.

Al comenzar a trabajar juntas, pronto notamos un patrón en la forma en que se comunicaba con los demás: su muletilla era la palabra «lamentablemente». La utilizaba con frecuencia para justificar situaciones como no poder asistir a una comida, la falta de visitas de sus hijos o la disminución en las ventas de sus productos, ya que también era emprendedora. Esta actitud general negativa estaba afectando a su estado de ánimo y su perspectiva sobre la vida.

Nos dimos cuenta de que necesitábamos intervenir y ayudar a Andrea a cambiar su forma de comunicarse y, por ende, su perspectiva sobre la vida. Comenzamos por hacerle notar el poder de las palabras y cómo estas podían estar influyendo en su estado de ánimo, en la percepción que tenía de su propia vida y en su suerte. Para empezar, le enseñamos a reemplazar el «lamentablemente» con expresiones más positivas y constructivas, lo que gradualmente comenzó a cambiar su forma de pensar y de afrontar las situaciones cotidianas.

Con el tiempo, Andrea comenzó a sentirse más optimista y esperanzada. Se dio cuenta de que aún tenía mucho por delante y que podía afrontar los desafíos con una actitud positiva y proactiva. Su energía y vitalidad aumentaron y empezó a disfrutar más de las pequeñas cosas de la vida. El cambio en su forma de comunicarse no solo transformó su perspectiva, sino también su calidad de vida en general.

CONVERSACIONES DE LA MALA SUERTE

Las lamentaciones

Vimos que la queja es una de las conversaciones de la mala suerte, porque nunca nos va a llevar a buen puerto. ¿Hay otras? Claro que sí. Como le explicamos a Andrea: si en una conversación usamos la palabra «lamentablemente» sabemos que lo que sigue es «un bajón». El «lamentablemente» precede a la comunicación de algo negativo, pesado, difícil y lamentable. Me dirás: ¿Qué tiene de malo? ¡Porque en la vida hay muchas cosas así! Lo que tiene de malo es que la palabra en sí misma condiciona la experiencia de lo que nos sucede. Recordemos: no es tanto lo que nos pasa, sino lo que nosotros hacemos con lo que nos pasa lo que determina la experiencia que tengamos.

La palabra «lamentablemente» nos introduce al tema de las lamentaciones, prima hermana de la queja, pero con sus propios matices.

La queja es como un gruñido, la lamentación es como un «lloriqueo». Fíjense que no digo «llorar», que es una expresión absolutamente válida y necesaria, por ejemplo, para la tristeza o el duelo de la pérdida de algo o alguien importante. Tampoco nos referimos al origen de la palabra, ya que lamento viene de «llanto» y está asociado a cosas graves o extremas como un accidente, por ejemplo, ocasión en la que se dice con propiedad «lamentablemente no hay supervivientes».

Cuando hablamos de lamentaciones (en el contexto de este capítulo, donde estamos haciendo foco en el uso de las palabras y sus consecuencias) nos referimos al lamento liviano, rumiante y constante que refleja una expresión continua de pesar o padecer ante situaciones que podrían no ser tan significativas. Y por eso, muchas veces, se usa la palabra «lamentablemente» a la ligera, como la solía usar Andrea, sin saber que de entrada está generando un escenario negativo.

Veamos algunos ejemplos:

En el trabajo:

- «Lamentablemente, olvidé enviar el informe a tiempo». Este tipo de expresión puede alimentar una mentalidad de derrota o falta de responsabilidad en el entorno laboral. En lugar de buscar soluciones o aprender de los errores, se enfatiza el aspecto negativo de la situación.

En relaciones personales:

- «Lamentablemente, no podré acompañarte esta noche al evento». Al usar esta frase a menudo, se puede crear un ambiente de decepción constante en las relaciones generando resentimiento o sensación de mala suerte.

En situaciones cotidianas:

- «Lamentablemente, llovió y se arruinó nuestra barbacoa en el jardín». Atribuir los contratiempos a la mala suerte puede crear una mentalidad de víctima y hacer que las personas se sientan impotentes ante las circunstancias, en lugar de buscar soluciones alternativas o adaptarse a la situación.

Al usar «lamentablemente» para introducir noticias que podrían no ser tan graves, se refuerza una mentalidad de negatividad y derrota, lo que puede influir en cómo percibimos las situaciones y cómo respondemos ante ellas. Esto puede crear un ciclo de pensamiento negativo que potencialmente atraiga más situaciones desafortunadas, generando así un efecto de mala suerte autoinducido. Es importante ser consciente de cómo usamos el lenguaje para no caer en patrones que refuercen una mentalidad negativa.

Las críticas

El término «crítica» tiene sus raíces en el griego *kritikē*, que significa «el acto de juzgar». Desde esta perspectiva etimológica, las críticas pueden considerarse como juicios sobre algo, señalando lo que se percibe como negativo o deficiente en una situación, obra, acción o persona.

Por lo tanto, las críticas nos hacen enfocarnos en lo negativo, en lo que nos falta o en lo que no está bien en detrimento de los aspectos positivos, de lo que está funcionando bien o de lo que ya hemos logrado. Esta tendencia a resaltar lo negativo puede llevarnos a dar por sentado lo positivo, pasando por alto los logros, los esfuerzos o los aspectos satisfactorios de la situación.

Aunque existe el concepto de críticas que estarían destinadas a proporcionar información útil para ayudarnos a crecer y mejorar, la mayoría de las veces son percibidas como simples señalamientos de defectos o errores, sin un enfoque en el desarrollo personal o profesional. Incluso cuando se presentan como «críticas constructivas» a menudo están precedidas por una sensación negativa, lo que puede predisponernos a esperar lo peor.

Pero entonces ¿qué podemos hacer cuando tenemos que señalar algo que necesita corrección o mejora? Me han hecho mil veces esta pregunta en el ámbito educativo y empresarial. Aquí te quiero enseñar el principio que construye a la persona y propicia su mejora: «Separar el hecho de la persona». Cuando quieras que tu comentario vaya a buen puerto, es importante que entiendas esta distinción. Por ejemplo:

- «Eres un desordenado, este informe está hecho un desastre». Apunta a la persona, atenta contra su autoestima. Mira cómo cambia al decir «este informe está desordenado, podrías organizar mejor la información para que sea más fácil de entender». Apunta al hecho, tiende un puente para encontrar la solución.
- «Tu gramática es terrible, ¿no sabes escribir?». Hace referencia a la persona, daña su autoestima. En cambio, qué distinto es decir «tu ensayo tiene varios errores gramaticales que podrías corregir si lo lees detenidamente». Aquí se señala el hecho y ofrece una solución.
- «Esta presentación es muy básica, ¿no puedes hacer algo mejor?». Este comentario señala a la persona y usa el sarcasmo. Mira qué distinto es expresarlo así: «Tu presentación fue solo informativa y creo que podrías profundizar más en algunos puntos clave para ofrecer una perspectiva más completa». Se muestra el hecho a mejorar y ofrece una posible solución.

La clave es separar el hecho —como la calidad del trabajo— de la persona, su valía personal o habilidades. Al enfocarnos en los aspectos específicos que se pueden mejorar sin atacar a la persona, se fomenta un ambiente de aprendizaje y crecimiento tanto en el ámbito empresarial como en el académico. Las palabras crean realidades: cuando señalamos un hecho a mejorar y ofrecemos alguna idea de solución es como si le dijéramos a la persona: «Yo creo en ti, creo que eres capaz de hacerlo mejor. Creo que eres más que este intento fallido». ¿Te imaginas lo que eso genera en la persona? Que crezca, que tenga ganas de hacer las cosas mejor y, por supuesto, que mejore su buena suerte. Así de simple es.

Sigamos profundizando en el poder de las palabras, en cómo decir las cosas para obtener los mejores resultados. Llegó la hora de hablar del poder del reconocimiento, ese poder que muy pocas veces sabemos usar.

CONVERSACIONES DE LA BUENA SUERTE

Las conversaciones de la buena suerte y el reconocimiento comparten un vínculo profundo en la manera en que influyen en nuestras vidas y relaciones. Al igual que las palabras tienen el poder de dar forma a nuestra percepción y experiencia, el reconocimiento genuino y oportuno tiene el potencial de transformar la dinámica interpersonal y fortalecer los lazos emocionales. En esta sinergia entre conversaciones positivas y reconocimiento efectivo se encuentra una receta poderosa para cultivar un entorno propicio para el crecimiento personal y profesional, donde la buena suerte es más que una casualidad, es una consecuencia natural del aprecio y la valoración mutua.

Se trata de una herramienta poderosa en entornos empresariales que implica expresar aprecio y gratitud hacia las personas por sus contribuciones, logros o cualidades positivas. Reconocer de manera efectiva el trabajo duro, la creatividad, la dedicación y otros aspectos positivos puede tener numerosos beneficios tanto para los individuos como para las organizaciones en las que trabajan. Un estudio realizado por Gallup reveló que el reconocimiento en el trabajo está estrechamente relacionado con el compromiso y la productividad de los empleados. Los empleados que reciben palabras de reconocimiento regularmente son más propensos a estar comprometidos con su trabajo, a esforzarse por alcanzar metas y a mostrar una mayor iniciativa. El principio ya lo conocemos: enfocarnos en algo que haga que eso crezca.

Y no solo es importante en los ambientes laborales, es importante en el ámbito personal. El reconocimiento es muy importante para mantener engrasada una relación de amistad y en una relación de pareja es fundamental. De hecho, una de las principales causas de ruptura en las parejas es la falta de reconocimiento. Es como tomar al otro por sentado, sin prestar atención a sus esfuerzos, detalles y actitudes positivas. Algunas consecuencias de falta de reconocimiento son: la desconexión emocional que hace que la relación se vuelva fría o distante, una suerte de resentimiento o enojo que se acumula con el tiempo y la baja autoestima de la persona que no es reconocida; la comunicación empobrecida porque la relación está deteriorada y la eventual y muy común necesidad de validación fuera de la pareja.

Pasemos ahora, entonces, a revelar los ingredientes del reconocimiento que es el factor clave para las conversaciones de la buena suerte.

LOS «SECRETOS» DE UN RECONOCIMIENTO EFECTIVO

- **Merecido:** la persona se tiene que sentir «merecedora» de ese reconocimiento que tiene un impacto positivo haciendo que esta se sienta valorada, motivada y apreciada por cosas que ha logrado.
- **Específico:** detallar qué acción o cualidad se está reconociendo, cuantos más ejemplos mejor. La persona se tiene que poder identificar con el comportamiento señalado.
- **Sincero:** es muy importante que el reconocimiento sea genuino, no puede ser algo falso o exagerado para complacer o manipular. Es algo que tiene que surgir del corazón y no puede ser usado como una técnica.
- **Simple:** a menudo son los gestos más simples y sinceros los que tienen el mayor impacto en las personas. No es necesario que el reconocimiento sea extravagante para ser efectivo. Pequeños gestos de aprecio, como escribir una nota de agradecimiento o decir frente a otros el motivo de reconocimiento, pueden ser de alto impacto.
- **Inmediato:** o lo más cercano posible al momento en que ocurrió el hecho positivo, logro o contribución. Si pasa demasiado tiempo, pierde efecto.

Seguro que has notado la palabra que se forma al leer las iniciales de las características del reconocimiento efectivo «MESSI». ¿Por qué inventé este acrónimo? Porque el reconocimiento es como la sal de la vida, es esencial para darle sabor a nuestras relaciones. Al asociarlo con nuestro querido Messi, la sal de Argentina, ejemplo de valores esenciales, que ha convertido el reconocimiento en una actitud de vida, no tengo duda de que te será algo fácil de recordar.

Ejercicio: el reconocimiento como práctica del hábito de la comunicación efectiva

Objetivo: Llevar el reconocimiento a la práctica.

- Elige a una persona a quien quieras hacer un reconocimiento efectivo. Puede ser alguien de tu entorno familiar o laboral.
- Escribe el reconocimiento siguiendo la fórmula MESSI.
- Busca un momento adecuado para expresarlo, personalmente si es posible o, también, puede ser de forma escrita. Ambas modalidades tienen valor.
- Sé lo más específico y detallista que puedas.
- Observa el impacto de tus palabras: si ha sido presencial podrás notarlo de inmediato; si ha sido algo escrito, espera y verás que volverá algo muy positivo.
- Recuerda que el reconocimiento efectivo favorece el bienestar emocional del que lo recibe y del que lo emite porque obliga a tu cerebro a enfocarse en lo bueno y, de alguna manera, va a hacer que eso aumente.

- Es una práctica para hacer una vez por semana hasta que se convierta en un nuevo hábito: algo natural, tu segunda piel, como decimos en este libro, es decir parte de tu identidad.

LA HISTORIA DE TOMÁS

Tomás fue padre cuando ya tenía casi cincuenta años. No estaba acostumbrado a prestar mucha atención a un niño pequeño. Y su esposa señalaba esto mismo con frecuencia. Él solía responder, excusándose: «Es pequeño, no vamos a tener conversaciones profundas. Ya habrá tiempo para eso».

El tema es que hacía mucho tiempo que Tomás se había literalmente sumergido en el mundo digital y, cuando no estaba en su trabajo, permanecía absorto en su móvil la mayor parte del tiempo. A medida que su hijo crecía, Tomás seguía sin prestar demasiada atención a su hijo, ya que su cabeza estaba constantemente dividida entre los *reels* de Instagram, los audios de sus amigos y los asuntos del trabajo.

La relación entre padre e hijo comenzó a deteriorarse gradualmente. A pesar de los intentos de su hijo por comunicarse, Tomás apenas levantaba la mirada de su pantalla, respondiendo con monosílabos o, en el peor de los casos, ignorando por completo las palabras de su hijo. La situación era similar con su esposa, cuyos intentos de conversación también caían, la mayoría de las veces, en oídos sordos. Para Tomás, su mantra era repetir constantemente tres frases: «No tengo tiempo, no tengo dinero y no tengo suerte». Estas palabras se habían convertido en una especie de excusa para justificar su desconexión con el mundo que lo rodeaba, incluyendo a su familia. Sin embargo, poco a poco, comenzó a darse cuenta del precio que estaba pagando por su falta de atención y conexión emocional.

Un día, durante una comida familiar, su hijo, ahora de diez años —a instancias de su madre—, intentó contarle emocionado algo que había conseguido en la escuela, lo cual no era poca cosa porque la escuela era algo que le costaba y mucho. Sin embargo, Tomás apenas levantó la mirada de su teléfono, murmurando un «qué bien», y sin más volvió a dirigir la mirada a su pantalla. Sus palabras sonaron mecánicas y vacías de contenido. Su hijo se dio cuenta y empezó a llorar. Y le dijo «nunca más te contaré nada». Fue entonces cuando Tomás fue consciente del daño que su falta de atención estaba causando en su relación con su hijo y su familia en general.

Decidido a cambiar, se propuso hacer un esfuerzo consciente para conectarse emocionalmente con su familia. Se puso como objetivo dedicar tiempo de calidad para estar presente en las conversaciones con su hijo. Quería mostrar interés genuino en sus asuntos y preocupaciones, pero no estaba seguro de cómo hacerlo. Como primer paso le dijimos que cuando estuviera con su hijo se alejara del móvil. Y luego le enseñamos los principios de la escucha activa o empática, como antídoto del hábito de conectarse al móvil, que era lo que lo estaba llevando a perderse la relación con su hijo.

LA ESCUCHA ACTIVA, LA LLAVE DE LA COMUNICACIÓN EFECTIVA-AFECTIVA

La escucha activa o empática es una habilidad fundamental en la comunicación efectiva y afectiva. Se trata de un proceso en el que el oyente (Tomás) se compromete activamente a comprender el mensaje del hablante (su hijo) mostrando empatía, atención y respeto. La escucha activa no solo implica oír lo que se dice, sino también entender las emociones, captar el significado detrás de las palabras y responder de manera adecuada y reflexiva. Por eso escuchar es algo que no es mecánico, no lo puedes hacer mientras estás mirando tu teléfono, fue lo primero que le explicamos a Tomás.

Si bien oír es un proceso biológico que implica la capacidad de percibir sonidos a través del sistema auditivo, escuchar va más allá de la mera recepción de sonidos. Escuchar implica un proceso activo y consciente en el que se presta atención a las palabras y se interpreta su significado. Escuchar implica también el uso del cerebro para comprender y procesar lo que se está escuchando, y del corazón para decodificar lo que la otra persona está sintiendo.

Porque la escucha activa es fundamentalmente empatía y comprensión: se trata de entender las emociones, necesidades y perspectivas de quien nos está hablando. La escucha activa implica mostrar interés genuino en lo que la otra persona está comunicando y responder de manera apropiada y reflexiva. Escuchar es realmente uno de los actos humanos que más hacen sentir importantes a las personas. Y era lo que más necesitaba Tomás para volver a conectar con su hijo.

Para facilitar este proceso, le dimos a Tomás diez pautas para practicar la escucha activa. También lo escribimos para que quien lea este libro lo pueda llevar a la práctica para consolidar el hábito de la comunicación efectiva-afectiva.

- **Establece límites con el teléfono:** dedica momentos específicos del día para revisarlo y establece límites claros como no usarlo durante las comidas familiares o al interactuar con tus hijos.

- **Mantén contacto visual:** cuando tu hijo esté hablando contigo asegúrate de mantener contacto visual para mostrarle que estás prestando atención y que valoras lo que tiene que decir. La distancia óptima es la de un brazo extendido, no estar demasiado cerca ni demasiado lejos. En el caso de los adolescentes, a veces se puede realizar mientras van en el coche; en ocasiones esta es una buena estrategia porque a algunos jóvenes les puede resultar un poco intimidante hablar de frente.
- **Elimina distracciones:** uno de los obstáculos más frecuentes de la escucha activa son las distracciones. Apaga las notificaciones del teléfono o ponlo en silencio mientras estés interactuando con tu hijo para poder enfocarte completamente en la conversación.
- **Haz preguntas o frases abiertas:** anima a tu hijo a expresarse libremente haciéndole preguntas abiertas que fomenten una conversación más profunda y significativa. Una gran frase para fomentar conversaciones, especialmente con chicos adolescentes, es: «cuéntame más».
- **Refleja lo que dice:** para demostrar que estás escuchando activamente, repite de vez en cuando lo que tu hijo ha dicho para confirmar que lo has entendido correctamente y animarlo a seguir hablando. Por ejemplo: «Lo que estás diciendo es que...», y repite lo que escuchaste para validarlo.
- **Valida sus emociones:** reconoce y aprueba las emociones de tu hijo durante la conversación para que se sienta comprendido y

apoyado. Por ejemplo: «entiendo cómo te sientes, debe ser duro que no te inviten a una fiesta».

- **Practica la empatía:** intenta ponerte en el lugar de tu hijo y comprender sus perspectivas y sentimientos, incluso si no estás de acuerdo con ellos. Luego puedes darle *feedback*, es decir, darle tu punto de vista pero, primero, practica la empatía.
- **Evita interrumpir:** permítele a tu hijo terminar de hablar antes de responder o interrumpir la conversación. Esto muestra respeto por su punto de vista y le brinda la oportunidad de expresarse completamente. Este punto es fundamental, solemos completar la frase cuando tardan un poquito o interrumpir para decir lo que nosotros pensamos por nuestra propia ansiedad. La impaciencia es otro gran obstáculo para la escucha activa y empática.
- **Haz un esfuerzo por conectar:** muestra interés genuino en lo que tu hijo está diciendo y realiza un esfuerzo consciente por conectar con él a un nivel más profundo. Para que sea más fácil, pon la intención clara de conectar antes de iniciar la conversación.
- **Practica la escucha activa regularmente:** la escucha activa es una habilidad que se desarrolla con la práctica constante, así que practícala regularmente y sé paciente contigo mismo mientras aprendes y creces en esta área.

En resumen, una de las mejores maneras de conectar con otra persona es escucharla atentamente. Le hará sentir que sus palabras y sus sentimientos son importantes. **Le hará sentir importante.** La escucha activa o empática promueve el fortalecimiento de los vínculos. Los elementos que la componen son de sentido común: mostrar interés genuino, hacer preguntas abiertas, validar las emociones y dar *feedback*. ¿Cuáles son los beneficios de practicar este hábito?: más comunicación, menos conflictos, más confianza.

Ejercicio: escucha activa o empática

Practicar la escucha empática es mucho más que una técnica, es una actitud de vida. Te invitamos a que te comprometas a hacer una práctica continua en tu vida diaria, reconociendo que es un hábito que se puede desarrollar y mejorar con el tiempo en forma deliberada. Esta semana dedica al menos diez minutos al día a practicar la escucha empática con alguien cercano. Escucha sus preocupaciones, valida sus emociones, intenta comprender su perspectiva sin juzgar. Observa cómo cambian tus interacciones y relaciones, cómo te sientes al hacerlo.

CONCLUSIÓN

«En el principio fue el Verbo», dice el Génesis en la Biblia y, desde entonces, las palabras se consideran como generadoras de realidades. Cada expresión, cada conversación moldea nuestra percepción del mundo y nuestro bienestar emocional. En este inmenso poder de la palabra reside el secreto de nuestra felicidad.

¿Quién podría imaginar que un simple «pero» podría invalidar todo lo positivo que se haya dicho anteriormente?, ¿o que un inocente «ojalá» encerrara en sí mismo el miedo al fracaso? Las palabras tienen el poder de construir puentes hacia el éxito o erigir muros de dudas en nuestra mente. Son las guardianas de nuestras esperanzas y las carceleras de nuestros sueños. En el transcurso de la vida, nos encontramos con palabras que parecen inocuas, pero que tienen un impacto profundo en nuestro ser. «Nunca», «imposible», «difícil», «lamentablemente» son solo algunas de ellas, sembrando semillas de desaliento en nuestro camino. Sin embargo, la vida nos enseña que lo que realmente importa no es lo que nos sucede, sino cómo elegimos responder a ello: es decir, lo que interpretamos y nos decimos frente a lo que acontece es lo que determinará cómo lo vivamos. Encontramos inspiración en aquellos que desafían las adversidades con palabras llenas de esperanza, que nos recuerdan que vale la pena estar vivos y luchar por nuestros sueños.

Las conversaciones que elegimos tener en gran parte definen nuestro destino. Las conversaciones de la mala suerte, como la queja y la crítica, nos atan a un ciclo de negatividad que nos aleja de la felicidad y dañan nuestra salud. En cambio, las conversaciones de la buena suerte, como el reconocimiento efectivo y la escucha empática, nos elevan a nuevas alturas de conexión humana. La escucha activa, esa habilidad que implica empatía y comprensión, es el puente que une corazones y mentes. No se trata solo de oír, sino de entender las emociones, necesidades y perspectivas de quienes nos rodean. Escuchar es uno de los actos humanos más poderosos que nos hace sentir importantes y valorados. Al practicar la escucha activa, abrimos las puertas a una comunicación más profunda y significativa. Más comunicación, menos conflictos, más confianza: estos son los frutos de este hábito poderoso.

En resumen, el hábito de la comunicación efectiva-afectiva, donde las palabras son las protagonistas, son nuestra herramienta para dar forma al mundo que nos rodea y a nuestras propias vidas. Cada palabra que elegimos es una semilla que plantamos en el jardín de nuestro destino. Que nuestras conversaciones estén impregnadas de empatía y comprensión para que podamos cosechar un futuro de conexión y felicidad compartida.

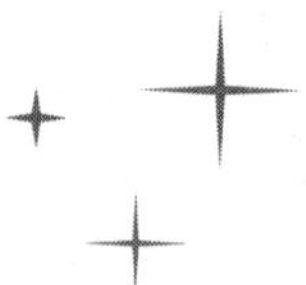

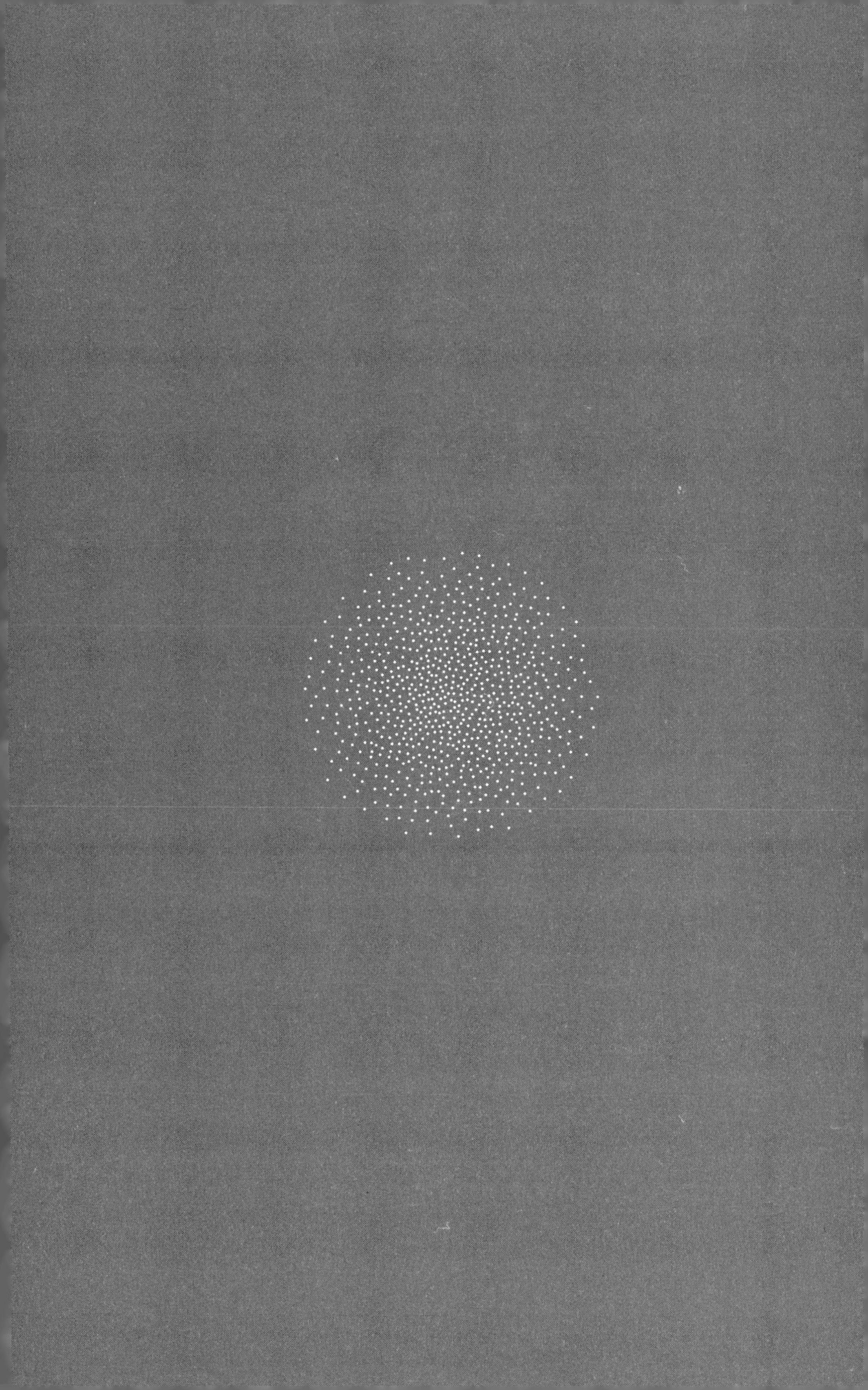

HÁBITO #6

EL TIEMPO DE CONEXIÓN CON UNO MISMO

EL ANTÍDOTO CONTRA EL HÁBITO DE LA ANSIEDAD

¿Alguna vez te detuviste a pensar cuánto tiempo pasas conectado contigo mismo? No me refiero a esos momentos en los que estás pegado a tu móvil, deslizando pantallas sin cesar o revisando emails. Hablo de esos momentos en los que te sumerges en tu propio mundo interior desconectando del ruido del mundo exterior. Sí, esos momentos en los que realmente te conectas contigo mismo.

Puede que te sorprenda, pero en la vorágine de la vida moderna este tipo de conexión personal a menudo queda en segundo plano. Estamos tan acostumbrados a la conectividad instantánea y virtual que nos olvidamos de la importancia de la conexión interna. Y quiero contarte un secreto: este tiempo de conexión con uno mismo es el antídoto perfecto contra la ansiedad y el estrés que nos rodean.

Imagina desconectar del mundo exterior, incluso por unos minutos al día, y sumergirte en tu propia compañía. Sin notificaciones de WhatsApp ni presiones externas que te distraigan. Estás ahí, con tus pensamientos, tus emociones, tus sueños.

En este mundo donde todo se mueve a una velocidad vertiginosa, tomarse un momento para conectarse consigo mismo puede parecer un lujo. Pero te aseguro que es una necesidad. Por lo menos, así lo vivo yo que soy alguien a quien le cuesta practicar este hábito. Así que te invito a que descubramos juntos de qué se trata. Estoy segura de que valdrá la pena.

SIN CONCIENCIA NO HAY CAMBIO POSIBLE

Autodiagnóstico inicial

En una escala del 1 al 10, donde 1 es el nivel más bajo de «conexión con uno mismo» y 10 es el más alto, ¿en qué nivel te encuentras hoy en tu conexión contigo mismo?».

Ahora piensa dónde te gustaría estar en esta escala al finalizar la lectura de este libro. ¿Cuál sería tu meta o nivel ideal de conexión contigo mismo dentro de un mes, por ejemplo?

Finalmente, imagina cómo te gustaría que fuera tu nivel de conexión contigo mismo dentro un año de poner en práctica las enseñanzas de este hábito. ¿Qué nivel te gustaría alcanzar en ese momento?

LA HISTORIA DE JUAN PABLO

Juan Pablo vivía ocupado. Desde que se despertaba hasta que se acostaba su vida era una carrera frenética por mantenerse activo. Para él, tener cada hora del día programada era una necesidad absoluta. Si no estaba ocupado se sentía inquieto, incompleto. Siempre estaba buscando más cosas que hacer para sentir que estaba siendo productivo y que avanzaba. Según él mismo decía «vivo a mil» (es decir a 1000 km por hora). Juan Pablo se había convertido en un esclavo de su propia agenda. Y su mantra era simple pero revelador: «Estoy estresado».

Curiosamente no decía esas palabras con pesar, sino casi con orgullo. Para él, el estrés era sinónimo de éxito, de estar en constante movimiento, de ser alguien importante. Sus amigos intentaban hacerle ver que necesitaba «bajar una marcha», pero él simplemente no podía. Aunque más de una vez había intentado calmar su mente con clases de meditación, yoga u otras actividades similares siempre terminaba abandonándolas. En el fondo le parecían una pérdida de tiempo, un lujo que no podía permitirse en su búsqueda interminable de productividad.

Sin embargo, a medida que el tiempo pasaba y superó los cincuenta años comenzó a notar un cambio en su perspectiva. A pesar de todas sus ocupaciones, ya no sentía que estuviera progresando realmente. La satisfacción que solía encontrar en sus logros se desvanecía dejando espacio para una emoción abrumadora: la ansiedad.

Fue entonces cuando comenzó a sentir la necesidad de un cambio. Se dio cuenta de que lo que realmente necesitaba no eran más ocupaciones, sino más tiempo consigo mismo. Era un terreno desconocido para él, pero también era la única salida de su ciclo interminable de estrés y preocupación.

Como Juan Pablo era fan de los deportes y de los empresarios con éxito, le comentamos algunos casos de personas muy conocidas que le dan un lugar importante al tiempo de conexión con uno mismo.

DEDICAR TIEMPO DE CONEXIÓN CON UNO MISMO NO ES PERDER EL TIEMPO

Al conversar con Juan Pablo, nos dimos cuenta de que el principal prejuicio que tenía para hacer cualquier práctica de conexión consigo mismo era creer que estaba perdiendo el tiempo. En su familia eso era «pecado mortal». Entonces investigamos un poco y descubrimos algunos casos que lo dejaron impactado. Arrancamos con uno de sus ídolos:

Steve Jobs

En su biografía, Jobs menciona repetidamente la meditación como un factor importante para él en su vida de empresario porque «si te sientas y observas, verás lo inquieta que está tu mente. Si intentas calmarla, solo la empeoras, pero con el tiempo se calma. Cuando eso sucede hay espacio para escuchar cosas más sutiles; es entonces cuando tu intuición comienza a florecer y empiezas a ver las cosas con más claridad, a estar más presente. Tu mente simplemente se ralentiza y experimentas una tremenda expansión en el momento. Ves mucho más de lo que podías ver antes. Es una disciplina, tienes que practicarla».

Y ya que estamos con los tecnológicos, vamos con otro caso, que lo sorprendió:

Bill Gates

Bill Gates compartió en su blog *Gatenotes* que se vio intrigado por explorar estos temas después de enterarse de diversas investigaciones. Aunque siempre ha sido conocido como un hombre pragmático y orientado a resultados, se sintió atraído por la promesa de beneficios tangibles que ofrece esta práctica. Al leer acerca de cómo la meditación, por ejemplo, puede influir en la claridad mental, la toma de decisiones efectiva y la gestión del estrés, Gates sintió que valía la pena explorar esta dimensión de su vida. Y pasó de ser un escéptico —ya que lo vinculaba al misticismo o a prácticas esotéricas— a ser un practicante regular de lo que considera como un ejercicio de la mente. Según él con solo hacerlo diez minutos al día es suficiente. Con ese dato, Juan Pablo empezó a pensar que él también lo iba a poder hacer.

Como también es fan de los deportes, le ofrecí estos ejemplos:

Kobe Bryant

La leyenda del baloncesto de Los Angeles Lakers reconoció en más de una ocasión que meditaba todas las mañanas. En sus palabras: «Es como tener un ancla. Si no lo hago, es como si estuviera constantemente persiguiendo el día... Tengo calma y compostura. Eso viene de empezar el día con meditación... Para mí, la meditación es realmente escuchar mi yo interior».

Rafa Nadal

El gran tenista español asegura que la relajación y desconectar es tan importante como entrenarse. «En mi caso, hago yoga y meditación para entrenarme a controlar mis emociones en los momentos decisivos de un partido. Nunca he roto la raqueta en un momento de emoción, nunca me he comportado de forma alocada. Nunca me quejo y nunca me rindo. Esa es mi filosofía sobre el deporte en general».

Novak Djokovic, «Nole»

El genial tenista serbio, número uno del tenis hoy, dijo: «La meditación es realmente importante para mí: es uno de los puntos principales en mi día a día, no solo en los entrenamientos o en mi carrera tenística. He incorporado aspectos de la meditación a mis rutinas diarias, me hacen sentir bien. La respiración consciente, el *mindfulness*... como atletas profesionales siempre estamos activos: necesitamos muchas dosis de energía en la pista, un nivel altísimo de concentración y creo que las tecnologías de hoy en día y las distracciones que tenemos no nos permiten prestar la necesaria atención a relajarnos, respirar, recargar pilas y centrarnos en nosotros mismos».

A Juan Pablo le tocó de cerca esa idea de «recargar las pilas». Le habíamos dicho que, así como no dejaría un día su móvil sin cargar, él también necesitaba encontrar alguna práctica que le «recargara sus pilas» todos los días, lo mismo que dijo Nole.

ESTAR PRESENTES

Con todos estos datos le propusimos empezar a explorar diferentes disciplinas, arrancando con un ejercicio de atención plena (*mindfulness*) y meditación para que lo pudiera incorporar a sus hábitos diarios como rutina de inicio o final del día. Lo elegí como primera práctica, siguiendo la regla de James Clear: que sea fácil. A continuación, el ejercicio diseñado nada menos que por Thich Nhat Hanh, monje zen, escritor y activista por la paz, a quien admiro mucho. Él pone el acento en la práctica de «estar presentes», es decir, brindar atención a cada momento de la vida.

Antes de empezar nuestras conferencias, con Florencia solíamos decir a la audiencia que repitiera con nosotras las palabras «aquí, ahora, este momento», como una invitación práctica a estar presentes. Creo que en gran parte el éxito que teníamos se debía a ese «anclaje» en el presente. Según Thich solo al estar presentes en el momento actual podemos encontrar paz interior y satisfacción genuinas. Es lo que nos permite liberarnos de las preocupaciones del pasado y la ansiedad por el futuro. Y se puede conseguir simplemente con la respiración consciente. Juan Pablo nos preguntó si se trataba solo de eso. Le explicamos que sí. Por eso lo invitamos a realizar este ejercicio y también te invitamos a ti, para estar presente aquí y ahora, entrenar la mente y estar consciente en cada respiración.

Ejercicio: estar presentes (duración: menos de dos minutos)

Respiramos lentamente y repetimos con consciencia estas palabras:

Inhalo, exhalo.
Profundamente, lentamente.
Con calma, con tranquilidad.
Sonrío, suelto.
Momento presente.
Momento maravilloso.

Este simple ejercicio de estar presentes a través de la respiración, que dura menos de dos minutos, se adapta a «la regla de los dos minutos» que consiste en hacer que los hábitos sean lo más fáciles posibles, es decir que ¡no haya excusas para no hacerlo!

La idea detrás de estar presente es que la mayoría de nuestras preocupaciones y ansiedades provienen de la mente divagando hacia el pasado o el futuro, en lugar de centrarse en el momento presente. Al practicar la presencia, uno puede experimentar una sensación de calma y claridad mental así como una mayor conexión consigo mismo y con los demás. Estar presentes es otra manera de llamar a lo que hoy se conoce como *mindfulness* —que puede traducirse como atención plena— es un estado mental que se caracteriza por **«prestar atención intencional al momento presente, sin juzgar»** (Jon Kabat-Zinn).

Hay varias técnicas y prácticas que pueden ayudar a cultivar la presencia, como la meditación, la respiración consciente, el yoga, la práctica de la gratitud, *mindfulness,* que es una forma de meditación, y, simplemente, prestar atención consciente a las actividades cotidianas.

¿QUÉ DICE LA CIENCIA?

Según la Mayo Clinic, una de las instituciones médicas más prestigiosas y reconocidas a nivel mundial por realizar investigación médica, «la meditación puede darte una sensación de calma, paz y equilibrio que puede mejorar tu bienestar emocional y tu salud general. También sirve para relajarte y afrontar el estrés, ya que te permite concentrarte en algo que te calma. La meditación puede ayudarte a aprender a mantenerte centrado y a conservar la paz interior. Cuando meditas, puedes despejar la sobrecarga de información que se acumula todos los días y contribuye a tu estrés».

Los beneficios emocionales y físicos de la meditación incluyen los siguientes:

- Brindarte una nueva perspectiva sobre las cosas que te causan estrés
- Adquirir habilidades para controlar el estrés
- Hacer que tengas más autoconciencia
- Enfocarte en el presente
- Reducir los pensamientos negativos
- Ayudar a que seas más creativo y más paciente
- Disminuir la frecuencia cardiaca en reposo
- Disminuir la presión arterial en reposo
- Ayudar a dormir mejor

La meditación puede ser tan simple como práctica de respiración consciente, o con más matices como la meditación guiada, meditación con cánticos, meditación caminando, meditación de atención plena llamada *mindfulness*. Se usa cada vez más en los entornos laborales para que las personas ganen concentración, control emocional y claridad mental.

Todas estas prácticas pueden tener beneficios significativos para la salud mental y emocional y promueven una sensación general de bienestar.

MEDITAR ES ESTAR PRESENTES

Estar presente no significa ignorar completamente el pasado o el futuro, sino reconocerlos y aceptarlos sin dejar que dominen nuestra experiencia en el momento presente. Es un enfoque que puede llevar tiempo y práctica, pero los beneficios de vivir en el momento presente pueden ser profundos y transformadores para nuestra vida diaria.

Eckhart Tolle es conocido por su profunda comprensión y enseñanzas sobre la importancia de estar presente. En su libro El poder del ahora explora cómo el sufrimiento humano es en gran parte el resultado de la identificación con la mente, como que nosotros somos la mente y nos identificamos con todo lo que pensamos; y también la falta de conexión con nosotros mismos y con el momento presente.

Tolle argumenta que la mayoría de las personas están atrapadas en una corriente interminable de pensamientos sobre el pasado y el futuro, lo que genera ansiedad, estrés y sufrimiento. Según él, la verdadera liberación y la paz interior se encuentran en el ahora, en estar plenamente presentes en cada momento. Para Tolle, estar presente significa estar consciente de nuestra experiencia en el momento presente sin identificarnos con nuestros pensamientos. Nos insta a prestar atención plena a nuestras sensaciones corporales, emociones y el entorno que nos rodea, sin juzgar ni resistir lo que surge.

Tolle enseña que, al estar presentes, podemos liberarnos del sufrimiento mental y emocional, experimentando una sensación de paz y serenidad que va más allá de las circunstancias externas. De nuevo, y desde otra perspectiva: no son las circunstancias, sino lo que nosotros hacemos lo que determina la calidad de experiencia que vamos a tener. Y nos invita a practicar la presencia en nuestra vida diaria, cultivando una conexión más profunda con nuestro ser interior y el mundo que nos rodea.

En resumen, para Eckhart Tolle, la verdadera felicidad yace en la conexión con nosotros mismos y con el momento presente. Una de sus frases que me parecen más claras es la siguiente:

✦

El estrés es causado porque estando «aquí» quieres estar «allí».

ECKHART TOLLE

CUANDO LA MEDITACIÓN TE PUEDE SALVAR LA VIDA

En lo profundo de la exuberante selva tailandesa, el 23 de junio de 2018 un equipo de doce jóvenes futbolistas, los Jabalíes Salvajes, emprendió una aventura que les cambiaría la vida para siempre. Bajo la guía de su dedicado entrenador, Ekapol Chanthawong, los chicos exploraban una red de cuevas ocultas desafiando los límites de su valentía y curiosidad.

Sin embargo, lo que comenzó como una expedición emocionante, de pronto se convirtió en una lucha por la supervivencia. Una inesperada tormenta tropical inundó las cuevas, y dejó atrapado al equipo en la oscuridad de las cavernas subterráneas. Cuando vi esta noticia me estremecí profundamente. ¿Cómo saldrían de allí?, ¿les faltaría el aire?, ¿los podrían rescatar? Para mí, que soy bastante claustrofóbica, el solo hecho de pensar que esos chicos estaban atrapados en esa cueva me resultaba aterrador. Y realmente lo era. Porque las lluvias no cesaban y los informes explicaban que el agua iba tapando cada rincón de esperanza. Me imagino a los chicos luchando contra el pánico. En medio de la desesperación, el entrenador Chanthawong recurrió a las enseñanzas de su pasado como monje budista. Reunió a sus jugadores, los instruyó en las antiguas artes de la meditación para que pudieran encontrar la calma en medio del caos, la luz en la oscuridad y la unión en medio de la angustia.

Con las aguas en aumento y el oxígeno disminuyendo, los chicos se aferraron a la serenidad que encontraron en sus prácticas de meditación. Pienso que cada respiración se convirtió en un acto de resistencia contra la desesperación, cada momento de quietud fue un triunfo sobre el miedo.

Mientras millones rezábamos por esos chicos en cadenas de oración, equipos de rescate de diferentes lugares del mundo se abrieron paso a través de las peligrosas corrientes subterráneas luchando contra el tiempo y la incertidumbre. Cada segundo se sentía como una eternidad mientras el destino de los niños parecía colgar de un hilo entre la vida y la muerte.

Para sorpresa de todos, durante su tiempo en la cueva escribieron cartas emotivas a sus familias, llenas de amor. En estas cartas, expresaron sus deseos de volver a casa y disfrutar de las cosas simples de la vida que antes daban por sentadas, como una comida casera o jugar al fútbol con sus amigos. A pesar de la oscuridad que los rodeaba, estas cartas eran un reflejo de su esperanza. Escribían a sus padres «estamos fuertes». ¿Cómo podían sentirse fuertes cuando sus vidas pendían de un hilo, los rodeaba la oscuridad y el aire era escaso? Todavía me lo pregunto.

Trágicamente, durante las operaciones de rescate el valiente Saman Gunan, exbuzo de las fuerzas de élite de la Armada de treinta y ocho años, falleció mientras entregaba tanques de oxígeno a los pequeños. Este momento oscuro sacudió la esperanza... ¿sería posible el rescate? Sin embargo, en medio de la desesperación, los niños y su entrenador seguían firmes en sus prácticas de meditación.

Ahora entiendo: estaban calmados y se sentían fuertes porque la meditación les proporcionó un refugio mental que les permitió escapar temporalmente de la cueva. A través de la respiración consciente y la concentración, pudieron encontrar una suerte de paz interior incluso en los peores momentos. Esta habilidad les permitió mantener la esperanza y la fortaleza emocional mientras esperaban el rescate que parecía cada vez más improbable.

Finalmente, y como un verdadero milagro, los equipos de rescate irrumpieron en la caverna rompiendo la prisión que había mantenido a los chicos cautivos. Con lágrimas de alivio y gratitud, los doce chicos y su entrenador emergieron de las profundidades. Para sorpresa del mundo entero ¡todos estaban vivos!

Ejercicio: iniciarse en el hábito de la atención plena

Respiración consciente (cinco minutos)

En esta meditación, diriges tu atención al flujo de tu respiración. Puedes observar tus pensamientos y sentimientos, pero debes dejarlos pasar sin emitir juicio alguno. ¡Comencemos!

- Encuentra un lugar tranquilo y siéntate en una posición cómoda.
- Cierra los ojos suavemente y lleva tu atención a la respiración.
- Observa el ritmo natural de tu respiración, sin intentar cambiarlo.
- Con cada inhalación, di mentalmente «inhalo» y, con cada exhalación, di «exhalo».
- Si tu mente divaga, simplemente vuelve tu atención a la respiración sin juzgarte.

- Continúa durante cinco minutos y luego abre suavemente los ojos.
- Observa cómo te sientes.

Este ejercicio simple de respiración consciente de cinco minutos puede ayudar a calmar la mente de manera muy sencilla.

Cuando lo hayas practicado varias veces, puedes introducir la siguiente alternativa.

- Encuentra un lugar tranquilo y siéntate en una posición cómoda.
- Cierra los ojos suavemente y lleva tu atención a la respiración.
- Observa el ritmo natural de tu respiración sin intentar cambiarla.
- Con cada inhalación, repite mentalmente «inhalo (lo que necesito) paz» y con cada exhalación, di «exhalo (lo que no necesito) ansiedad».

Es decir, inhalar con lo que sientas que necesites en ese momento: paz, claridad, tranquilidad confianza, serenidad, etcétera; y exhalar lo que sientas que no necesitas, por ejemplo: ansiedad, miedo, angustia, enfado, etcétera. Si tu mente divaga, simplemente vuelve la atención a tu respiración sin juzgarte a ti mismo o a tus pensamientos o emociones.

Cualquier forma de meditación requiere práctica; como todos los hábitos, a medida que lo ejercites te será más fácil. Pero no lo vuelvas difícil creyendo que hay una sola forma de hacerlo. Hay muchas formas de meditación, prueba distintos tipos para saber cuáles disfrutas más. Lo importante es que la meditación te ayude a aliviar el estrés y te sirva para calmarte y, si es posible, ganar claridad. Me gusta pensarlo como un tiempo para desconectar con el mundo externo y conectar con el mundo interno, un tiempo de conexión con uno mismo para descansar la mente y relajar el cuerpo.

«TENERLO CLARO»

«Tenerlo claro» es una expresión coloquial que significa comprender un tema en profundidad, por eso quise entrevistar a Clara Badino que, como su nombre lo dice, lo tiene claro y es la máxima experta y referente del *mindfulness* en Latinoamérica.

Clara fundó la asociación Visión Clara hace más de dos décadas. En aquel momento, trajo al país al renombrado doctor en biología molecular Jon Kabat-Zinn, reconocido a nivel mundial como una autoridad del *mindfulness*. Mi vínculo con Clara se remonta a muchos años atrás, cuando tuve el privilegio de asistir a sus clases de yoga y meditación en un verano al pie de las majestuosas montañas de los Andes.

Durante aquellas clases, quedé impresionada por la voz serena de Clara, su cálida presencia y su profundo sentido de humanidad, lo que parecía facilitar que mi cuerpo se relajara y se flexibilizara de manera natural. Hace poco tiempo, me puse en contacto con ella para retomar estas prácticas y experimenté una vez más el mismo efecto reconfortante de su voz, su calidez y su genuina calidad humana. Consciente de su experiencia y *expertise* en el campo del *mindfulness*, charlé con Clara para este libro.

«Cuando una persona me pregunta cómo iniciarse le sugiero que contemple si realmente tiene intención y compromiso de trabajar en un profundo cambio en la manera de percibirse, de percibir el proceso de estar vivo como una oportunidad de sanar», dice Clara que, además, explica que no se trata de dedicar a la práctica un tiempo determinado, sino que es «vida invertida al servicio de vivir en un mundo al que pertenecemos y que cambia cuando nosotros cambiamos».

Quise saber qué pasaba con las personas que se impacientaban al practicar y fue categórica: «Cuando experimento el poder de estar consciente en el presente, descubro que soy responsable y eso va de la mano del don que solo el ser humano ha recibido: ser libre. En ese momento puedo elegir y decidir con paciencia ser testigo del gran sufrimiento de la impaciencia».

El *mindfulness* es una práctica que se puede aplicar para el control del estrés en situaciones cotidianas. Y Clara dice que eso se logra «haciéndonos responsables de que el estrés es interdependiente con la manera en que percibimos. Si percibimos un estado o suceso como amenazante (tal vez para otra persona no lo sea) desde el poder del discernimiento diferenciamos entre si es posible modificar o no lo que está sucediendo. En ese momento podemos decidir responder adaptándonos, haciendo precisos ajustes, creando precisas y novedosas distancias y abriendo un gran abanico donde tal vez mantenga un punto de vista o, también, decida explorar *vistas de un punto*. La práctica meditativa propone la recepción de todo a modo de discernimiento, indagación y decisiones. Un punto de vista como única percepción nos cierra la posibilidad de diferentes vistas de ese mismo punto. Es prioridad indagar y descubrir cómo se está relacionando la mente con el suceso momentáneo y abrirnos a ver lo que está sucediendo como una oportunidad real en un camino de maduración espiritual/emocional. Las personas que cultivan el discernimiento y el poder de adaptación a lo que no pueden modificar, son las que menos estrés acumulan».

Clara explica que no se trata de estar motivados para mantener la práctica a largo plazo, sino de algo mucho más profundo: «Es la intención, el coraje de cavar y restaurar el corazón con el que llegamos al mundo, es lo que momento a momento nos permite volver a comprometernos con nosotros, los otros y el mundo. Surge así el misterio: no practicamos, somos la práctica. Practicamos con un hondo compromiso y coherencia. La práctica resguardada por el cultivo de ser coherente no está condicionada a tener o no tener motivación para practicar. Practicamos con el corazón, sin objetivos, sin metas, sin buscar logros. Practicamos cuando experimentamos que el camino es uno: **volver al amor**». Me parece una síntesis maravillosa.

LA HORA DE PODER

A Juan Pablo también lo introduje en el concepto de «la hora de poder», algo bien práctico que le entusiasmó de entrada, sobre todo por la palabra «poder», que era algo que sentía que le estaba faltando. Nos preguntó intrigado en qué consistiría. Es un tiempo dedicado al crecimiento y desarrollo personal que, justamente, nos llena de energía y nos devuelve el poder que muchas veces nos falta por vivir inmersos en el vertiginoso mundo exterior. Es el tiempo para uno mismo. «¿Y eso qué es?», nos preguntó atónito porque esta idea no estaba en su radar.

Y ahí le explicamos que la «hora de poder» se llama así porque es la división de una hora en segmentos para realizar actividades que te devuelven el poder. Por ejemplo: veinte minutos para el movimiento/ejercicio; veinte minutos para lectura inspiradora y veinte minutos para meditación. El orden es indistinto.

Esta técnica, que es más bien un concepto, la aprendí de la mano de mi colega, amigo y maestro Jack Canfield (autor de la saga *Chicken Soup for the Soul* y del best seller *Los principios del éxito*). Él explica que si todos los días dedicas una hora a hacer estas tres cosas te vas a sentir más contento, más saludable y más productivo de lo que jamás te hayas sentido.

El mejor momento del día para practicar la «hora de poder» es bien temprano por la mañana, ya que es la mejor manera de poner estas acciones en secuencia, que es otro de los secretos para la consolidación de los hábitos. Por ejemplo, la secuencia podría ser algo así: temprano, por la mañana, dedicas veinte minutos a meditar, luego veinte minutos de movimiento y, finalmente, veinte minutos de lectura inspiradora. La secuencia puede ser la que más te guste, lo importante es que estén en un cierto orden. De esa manera arrancas con energía, inspirado, listo para empezar el día. Cuando estamos construyendo un nuevo hábito es mejor hacerlo por la mañana porque, a medida que avanza el día nuestra voluntad se debilita y, además, durante el día, pueden surgir cosas difíciles de anticipar que podrían interferir con la «hora de poder».

Veamos ahora los beneficios de cada segmento, empezando con la meditación. Jack es fan de la meditación y explica que cuando meditamos tomamos mejores decisiones, tenemos más salud mental, más energía y más foco. Como vimos antes hay diferentes tipos de meditación, lo importante es que sea una práctica con la que te sientas conectado. No es necesario estar en un templo para meditar, lo puedes hacer en tu casa, en tu cuarto, en la oficina. Encuentra un lugar que te resulte apropiado para centrarte, calmar tu mente y tu espíritu.

Leer algo positivo todos los días garantiza que siempre estés aprendiendo y creciendo. Puede ser un pasaje de un libro de superación personal, psicología positiva, libros con contenido espiritual como la Biblia o artículos relacionados con el crecimiento personal y el desarrollo. Pueden ser biografías inspiradoras o hasta una charla TED, es decir cualquier otro contenido que te ayude a aprender y crecer como individuo. Lo importante es que sea algo que te interese y te atraiga: al leer material positivo, tu mente subconsciente te va a ayudar a permanecer en ese estado el resto del día.

Y el ejercicio, aunque solo sean veinte minutos al día va a aumentar tu salud general y tu longevidad: puede ser que un día hagas una caminata, otro día uses la máquina escaladora o vayas el gimnasio a hacer pesas. Cualquier tipo de ejercicio que elijas está bien, lo importante es que te comprometas a hacerlo.

Ejercicio: desafío de treinta días

Jack sugiere hacer un *test-drive* de la hora de poder (prueba de conducir antes de comprar un vehículo) durante treinta días para verificar qué es lo que funcionó bien y qué es lo que no funcionó bien. Puedes probar mover la hora a diferentes momentos del día y/o variar la secuencia para evaluar qué es lo que mejor te resultó.

Ejercicio: práctica de meditación

Una guía de cuatro pasos para meditar

Paso 1. Relájate: es útil que tu columna esté recta. Sorprendentemente, es fácil relajarse en una posición erguida si imaginas una cuerda atada en la parte superior de tu cabeza tirando hacia arriba en dirección al techo. Realiza varias respiraciones profundas por la nariz y exhala por la boca. Luego permite que tu respiración se vuelva constante, rítmica y relajada. Imagina una luz blanca pura ascendiendo por tu pie izquierdo, subiendo por el lado izquierdo de tu cuerpo hasta la parte superior de tu cabeza, cruzando hacia el lado derecho de tu cuerpo y bajando por el otro lado. Hacer esto tres veces.

Paso 2. Repetición: la repetición es simplemente enfocar tu mente en un punto único. Es una parte esencial de la meditación. Puedes hacer la repetición con los ojos abiertos o cerrados, lo que te funcione mejor. Si usas el método con los ojos abiertos, fija tu mirada en un solo objeto. Una pequeña luz o vela en una habitación oscura, una imagen, un símbolo religioso, la palabra «amor». Puede ser simplemente la palabra «relájate». Puedes inhalar mientras te dices a ti mismo «Re» y exhalar mientras te dices a ti mismo «lájate». Al principio, tu mente probablemente querrá divagar. Tráela suavemente de vuelta al foco de tu concentración. Cuando divague de nuevo, tráela de vuelta.

Paso 3. Receptividad: después de hacer cinco o diez minutos de repetición, la próxima etapa llamada receptividad va a durar otros cinco o diez minutos. Separa tus manos y gira las palmas hacia arriba en tu regazo. Mantén tu cuerpo erguido y relajado. Ahora deja que la mente que has estado disciplinando tan vigorosamente se relaje. No realices ningún esfuerzo consciente para pensar en nada. Simplemente deja tu mente libre. Si hiciste la repetición con los ojos abiertos, debes cerrarlos mientras entras en meditación. Has abierto los diversos centros de conciencia de tu ser. Permanece relajado y pasivo pero alerta. Los pensamientos e imágenes mentales pueden cruzar tu conciencia. Examínalos plácidamente mientras vienen y van. La única forma que tienes de recibir comunicación es a través de tus sentidos, es perfectamente natural que cualquier comunicación se manifieste a través de uno o más de estos canales.
Paso 4. Cierre: al final de tu meditación, cierra ambas manos en puños e imagina una luminosa luz blanca que te rodea, te llena y te protege. La idea principal es que estás aprendiendo a colocarte en un entorno de protección, orientación y control. Esto se puede hacer de varias maneras. Por ejemplo, imagínate dentro de una bola de luz blanca o dentro de un globo blanco. Este procedimiento cerrará los centros de tu conciencia que has abierto durante la concentración y la meditación dejando tu ser interno protegido de influencias externas.

Resumen

Preparación: siéntate con las palmas juntas, visualiza luz subiendo por el lado izquierdo y bajando por el lado derecho del cuerpo tres veces.

Repetición: repite una palabra, frase o afirmación durante aproximadamente diez minutos.

Receptividad: palmas hacia arriba en el regazo. Sé un observador: observa tus pensamientos, sentimientos y sensaciones.

Cierre: cierra tus palmas y visualiza luz blanca rodeando tu cuerpo. Al final, puedes visualizarte logrando una meta o estando completamente relajado.

LA MEDITACIÓN PUEDE PRODUCIR CAMBIOS EN EL CEREBRO

The Harvard Gazette informó sobre un estudio de ocho semanas, realizado en la Universidad de Massachusetts, que indica que la meditación produce cambios en el cerebro.

«Aunque la práctica de la meditación está asociada a una sensación de paz y relajación física, los practicantes han afirmado durante mucho tiempo que la meditación también proporciona beneficios cognitivos y psicológicos que perduran a lo largo del día», dice Sara Lazar, autora principal del estudio y del Programa de Investigación en Neuroimagen Psiquiátrica del MGH, e instructora de psicología en la Escuela de Medicina de Harvard. «Este estudio demuestra que los cambios en la estructura cerebral pueden subyacer a algunas de estas mejoras reportadas y que las personas no se sienten mejor simplemente porque pasan tiempo relajándose».

Para el estudio se tomaron imágenes de resonancia magnética (R. M.) de la estructura cerebral de dieciséis participantes dos semanas antes y después de que participaran en el Programa de Reducción del Estrés Basado en la Atención Plena (MBSR, por sus siglas en inglés) de ocho semanas en el Centro de Atención Plena de la Universidad de Massachusetts. Además de las reuniones semanales que incluían la práctica de la meditación de atención plena, que se centra en la conciencia no crítica de sensaciones, sentimientos y estado mental, los participantes recibieron grabaciones de audio para la práctica de meditación guiada y se les pidió que llevaran un registro del tiempo que practicaban cada día. También se tomaron un conjunto de imágenes cerebrales de R. M. de un grupo de control de no meditadores durante un intervalo de tiempo similar.

Los participantes del grupo de meditación informaron que pasaban un promedio de veintisiete minutos cada día practicando ejercicios de atención plena y sus respuestas a un cuestionario de atención plena indicaron mejoras significativas en comparación con las respuestas previas a la participación. El análisis de las imágenes de R. M., que se centró en áreas donde se observaron diferencias asociadas con la meditación en estudios anteriores, **encontró un aumento en la densidad de materia gris en el hipocampo, conocido por ser importante para el aprendizaje y la memoria, y en estructuras asociadas con la autoconciencia, la compasión y la introspección.**

También se correlacionaron las reducciones reportadas por los participantes en el estrés con una disminución en la densidad de materia gris en la amígdala, que se sabe que juega un papel importante en la ansiedad y el estrés. Ninguno de estos cambios se observó en el grupo de control, lo que indica que no se habían producido simplemente por el paso del tiempo.

«Es fascinante ver la plasticidad del cerebro y que, al practicar la meditación, podemos desempeñar un papel activo en cambiar el cerebro y aumentar nuestro bienestar y calidad de vida», dice Britta Hölzel, autora principal del artículo y becaria de investigación en M.G.H. y la Universidad de Giessen en Alemania.

Traducido a algo más simple, con solo ocho semanas de práctica se pueden producir cambios en las estructuras del cerebro: el aumento del hipocampo, que es fundamental para el aprendizaje, y la memoria y la reducción de la amígdala cerebral que es como la «alarma» del cerebro. Resultado: más aprendizaje, más memoria, ¡y menos ansiedad y estrés! ¡Y no es psicología, es fisiología!

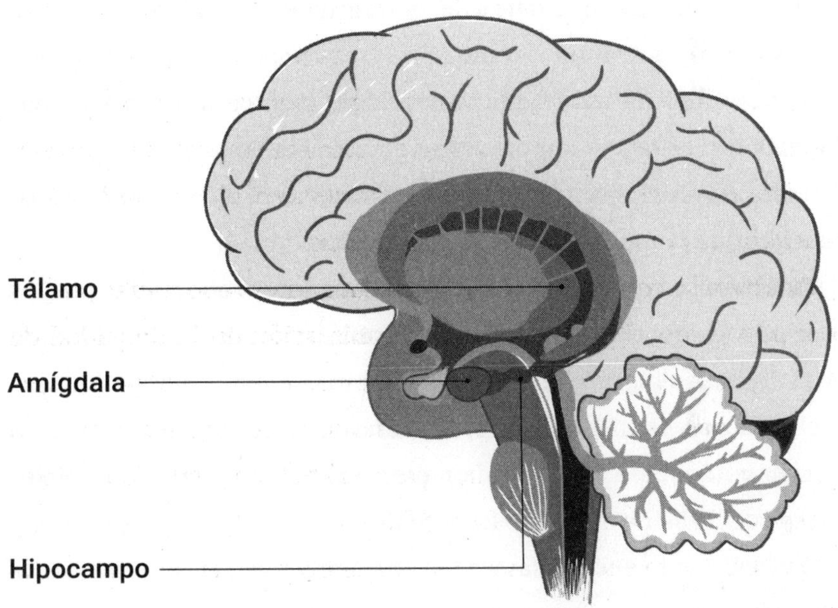

LA ORACIÓN: TIEMPO DE CONEXIÓN ESPIRITUAL

En esta sección hablaré desde mi perspectiva como creyente con el deseo de compartir mi experiencia y también investigar un poco más sobre este tema que es tan transcendental. Justamente, la palabra *transcendental* significa «ir más allá» ... ¿de dónde? En el contexto filosófico y espiritual, el término se utiliza para referirse a aquello que está más allá de la experiencia ordinaria o de la comprensión empírica que es superior o independiente del mundo físico.

Y «más allá» de esta explicación, desde mi vivencia que es desde donde puedo hablar, ya que no tengo estudios teológicos, y estoy lejos de ser una creyente ejemplar, sé que el tema merece el mayor de los respetos. Para mí la oración es el tiempo de conexión con Dios que, sobre todas las cosas, me reconforta: me hace sentir acompañada y me recuerda que no todo depende de mí. Que hay un lugar donde puedo descansar y estar alegre, siempre.

«Estén siempre alegres, oren sin cesar, den gracias a Dios en toda situación porque esta es su voluntad para ustedes en Cristo Jesús» (1 Tesalonicenses 5:16-18). Este versículo bíblico lo aprendí de mi suegro, Rubén Andrés, que lo encarnaba perfectamente: oraba sin cesar por todos nosotros y siempre estaba alegre.

¿QUÉ ES LA ORACIÓN?

Vamos a consultar a quienes más saben.

La Madre Teresa, conocida por su profunda espiritualidad y su dedicación al servicio de los pobres y necesitados, tenía muchas reflexiones sobre la oración. Una de sus citas más conocidas es: «La oración no es pedir. La oración es ponerse en silencio y escuchar la voz del Amor».

Esta cita destaca la idea de que la oración no trata simplemente de hacer peticiones a Dios, sino de entrar en un estado de silencio interior donde uno puede sentir la presencia y el amor divinos. La Madre Teresa creía en la importancia de la contemplación y la conexión íntima con Dios a través de la oración como una fuente de fuerza y guía espiritual en su vida y en su trabajo con los menos afortunados. Para ella, la oración tiene que ser simple, sincera, persistente y de confianza.

En una ocasión la santa visitó a unas religiosas. Ellas, al notar que estaban muy atareadas y tenían dificultades para terminar su trabajo, decidieron reducir su tiempo de oración.

Cuando la Madre se enteró de esto les preguntó:

—¿Cuánto tiempo oran al día?

—Una hora —contestó una de ellas.

—Muy bien, a partir de mañana que sean dos —respondió la Madre Teresa.

Esta anécdota me pega fuerte porque muchas veces me ha pasado que siento que «no tengo tiempo para orar».

A continuación se reproduce una de las oraciones de la Madre Teresa que más me gusta, porque me invita a confiar en algo más grande que yo misma y el mundo que me rodea.

Hazlo de todas formas

A menudo la gente es irrazonable, ilógica y egocéntrica.
Perdónalos de todas formas.
Si eres amable, la gente puede acusarte de egoísta
o de tener segundas intenciones.
Sé amable de todas formas.
Si tienes éxito, ganarás algunos falsos amigos
y algunos verdaderos enemigos.
Ten éxito de todas formas.
Si eres honesto y franco, la gente puede engañarte.
Sé honesto y franco de todas formas.
Lo que tardas años en construir, alguien puede destruirlo
en un instante.
Construye de todas formas.
Si encuentras serenidad y felicidad, pueden tener celos.
Sé feliz de todas formas.
El bien que haces hoy a menudo será olvidado mañana.
Haz el bien de todas formas.
Da al mundo lo mejor que tienes y puede que jamás sea suficiente.
Da al mundo lo mejor que tengas, de todas formas.
Verás, el análisis final es entre tú y Dios;
nunca será entre tú y ellos, de todas formas.

Y la oración que sigue, también de la Madre Teresa, me cautiva por su profundidad, define lo que es la oración de forma simple como era ella:

EL FRUTO DEL SILENCIO ES LA ORACIÓN

El fruto de la oración es la fe.
El fruto de la fe es el amor.
El fruto del amor es el servicio.
El fruto del servicio es la paz.

RESPIRAR DEBAJO DEL AGUA

También fui a consultar lo que dice Richard Rohr, a quien conozco a través de los libros que tiene mi querido Héctor, mi marido, que siempre está interesado en estos temas y es dueño de la biblioteca de temas espirituales más fascinante.

Richard Rohr es un fraile franciscano y maestro, defensor del diálogo interreligioso y autor de numerosos libros sobre espiritualidad, teología y psicología, muchos de los cuales han sido aclamados por su enfoque inclusivo y su capacidad para conectar ideas religiosas tradicionales con la experiencia contemporánea. Creo que su estilo me atrapó justamente porque muestra una espiritualidad profunda y una mente muy abierta.

En su libro *Breathing Under Water: Spirituality and the Twelve Steps*

(Respirar bajo el agua: la espiritualidad y los doce pasos) aborda la espiritualidad y la recuperación desde una perspectiva cristiana. Para Rohr todos somos adictos a algo. Presenta la oración como una práctica vital para la transformación personal y la conexión con lo divino. ¿Será por eso por lo que lo titula «respirar bajo el agua»? Para respirar lo que necesitamos es oxígeno. A veces en la vida podemos sentir que nos falta, como cuando estamos debajo del agua. En esos momentos es cuando más lo necesitamos. Y entonces, recuerdo que alguien dijo (no me acuerdo quién fue) que la oración es el oxígeno del alma…

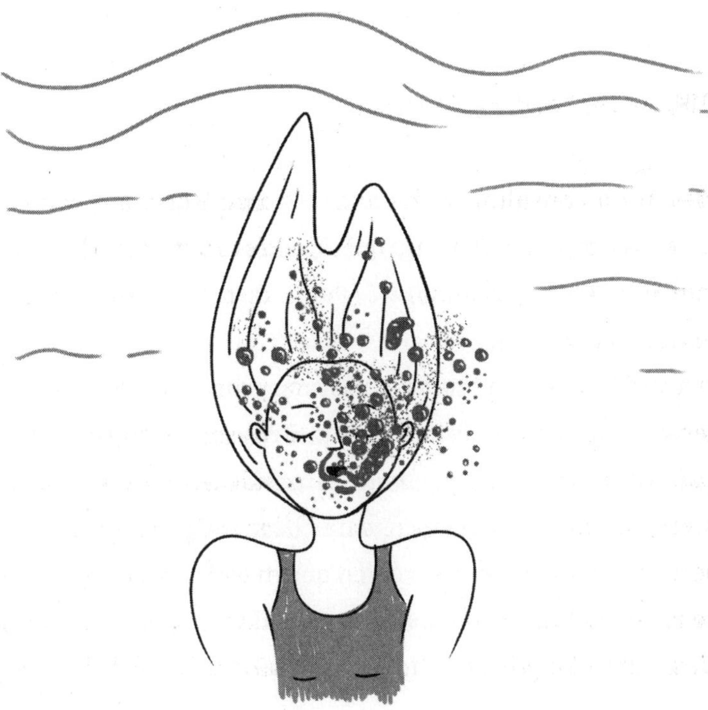

En su libro Rohr sugiere que la oración puede ser una herramienta poderosa para superar las adicciones y los patrones destructivos de comportamiento al conectar a las personas con una fuente más alta de poder y significado. Los conocidos Doce Pasos utilizados por Alcohólicos Anónimos (AA) como una guía para el proceso de recuperación de la adicción al alcohol, Rohr los ha adaptado y aplicado en un contexto más amplio de crecimiento personal y transformación espiritual.

Los Doce Pasos de AA, base de la estructura de *Breathing Under Water,* son los siguientes (al leerlos sugiero que reemplaces la palabra «alcohol» por otra que represente una carga que estés llevando o algo que quieras superar):

1. Admitimos que éramos impotentes ante (el alcohol), que nuestras vidas se habían vuelto ingobernables.
2. Llegamos a creer que un poder superior a nosotros mismos podría devolvernos el sano juicio.
3. Decidimos poner nuestras voluntades y nuestras vidas al cuidado de Dios, como nosotros lo concebimos.
4. Hicimos un minucioso inventario moral de nosotros mismos.
5. Admitimos ante Dios, ante nosotros mismos y ante otro ser humano la naturaleza exacta de nuestras faltas.
6. Estuvimos enteramente dispuestos a dejar que Dios nos librara de todos estos defectos de carácter.
7. Humildemente le pedimos que nos librara de nuestras faltas.

8. Hicimos una lista de todas aquellas personas a quienes habíamos dañado y estuvimos dispuestos a reparar el daño que les habíamos causado.
9. Reparamos directamente a cuantos nos fue posible el daño causado, excepto cuando el hacerlo implicaba perjudicar a ellos o a otros.
10. Continuamos haciendo el inventario personal y cuando nos equivocábamos lo admitíamos inmediatamente.
11. Buscamos, mediante **la oración y la meditación**, mejorar nuestro contacto consciente con Dios, como nosotros lo concebíamos, pidiéndole solamente que nos dejara conocer su voluntad y nos diera la fortaleza para cumplirla.
12. Habiendo experimentado un despertar espiritual como resultado de estos pasos, tratamos de llevar este mensaje y practicar estos principios en todos nuestros asuntos.

Rohr destaca la importancia de la oración como un medio para profundizar en la relación con Dios y para cultivar la conciencia espiritual. Enfatiza la necesidad de una oración contemplativa hacia una experiencia más profunda de la presencia divina. Rohr habla de la oración más allá de las palabras o de las peticiones, como también lo señala la Madre Teresa, y ambos hablan de la necesidad de guardar silencio.

«Guarda silencio ante el Señor y espera en Él con paciencia» (Salmo 37: 7). ¡Paciencia, una palabra que me cuesta! Y pienso que lo que me cuesta es lo que necesito desarrollar.

«Ya estamos en la Presencia de Dios, lo que nos falta es la Conciencia», dice Richard Rohr.

Me planteo si esa conciencia podría ser favorecida por la meditación. Es decir, ¿podría ser la meditación un paso previo a la oración? Y se desatan más preguntas: ¿podemos establecer una conexión entre la meditación y la oración?, ¿qué puntos en común de conexión hay entre ambas? Intentaremos explorar este aspecto sabiendo de antemano que no son lo mismo y que también hay muchas diferencias. Pero comencemos por los puntos de contacto.

Enfoque en la interioridad: tanto la oración como la meditación implican dirigir la atención hacia el interior de uno mismo. En la oración esto puede implicar la comunicación con lo divino o la búsqueda de un mayor entendimiento espiritual. En la meditación se busca el autoconocimiento, la calma mental y la conexión con lo más profundo de la consciencia (esto último lo veo también en la oración).

Silencio y quietud: tanto la oración como la meditación a menudo involucran la práctica del silencio y la quietud. En la oración esto puede ser un momento para escuchar lo que Dios tiene para decirnos o, simplemente, estar en la presencia de Dios. En la meditación, el silencio y la quietud son fundamentales para calmar la mente y permitir la introspección.

Presencia consciente: tanto en la oración como en la meditación se fomenta la presencia consciente en el momento presente. En la oración, esto puede implicar estar plenamente presente ante la existencia de Dios mientras que, en la meditación, se trata de ser consciente de las sensaciones, pensamientos y emociones presentes sin juzgar.

Conexión espiritual: ambas prácticas pueden llevar a estados de paz, gratitud y amor compasivo. En la oración se busca el contacto con Dios, en la meditación, el objeto de enfoque puede variar, desde la respiración y las sensaciones corporales hasta conceptos abstractos como la compasión.

Autoconocimiento: tanto en la oración como en la meditación, se fomenta el autoconocimiento y la autoindagación. Ambas prácticas ofrecen la oportunidad de explorar la propia mente, corazón y espíritu, y de cultivar una mayor comprensión de uno mismo y del mundo que nos rodea.

A pesar de estas similitudes, es importante reconocer que la oración y la meditación también tienen diferencias significativas en términos de enfoque, práctica y contexto. Cada persona puede encontrar valor y significado en una u otra práctica o, incluso, en una combinación de ambas según sus propias necesidades y creencias espirituales.

En mi caso, me gusta la combinación de ambas aunque reconozco que practico mucho más la oración que la meditación, pero me doy cuenta de que, si practicara más seguido la meditación, estoy segura de que beneficiaría mucho la oración.

Siguiendo nuestro enfoque práctico para la consolidación de un nuevo hábito propongo que, como primer paso, hagamos un ejercicio sencillo y breve que sería una expresión de meditación y oración combinadas.

Ejercicio: iniciar el hábito de la oración
Oración de gratitud (cinco minutos)

Objetivo: Practicar la gratitud.

Encuentra un lugar tranquilo donde puedas sentarte cómodamente y estar en paz.

Cierra los ojos y haz algunas respiraciones profundas para relajarte.

Piensa en tres cosas por las que estés agradecido en tu vida en este momento. Pueden ser cosas grandes, pequeñas, tangibles o intangibles.

En silencio o en voz alta expresa tu gratitud por cada una de esas cosas. Por ejemplo: «Doy gracias por mi salud, por el amor de mi familia y por la belleza de la naturaleza que nos rodea».

Tómate un momento para sentir realmente esa gratitud en tu corazón.

Termina con una breve frase de cierre como «gracias por todas las bendiciones en mi vida, gracias por todo lo bueno que hay en mi vida».

LA ORACIÓN Y LA CIENCIA

En un estudio reciente (2023) realizado por la Universidad de Nevada y el Departamento de Sociología de la Case Western Reserve University, «La oración en la salud mental», se resalta la importancia de la oración en el aumento del bienestar y las emociones positivas.

«La oración se utiliza como un recurso para mitigar las influencias adversas de las situaciones estresantes en la salud mental. Sin embargo, los mecanismos subyacentes que explican su impacto en la salud mental y en la vida posterior aún necesitan ser mejor comprendidos. En particular, se ha prestado poca atención a la investigación sobre la importancia de la oración en el aumento de emociones positivas (por ejemplo, el amor compasivo), lo cual puede conducir a una mejor salud mental. Utilizando datos de nuestra encuesta nacional en línea (n = 1,861), evaluamos si el amor compasivo media la relación entre la oración y la salud mental. **Nuestros hallazgos sugieren que los participantes que oraban tenían significativamente mayores sentimientos de ser amados y menores síntomas depresivos. Nuestros hallazgos resaltan la importancia de la oración en el aumento de emociones positivas y el bienestar en la vida posterior**».

De todas formas, el impacto de la oración debe ser bastante difícil de medir. Por eso, más allá de datos científicos, yo creo en la experiencia personal, estoy segura de que la oración tiene el poder de calmarnos y eso solo ya es muy bueno para la salud física, mental y emocional.

Atribuida a San Francisco de Asís, un santo del siglo XIII conocido por su vida de pobreza, humildad y servicio a los demás, esta oración expresa los valores franciscanos de amor, compasión, perdón y paz.

Señor, hazme un instrumento de tu paz.
Donde haya odio, que yo lleve el amor;
donde haya ofensa, que yo lleve el perdón;
donde haya discordia, que yo lleve la unión;
donde haya duda, que yo lleve la fe;
donde haya error, que yo lleve la verdad;
donde haya desesperación, que yo lleve la esperanza;
donde haya tinieblas, que yo lleve la luz;
y donde haya tristeza, que yo lleve la alegría.
Oh, Maestro, que no busque ser consolado, sino consolar,
ser comprendido, sino comprender,
ser amado, sino amar.
Porque es dando como recibimos;
es perdonando como somos perdonados;
y es muriendo como nacemos a la vida eterna.

Esta es otra de mis oraciones favoritas para meditar, por eso te invito a hacer conmigo el siguiente ejercicio (es para creyentes y no creyentes).

Ejercicio basado en la oración de San Francisco que puedes realizar como una práctica de reflexión y crecimiento personal:

- Encuentra un lugar tranquilo y cómodo donde puedas sentarte en paz durante unos momentos.
- Respira profundamente varias veces para relajarte y centrarte en el momento presente.
- Lee lentamente la *Oración de San Francisco*, prestando atención a cada palabra y dejando que su significado penetre en tu corazón.
- Después de leer la oración, reflexiona sobre cada una de sus líneas y cómo puedes aplicar sus enseñanzas en tu vida diaria.
- Coge papel y lápiz y escribe tus propias reflexiones y compromisos basados en la oración. Por ejemplo, ¿cómo puedes ser un instrumento de paz en tus relaciones y comunidades?, ¿cómo puedes llevar amor, perdón y compasión a aquellos que te rodean?
- Visualiza situaciones específicas en tu vida en las que puedas poner en práctica los principios de la oración. Imagina cómo te sentirías y cómo podrías influir positivamente en esas situaciones.
- Termina el ejercicio con gratitud por las enseñanzas de la *Oración de San Francisco* y con el deseo de llevar su espíritu de amor y servicio a tu vida cotidiana.

TAIZÉ: COMUNIDAD ECUMÉNICA DE ORACIÓN

Taizé es una comunidad ecuménica cristiana ubicada en la aldea de Taizé, en la región de Borgoña, en Francia. Fue fundada en 1940 por el hermano Roger Schütz, conocido como el Hermano Roger, con el objetivo de crear un lugar de reconciliación y paz en medio de la Segunda Guerra Mundial.

Esta comunidad es conocida por su estilo de vida comunitario, su compromiso con la oración, la simplicidad y el servicio a los demás. La comunidad acoge a personas de diferentes tradiciones cristianas y de diversas partes del mundo que van en búsqueda de paz, reflexión espiritual y comunión ecuménica.

Uno de sus aspectos más distintivos es su forma de oración que incluye cánticos meditativos, periodos de silencio y reflexión y una atmósfera de contemplación. Los cánticos de Taizé suelen ser sencillos, repetitivos y están diseñados para crear un ambiente de calma y contemplación.

Además de sus servicios de oración diarios, también organiza encuentros internacionales de jóvenes de todo el mundo en los que miles de ellos se reúnen para compartir la fe, la oración y el servicio comunitario. Estos encuentros tienen como objetivo fomentar la solidaridad, el entendimiento mutuo y la construcción de la paz.

Taizé es conocida como un lugar de encuentro ecuménico, oración contemplativa y compromiso con la paz y la reconciliación, y ha tenido un impacto significativo en la vida espiritual de muchas personas en todo el mundo.

Taizé, ese lugar sagrado que conocí hace muchos años de la mano de mi amiga del alma, Marcela Renieri, es un refugio espiritual donde católicos y protestantes se unen en oración trascendiendo las diferencias de denominación para abrazar la unidad en la fe.

Recuerdo claramente la primera vez que puse un pie en ese espacio circular, reminiscente de las antiguas iglesias, pero desprovisto de bancos y lleno de almohadones acogedores. El ambiente estaba impregnado de espiritualidad y quedé maravillada al ver a jóvenes de todas partes del mundo unidos en canciones de alabanza en múltiples idiomas. Cuando nos unimos para cantar la oración de Santa Teresa, «Nada te turbe, nada te espante...», sentí un estremecimiento profundo del alma. Aquel momento sigue resonando en mí y, aún hoy, al escribir estas palabras siento el poder de esa oración y la conexión con lo divino que experimenté en Taizé.

Es un lugar que trasciende las palabras, donde la esencia misma de la fe cobra vida en cada rincón. Recuerdo el cálido resplandor de las velas que iluminaban el espacio circular creando un ambiente de recogimiento y misterio. Miles de jóvenes, procedentes de todas las latitudes, se unían en una armonía celestial como si el mismo Espíritu Santo los guiara en sus cánticos de alabanza. En ese momento, en medio de esa sinfonía de voces y corazones unidos en la búsqueda de lo divino, sentí la presencia del Espíritu Santo de manera palpable. En este espacio la presencia de Dios se manifestaba en cada nota musical, en cada gesto de amor y en cada palabra de esperanza. Fue un encuentro sagrado donde la fe se hizo tangible. En Taizé experimenté la verdadera comunión con lo trascendente y la certeza de que, en medio de la diversidad y la multiplicidad de idiomas, éramos uno en la oración.

También llamada «Nada te turbe», es una de las oraciones más famosas escritas por Santa Teresa de Jesús, una mística y santa católica del siglo XVI, conocida también como Santa Teresa de Ávila. La oración dice así:

Nada te turbe,
nada te espante,
todo se pasa,
Dios no se muda.
La paciencia todo lo alcanza;
quien a Dios tiene, nada le falta.
Solo Dios basta.

Esta breve oración es un recordatorio de la confianza en Dios y la importancia de la paz interior en medio de las dificultades y los desafíos de la vida. Es una invitación a confiar en la providencia divina y a encontrar consuelo en la presencia constante de Dios. La sencillez y profundidad de esta oración han hecho que sea muy querida por muchas personas a lo largo de los siglos, y sigue siendo recitada y meditada por los fieles de muchas tradiciones cristianas.

No puedo forzar al lector a creer, ¡y nada más lejos de mí esa intención! Solo puedo invitarte a conocer estas oraciones simples y que veas cuál es el efecto que tienen en ti. Como se dice ahora, «yo elijo creer» porque me hace bien.

Si me preguntaran si realmente creo que Dios existe, diría sin dudar que «Sí, lo siento vivo en cada momento de mi vida», y agregaría la conocida frase: **«que si Dios no existiera habría que inventarlo».**

CONCLUSIÓN

¿Cuánto tiempo dedicamos realmente a conectarnos con nosotros mismos? Esta pregunta a menudo desconcierta a algunas personas que pueden no entender de qué estamos hablando cuando hablamos de la conexión con uno mismo. Es el tiempo que dedicamos a nuestro mundo interior, un espacio aparentemente invisible, pero vital para recargar nuestras energías. Contrario a lo que nos han enseñado, este tiempo no es una pérdida, sino una ganancia, una necesidad para reducir la ansiedad que caracteriza la vida moderna.

El hábito de conexión con uno mismo no solo es esencial para nuestro bienestar, sino que también se alinea con la noción de que es un hábito de la buena suerte, ya que nos permite cultivar una mentalidad de claridad, equilibrio y gratitud que puede abrirnos a nuevas oportunidades y fortalecer nuestra capacidad para afrontar los desafíos con calma y resiliencia.

Grandes deportistas y numerosos CEO de renombre, inicialmente escépticos, han reconocido los beneficios de este hábito a la luz de investigaciones académicas. Este tiempo interior fomenta la claridad mental, reduce el estrés y promueve el equilibrio. No existe una única forma de lograrlo; la meditación, incluyendo variantes como el *mindfulness*, es una de las prácticas que nos permite estar presentes y conectados con el momento presente.

La medicina respalda los efectos positivos de estas prácticas que pueden hasta esculpir nuestro cerebro y reducir la ansiedad interna. Incluso con solo unos minutos de respiración consciente, podemos comenzar a cultivar la atención plena —sin juzgar—, un desafío para muchos de nosotros debido a nuestra tendencia a hacerlo de forma automática. Podemos aprender a vivir con menos ansiedad, menos miedo y más paz.

Además, hemos explorado el gran poder de la oración, que desde nuestra mirada es el tiempo de conexión espiritual con lo divino que nos proporciona alivio al recordarnos que no estamos solos y que no todo depende de nosotros. La oración, como el oxígeno del alma, nos invita a encontrar alegría en todo momento y agradecer cada día, recordando que la vida es un milagro continuo.

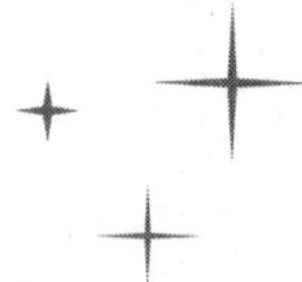

HÁBITO #7

LA GRATITUD

EL ANTÍDOTO CONTRA EL HÁBITO DE LA ESCASEZ

¿Cuántas veces hemos dicho «gracias» hoy?, ¿y ayer? ¿Realmente nos detenemos a reflexionar sobre el impacto que la gratitud tiene en nuestras vidas, más allá de un simple gesto de cortesía? La gratitud va más allá de las palabras: es una actitud que moldea nuestra percepción del mundo. Se relaciona estrechamente con el principio de *coaching* que sostiene que «en lo que me enfoco crece». Cuando dirigimos nuestra atención hacia las cosas buenas que ya poseemos y agradecemos por ellas, cultivamos un sentido de abundancia que se refleja en nuestra experiencia diaria. Enfocarnos en lo positivo nos permite experimentar más alegría, estar más conscientes de lo que recibimos y disfrutar de un mayor bienestar mental y espiritual.

Por el contrario, cuando descuidamos la práctica de la gratitud alimentamos una sensación de escasez que nos hace sentir que nunca nada es suficiente. La mentalidad de escasez es como un filtro que tiñe todas nuestras experiencias de una sensación de insuficiencia y carencia. Nos hace percibir el mundo como un lugar donde siempre nos falta algo. Se traduce en «no tengo lo suficiente» y, más profundamente, «no soy suficiente». Es una forma de ver la vida que nos lleva a despreciar lo que somos y lo que tenemos en aras de lo que deseamos, alimentando un ciclo interminable de insatisfacción y ansiedad. Esta mentalidad de carencia puede llevarnos a percibir a los demás como más afortunados o exitosos, lo que, a su vez, refuerza nuestra sensación de que no tenemos suerte.

En contraposición, la gratitud actúa como un bálsamo. Al adoptar una actitud de gratitud, no solo aprendemos a valorar y apreciar lo que ya poseemos, sino que también reconocemos la abundancia que nos rodea desviando nuestra atención de lo que falta hacia lo que está presente. En última instancia, la gratitud nos guía hacia la valoración de la riqueza en la simplicidad, convirtiendo cada momento en una oportunidad para celebrar la vida en toda su plenitud. De esta manera, el hábito de la gratitud moldea nuestra identidad —nos transformamos en seres agradecidos—, nos aleja de la ansiedad de «nunca llegar» y se convierte en un poderoso antídoto contra la sensación de escasez. En definitiva, la gratitud transforma nuestra percepción de la suerte y nos abre el camino hacia una vida más plena y satisfactoria.

SIN CONCIENCIA NO HAY CAMBIO POSIBLE

Autodiagnóstico inicial

- En una escala del 1 al 10, donde 1 es el nivel más bajo de practicar la gratitud y 10 es el más alto, ¿en qué nivel te encuentras hoy? Pista: como esto a veces es difícil de medir, tal vez te resulte más fácil darte cuenta prestando atención a cuánto refunfuñas, a cuánto protestas y a cuán insatisfecha estás.
- Ahora piensa dónde te gustaría estar en esta escala al finalizar la lectura de este libro. ¿Cuál sería tu meta o nivel ideal de tu gratitud dentro de un mes, por ejemplo?
- Finalmente, imagina cómo te gustaría que fuera tu nivel de gratitud dentro de un año de poner en práctica las enseñanzas de este hábito. ¿Qué nivel te gustaría alcanzar en ese momento?

LA HISTORIA DE MÓNICA

Mónica, una mujer de más de cincuenta años, arquitecta de profesión, casada y con tres hijos varones, era muy educada y atenta. «Por favor» y «gracias» eran palabras que fluían con naturalidad de sus labios como reflejo de una buena crianza. Sin embargo, detrás de esa aparente cortesía, había un trasfondo de insatisfacción que la acompañaba a lo largo de los años. A medida que el tiempo avanzaba, esa sensación de no estar del todo conforme se intensificaba, transformándola en alguien propenso a refunfuños constantes. Protestaba por todo: por el clima, por su marido, por el dinero, por sus hijos, por las novias de sus hijos, por su trabajo; nada escapaba a su crítica constante. A pesar de sus esfuerzos por salir de ese estado de descontento, Mónica siempre parecía estar buscando algo más, algo que nunca llegaba. En lo laboral, su malestar era palpable, como si siempre estuviera anhelando algo que se le escapaba entre los dedos. Secretamente, se comparaba con aquellos que veía triunfar con aparente facilidad convenciéndose de que la suerte estaba de su lado. Pero ¿por qué todo le resultaba tan difícil a ella?, ¿por qué nunca se sentía satisfecha ni conforme? A pesar de sus intentos por encontrar la plenitud, cada nueva experiencia parecía perder su brillo rápidamente sumiéndola en un ciclo interminable de insatisfacción. Su exigencia constante y su tendencia a compararse con los demás alejaban a quienes la rodeaban, dejándola cada vez más sola en su lucha por encontrar la felicidad duradera. «¿Qué me pasa?», se preguntaba Mónica desconcertada por la falta de plenitud que tanto anhelaba y que veía reflejada en otros y, en particular, en la vida de una amiga muy cercana a quien admiraba y también envidiaba.

Con Mónica hicimos un experimento que se llama **lo que busco es lo que encuentro**, una técnica magistral que aprendimos del genial *coach* Tony Robbins y que nos invita a un fascinante experimento de percepción. Nos insta a mirar a nuestro alrededor y a enfocarnos exclusivamente en encontrar todo lo que sea de color azul: azul, azul, azul, busca azul. Luego, nos pide que cerremos los ojos y reflexionemos: ¿Cuántas cosas de color blanco vimos durante ese tiempo? Seguramente ninguna, ¿verdad? Ahora, al abrir los ojos, nos invita a buscar intensamente todo lo que veamos de color blanco: blanco, blanco, blanco, busco blanco. Luego, nos incita a cerrar nuevamente los ojos y volver a reflexionar: ¿Cuántas cosas de color blanco vimos esta vez? ¡Probablemente muchas más! ¿Cómo es posible que en la primera búsqueda no hayamos visto nada blanco? La respuesta es simple: porque estábamos buscando azul. Sí, es cierto, nos pidieron que buscáramos azul, pero las cosas blancas estaban ahí, simplemente no las vimos. Este ejercicio nos enseña una valiosa lección: nuestra atención determina nuestra percepción. **Lo que buscamos es lo que encontramos.**

Al hacer este simple y poderoso ejercicio con Mónica, comenzó a sospechar que lo que aparecía en su vida era el resultado de lo que inconscientemente buscaba. Al principio rechazó esta idea: «Si yo justamente busco la felicidad, ¡pero no la encuentro!», decía. Le explicamos que la felicidad o satisfacción que ella anhelaba estaba teñida de lo que su inconsciente buscaba, que era confirmar lo que ella secretamente pensaba de sí misma: que no era suficientemente buena. No era suficientemente buena madre, se sentía culpable de cualquier cosa que sus hijos no lograran, ni suficientemente buena esposa, hacía unos años que su matrimonio languidecía; ni suficientemente buena amiga, poco a poco se iba quedando sola. Ni suficientemente capaz o inteligente, en el trabajo hacía tiempo que no recibía ningún reconocimiento. Lo cierto es que esa era su percepción, pero no era la realidad: tenía una familia estupenda, vivía en una casa preciosa y su trabajo la mantenía activa y actualizada y le daba estabilidad económica. Pero eso ella no lo veía —y percibía que nada era suficiente— porque **ella no se sentía suficiente**, aunque no lo dijera y, finalmente, encontraba pruebas de ello. Nathaniel Branden, el psicólogo pionero del movimiento de autoestima en los Estados Unidos, con quien tuve el honor de formarme y luego compartir escenario hace muchos años en un Congreso de Autoestima en Liverpool, explica claramente que «las personas no pueden actuar más allá de lo que secretamente opinan de sí mismas y, si tienen una baja autoimagen, el inconsciente va a hacer todo lo posible para confirmarla, es decir, van a salir a buscar pruebas de ello».

Si Mónica tenía una discusión con un hijo, confirmaba su autoimagen empobrecida de madre; si no lograba el aumento de dinero que ella quería en el trabajo, confirmaba que no la valoraban lo suficiente; si su matrimonio se había vuelto aburrido, confirmaba que su marido no la amaba lo suficiente. En realidad, era un caso de autoestima baja, y si bien iba a necesitar un trabajo intenso —de hecho, hizo un programa de capacitación intensivo con nosotras—, antes de iniciarlo le sugerimos que, como primer paso, era necesario que cambiara ese «chip» de refunfuño que tenía todo el día encendido, los hijos lo llamaban «modo bajón», y lo reemplazara por una práctica poderosa: la práctica del agradecimiento. Como ejercicio inicial le dijimos que hiciera lo siguiente.

Ejercicio: aplicar la ley del 1 %

Este principio de formación de hábitos sugiere que el crecimiento continuo y el cambio positivo pueden lograrse mediante pequeñas mejoras diarias. Este ejercicio es muy simple y también muy poderoso. La consigna es la siguiente: comprométete a encontrar algo nuevo por lo que estar agradecido cada día, incluso si son cosas pequeñas o insignificantes.

BROTHER DAVID

Lo segundo que hicimos con Mónica fue hablarle de Brother David, uno de los mayores exponentes del tema de la gratitud. Veamos de quién estamos hablando.

Brother David Steindl-Rast es un monje benedictino nacido en Viena, Austria, en 1926. Es conocido mundialmente por su trabajo como líder espiritual, escritor y conferenciante sobre temas relacionados con la gratitud, la espiritualidad interreligiosa y la paz interior. Brother David

Steindl-Rast ha dedicado gran parte de su vida a promover la idea de que la gratitud es la clave para una vida plena y significativa. Lo conocí en 2016, cuando vino a Argentina a dar una serie de conferencias. Recuerdo, entre otras cosas, su mirada penetrante y llena de amor, y su «juventud»: a los noventa años, trepó las escaleras del escenario donde iba a hablar como si fuera una persona de veinte. Le ofrecieron una silla para dar su disertación, pero prefirió permanecer de pie para «estar más cerca del público».

Sigamos con su biografía, vale la pena conocerlo bien. Después de ingresar en la Orden Benedictina en Austria, Brother David se trasladó a Estados Unidos, donde continuó su formación monástica. Durante la década de 1950, pasó un tiempo viviendo en el monasterio de Mount Saviour en Nueva York antes de mudarse a un monasterio en el estado de Nueva York en 1953.

Una de las contribuciones destacadas de Brother David es su enfoque en la práctica de la gratitud. Ha escrito extensamente sobre el tema y ha dado conferencias en todo el mundo sobre cómo cultivar una actitud de agradecimiento en la vida diaria. Su obra más conocida, *La gratitud: corazón de la plegaria*, explora la conexión entre la gratitud y la espiritualidad. A los noventa y seis años escribió su libro *Orientación para una vida plena.*

Brother David también es conocido por su interés en el diálogo interreligioso y la promoción de la paz. Ha trabajado con líderes religiosos de diversas tradiciones para fomentar la comprensión y la armonía entre las diferentes creencias. Además de sus escritos y conferencias, Brother

David ha recibido numerosos premios y honores por su trabajo, incluido el Templeton Prize en 2021 por su contribución al entendimiento espiritual. Su influencia se extiende por todo el mundo inspirando a millones de personas a vivir con gratitud, compasión y paz interior. Cuando cumplió los noventa y siete años, le preguntaron a Br. David si había algo que hubiera estado presente a lo largo de toda su vida, a lo que respondió:

«Obviamente, la gratitud. De pequeño me enseñaron a ser agradecido, a apreciarlo todo... mi abuela me ayudó en esto. Sin embargo, en los últimos años he hecho énfasis en lo que hay detrás de la gratitud, que es la confianza en la vida. **Solo podemos ser agradecidos porque confiamos en que la vida nos da, momento a momento, cosas buenas**».

¿Qué dice Brother David sobre la gratitud? Su perspectiva sobre la gratitud se basa en la idea de que el agradecimiento no es simplemente una respuesta a las circunstancias favorables de la vida, sino una actitud que se puede cultivar en todo momento, incluso en medio de las dificultades.

Una de las enseñanzas centrales de Brother David es que la gratitud no depende de las circunstancias externas, sino de nuestra disposición interna para reconocer y apreciar las bendiciones que recibimos en cada momento. En lugar de esperar a que ocurran grandes logros para sentirnos agradecidos, él nos insta a encontrar la belleza y la abundancia en las pequeñas cosas de la vida cotidiana. Recuerdo una de sus conferencias en la que explicaba de forma práctica cómo lograr esto: «subes a tu coche y das gracias por tenerlo, enciendes el motor y das gracias porque arranca, pones música en la radio y das gracias por que te acompaña y así sucesivamente. Cada vez que me acuerdo de hacerlo, me doy cuenta de cuánto más calmada y centrada puedo conducir.

Brother David dice que la gratitud es una elección consciente que podemos hacer en cada momento, incluso en los más difíciles. Nos invita a cultivar una actitud de **aprecio y asombro** hacia la vida, reconociendo que cada respiración, cada encuentro y cada experiencia son regalos preciosos que merecen nuestra gratitud.

Además, Brother David nos enseña que la práctica regular de la gratitud no solo trae alegría y satisfacción personal, sino que también puede tener un impacto positivo en nuestras relaciones con los demás y en el mundo en general. Al vivir con gratitud, nos volvemos más conscientes de las necesidades de los demás y estamos más inclinados a actuar con empatía y generosidad.

En resumen, Brother David nos anima a vivir con gratitud en todo momento, reconociendo la abundancia y la belleza que nos rodea, incluso en medio de los desafíos de la vida. Su enfoque nos invita a transformar nuestra percepción del mundo y a cultivar un profundo aprecio por la vida en todas sus formas.

✦

Vivir agradecidos nos ayuda a darnos cuenta de que hay recursos suficientes para todos.

Así, la gratitud nos proporciona una sensación de satisfacción y un gozoso deseo de compartir con los demás.

Brother David

Este enfoque a Mónica le tocó el corazón, pero sobre todo esta frase en particular: «Hay recursos suficientes para todos». Ella, que no se sentía suficiente, empezó a pensar que tal vez sí había suficiente, que ella podía tener suficiente y ¡ser suficiente! Esta forma de pensar la llevó a revertir poco a poco su tendencia a mirar el pasto del vecino como si fuera mejor que el propio. A medida que fue conociendo las enseñanzas de este monje tan especial, se fue abriendo a afrontar la vida con ojos nuevos. En especial la invitamos a que inundara su mente subconsciente con lecturas, ideas y pensamientos que la ayudaran a desarrollar el hábito de la gratitud. **En la gratitud no hay lugar para el sentimiento de escasez.** Le dijimos: «La belleza que estás buscando se encuentra en los ojos del que mira y si miras con los ojos del agradecimiento verás aparecer esa satisfacción, esa alegría, sobre todo esa felicidad que tanto anhelas».

✦

Lo que todos los seres humanos realmente anhelamos es aprender a ser felices en todo momento, vivir felices. Pero no es la felicidad lo que nos hacer ser agradecidos, es la gratitud lo que nos hace ser felices. Entonces, la gratitud es la llave de la felicidad.

Brother David

A continuación, le enseñamos a Mónica «el método para ser feliz», según Brother David. Estoy segura de que te interesará tanto como a ella conocer este «método» porque, en el fondo, lo que todos buscamos es ser felices.

EL MÉTODO DE TRES PASOS PARA LA FELICIDAD

El método de los tres pasos de Brother David Steindl-Rast es una técnica simple pero poderosa que nos invita a detenernos, mirar y responder con gratitud a los momentos de nuestra vida cotidiana. Este método es parte de su enfoque en la práctica de la gratitud como una actitud fundamental para vivir una vida plena y significativa. Al hacer estos tres pasos, tendremos que responder tres preguntas: por qué, qué y cómo. Y la respuesta es ¡vivir plenamente! ¡Es responder plenamente a este momento presente! Y eso se logra en los tres pasos.

- **Detenernos: ¿por qué detenernos?** Esta pregunta nos invita a reflexionar sobre la importancia de tomarnos un momento para detenernos en medio de nuestras actividades diarias y desconectar de las distracciones externas. Nos ayuda a comprender el propósito detrás de este primer paso, que es cultivar la conciencia plena y volver a conectar con el momento presente. En un mundo lleno de distracciones y prisas, tomar un momento para detenernos nos permite volver a conectar con el presente y abrirnos a la experiencia del momento presente.
- **Mirar: ¿qué estamos mirando?** Esta pregunta nos lleva a reflexionar sobre la calidad de nuestra atención y el enfoque de nuestra mirada. Nos anima a examinar qué estamos observando en nuestro entorno y cómo estamos interpretando nuestras ex-

periencias. Nos ayuda a ser conscientes de la belleza y las bendiciones que nos rodean, incluso en medio de los desafíos de la vida. Este paso implica ser consciente de las pequeñas bendiciones y maravillas que nos rodean en cada momento: el cielo azul, el perfume de las flores, el roce del viento en nuestra piel. Al mirar con gratitud, podemos encontrar belleza y abundancia en los detalles más simples de la vida.

- **Responder: ¿cómo hacerlo con gratitud?** Esta pregunta nos guía hacia la acción, invitándonos a expresar gratitud por las bendiciones que hemos observado durante nuestro momento de detención y observación consciente. Nos alienta a cultivar una actitud de aprecio y asombro hacia la vida, reconociendo la abundancia y la belleza que nos rodean en todo momento. Podemos expresar nuestra gratitud internamente o en voz alta, dando gracias por las experiencias y las personas que enriquecen nuestras vidas.

Esta práctica ayuda a cultivar una actitud de aprecio y asombro hacia la vida. Me quedo pensando que el asombro es una característica de los niños que se sorprenden cuando logran andar en bici sin ruedines, cuando descubren una mariposa revoloteando en el jardín, cuando pisan los charcos después de una lluvia o cuando aparecen los regalos alrededor del árbol de Navidad. Ese asombro es lo más cercano a la felicidad que conozco, es como una invitación a no tomar a nada ni a nadie por sentado. Es no perder nuestra capacidad de asombro y ser agradecidos siempre.

Ejercicio: gratitud en tres pasos

Detenerse:

- Encuentra un momento tranquilo en tu día, preferiblemente al comienzo o al final del día.
- Siéntate cómodamente en un lugar tranquilo donde no serás interrumpido.
- Cierra los ojos y haz varias respiraciones profundas para centrarte y relajarte.
- Tómate unos minutos para detenerte y desconectar de las distracciones externas permitiéndote estar presente en el momento.

Mirar:

- Una vez que te sientas calmado y centrado, comienza a observar tu entorno con atención plena.
- Observa los detalles a tu alrededor: los sonidos que escuchas, los olores que percibes, las sensaciones físicas en tu cuerpo.
- Observa también tus pensamientos y emociones sin juzgarlos, simplemente reconociéndolos y dejándolos pasar.

Responder:

- Después de haber observado tu entorno con atención plena, tómate un momento para reflexionar sobre lo que has experimentado durante el día.

- Reconoce y agradece las pequeñas bendiciones y momentos de belleza que has observado durante este ejercicio.
- Expresa tu gratitud internamente o en voz alta, dando gracias por las experiencias positivas y las personas que enriquecen tu vida.

Al igual que a Mónica, este ejercicio de gratitud te ayudará a cultivar una mayor consciencia y aprecio por las bendiciones que te rodean en tu vida diaria. Practicarlo regularmente transformará tu percepción del mundo para que puedas vivir con más alegría y satisfacción.

EL IMPACTO DE LA GRATITUD EN LA SALUD

Otro de los temas que a Mónica le preocupaba era su tendencia a ponerse enferma. Decía: «Es como que siempre tengo las defensas bajas». Experimentaba dolores de cabeza, resfriados, alguna gripe leve, algún tema gastrointestinal que, aunque parecían menores, se magnificaban en su mente. Para ella, estos pequeños malestares se convertían en grandes preocupaciones y, en lugar de simplemente tratarlos como parte de la vida cotidiana, les otorgaba una atención excesiva.

Por eso nos pareció muy pertinente contarle los hallazgos de un estudio que se conoce como «El estudio de las monjas». Es uno de los estudios longitudinales más conocidos sobre el envejecimiento y la salud mental. Fue dirigido por el doctor David Snowdon, un epidemiólogo de la Universidad de Kentucky, que trabajó en colaboración con la Congregación de las Hermanas de Notre Dame en Mankato, Minnesota. El estudio comenzó en 1986 y se publicó en 1997 y se prolongó hasta 2001. Se centró en un grupo de 678 monjas católicas estadounidenses, específicamente las Hermanas de Notre Dame, que aceptaron participar voluntariamente en la investigación. Se eligió a las monjas por ser una población con hábitos de vida similares, por lo que resultaba más fácil medir el impacto de los hábitos en la salud física, mental y emocional. Una característica única de este estudio es que las monjas proporcionaron muestras de sus diarios: escritos autobiográficos y cartas, además de los típicos análisis médicos, lo que permitió a los investigadores examinar la relación entre la salud mental y el desarrollo lingüístico y cognitivo a lo largo del tiempo.

Los hallazgos del «estudio de las monjas» han proporcionado valiosa información sobre los factores protectores que pueden contribuir a un envejecimiento saludable y a la prevención de enfermedades como el alzhéimer. Por ejemplo, se encontró una correlación entre la complejidad y riqueza del lenguaje utilizado en las autobiografías de las monjas y un menor riesgo de deterioro cognitivo en la vejez. O sea, primera conclusión de este estudio: nunca dejar de leer y de escribir con propiedad.

Además, el estudio ha arrojado luz sobre otros aspectos de la salud mental y el envejecimiento, como el impacto de las actitudes positivas hacia la vida, la resiliencia emocional y el sentido de propósito en la longevidad y el bienestar general. Una de las áreas más destacadas del «estudio de las monjas» del doctor Snowdon es la relación entre la expresión de emociones positivas y el bienestar mental y físico en la vejez. Los hallazgos de este estudio sugieren que **la capacidad de experimentar y expresar emociones positivas puede tener un impacto significativo en la salud y la longevidad.** Las monjas que demostraron, a lo largo de su vida, una actitud positiva y expresaron emociones como la gratitud, la esperanza y la alegría en sus escritos autobiográficos tenían una mayor probabilidad de experimentar un envejecimiento saludable y una menor incidencia de enfermedades mentales, como la depresión y la demencia. Este hallazgo respalda la idea de que mantener una actitud positiva hacia la vida puede ser un factor protector contra el estrés y las enfermedades relacionadas con el envejecimiento. La capacidad de encontrar significado y propósito en la vida, así como de apreciar las pequeñas bendiciones cotidianas, puede fortalecer la resiliencia emocional y promover un sentido de bienestar general.

Además, la expresión de emociones positivas puede tener efectos beneficiosos en el sistema inmunológico y en la salud cardiovascular, lo que contribuye a una mayor longevidad y calidad de vida en la vejez. Los estudios han demostrado que las personas que experimentan emociones positivas con regularidad tienden a tener un sistema inmunológico más robusto y una menor incidencia de enfermedades crónicas. Y hay datos aún más sorprendentes, al menos para mí: aquellas monjas que en sus escritos, en sus cartas, expresaron más emociones positivas, como el agradecimiento, llegaron a vivir diez años más que el promedio de las otras: **¡La conclusión de este estudio es que expresar emociones positivas... alarga la vida!**

EL AGRADECIMIENTO, LA RESILIENCIA EMOCIONAL Y LA CONEXIÓN CON LOS DEMÁS

Brené Brown es profesora investigadora de la Universidad de Houston, referente en psicología e investigación social que ha dedicado los últimos veinte años al estudio de la valentía, la vulnerabilidad, la vergüenza y la empatía. Se hizo muy popular tras protagonizar una charla TED de gran audiencia sobre la vulnerabilidad, con más de cincuenta millones de visitas, y ahora en Netflix con *Sé valiente* (2019), un documental en el que, con humor y mucha empatía, nos explica lo que necesitamos para elegir el coraje sobre la comodidad en una cultura definida por la escasez, el miedo y la incertidumbre.

Brown ha abordado la importancia de la gratitud en varios de sus libros y charlas, especialmente en relación con la resiliencia emocional y la conexión con los demás. En su libro *The Gifts of Imperfection* (*Los dones de la imperfección*), habla sobre la importancia de cultivar la gratitud como una práctica fundamental para vivir una vida auténtica y plena. Argumenta que la gratitud nos permite apreciar nuestras experiencias y relaciones, incluso en medio de los desafíos y la adversidad. Al practicar la gratitud, podemos desarrollar una mayor resiliencia emocional y fortalecer nuestras conexiones con los demás.

Uno de los hallazgos científicos más importantes en el trabajo de Brown es su investigación sobre la conexión humana y la vulnerabilidad. En sus estudios, ha descubierto que las personas que tienen una fuerte sensación de conexión con los demás suelen ser más felices y saludables en general. La gratitud juega un papel importante en esta conexión, ya que nos permite apreciar y valorar a las personas que están presentes en nuestras vidas.

Brown también ha hablado sobre el impacto de la gratitud en la resiliencia emocional. En su libro *Daring Greatly* (*Atreviéndose a ser vulnerable*), explora cómo **el cultivo de la gratitud puede ayudarnos a superar la vergüenza y el miedo al fracaso y a desarrollar una mayor confianza en nosotros mismos y en los demás.**

Brown propone cuatro principios para ser valientes, exponernos al mundo y mostrar quiénes somos:

- **Vivir en la arena:** implica elegir la valentía cada día, incluso si eso significa tropezar y fracasar. No intentar disimular nuestros errores. No querer ser una sabelotodo. Mostrarse tal y como somos es el acto más valiente. No se trata de encajar o adaptarse, sino de ser auténticos y formar parte de nosotros mismos antes que de cualquier cosa externa.
- **La verdadera fortaleza radica en la vulnerabilidad.** La valentía y la vulnerabilidad van de la mano; no se trata de ganar o perder, sino de tener el coraje de intentarlo a pesar de la incertidumbre. Debemos dejar de asociar la vulnerabilidad con la debilidad y reconocer que es parte fundamental del crecimiento personal.
- **Es crucial alejarse de las personas tóxicas** que solo critican desde la distancia. La opinión de aquellos que realmente nos aman, con todas nuestras imperfecciones y vulnerabilidades, es la única que debería importarnos. Seleccionar cuidadosamente a quienes nos acompañan en nuestra vida es esencial para nuestro bienestar emocional.
- **La gratitud** es fundamental para experimentar la alegría plenamente. A menudo, el miedo a perder esa alegría nos impide disfrutarla por completo. Reconocer este miedo y practicar la gratitud por los momentos felices nos ayuda a vivir más plenamente y a apreciar la belleza de la vida. Llevó adelante una investigación

> muy precisa en la que entrevistó a miles de personas sobre sus experiencias de alegría y concluyó que, aquellos que tienen la capacidad de apoyarse plenamente en la alegría, comparten una variable común: practican la gratitud. **«Las personas alegres son personas agradecidas»**. Practicar la gratitud, más que pensar en cosas por las que estamos agradecidos, es verbalizarlas, dice la doctora Brown. Una práctica de gratitud, dice, puede reducirse a repetir cuatro simples palabras: «Estoy muy agradecido por… ».

En resumen, Brené Brown ha destacado la importancia de la gratitud en relación con la resiliencia emocional, la conexión humana y el crecimiento personal. Sus hallazgos científicos respaldan la idea de que practicar la gratitud puede tener un impacto significativo en nuestra calidad de vida y en nuestro bienestar emocional.

✦

La gratitud no es solo una emoción, es una práctica diaria de reconocer las bendiciones en nuestra vida.

BRENÉ BROWN

Ejercicio: practicar el agradecimiento para fortalecer vínculos

Para realizar este ejercicio, vamos a basarnos en otro principio de James Clear, para la consolidación de los hábitos, que se conoce como «el principio de apilamiento». Consiste en apilar el nuevo hábito sobre un hábito que ya practiques.

- Empieza por reconocer algo pequeño por lo que estés agradecido en tus relaciones cada día. Puede ser un gesto amable, una palabra de aliento, una invitación que te han hecho o simplemente la presencia de esa persona en tu vida. Completa la frase «estoy muy agradecido por...».
- Luego apila ese hábito sobre otro que ya tengas establecido. Por ejemplo, podrías hacerlo mientras cenas con tu familia. Con el tiempo, este simple acto de gratitud puede fortalecer tus lazos con tus seres queridos y crear una atmósfera de aprecio mutuo en tu vida cotidiana. Y, además, puedes estar inculcando este valor a tus hijos de forma natural.
- Si vives sola o solo, puedes apilar este hábito con el de mirarte al espejo por las mañanas, y ahí, frente a tu espejo, decir en voz alta o en voz baja un motivo por el que te sientas agradecido. Verás cómo tu día empieza con otra energía.

EL LEGADO DE MESSI: HUMILDAD, GRATITUD Y VICTORIA

Rosario, una de las ciudades más importantes del interior de Argentina, fue el lugar donde nació un niño con un talento excepcional y un corazón lleno de gratitud. Desde muy temprana edad, Lionel Messi mostró destellos de genialidad en el fútbol afrontando no solo los desafíos habituales del deporte, sino también un obstáculo físico poco común: un déficit en la hormona del crecimiento. A pesar de este desafío, logró superarlo gracias al apoyo incondicional de sus padres y a su firme convicción. Sin embargo, su historia no estaría completa sin la figura crucial de su abuela, Celia.

Fue ella quien, a los cuatro años, lo llevó por primera vez a una cancha de fútbol. Aunque los entrenadores dudaban de que fuera apropiado meter a un niño tan pequeño en el equipo, la insistencia de Celia prevaleció. Y Messi, que no tenía ni la edad ni el tamaño que hacía falta para jugar, entró en el campo y sorprendió a todos con su gran habilidad. Anotó dos goles en su debut, sellando así el inicio de una carrera legendaria.

Sin embargo, la vida es caprichosa y desafortunadamente Celia no pudo presenciar el ascenso meteórico de su nieto. Murió cuando Lionel tenía apenas diez años, pero su influencia y su amor perduraron en el corazón del pequeño prodigio. Desde ese día, cada vez que Messi marca un gol, levanta sus manos hacia el cielo en un gesto de agradecimiento, honrando la memoria de su abuela.

Además de honrar a su abuela, Lionel Messi no deja de reconocer el papel fundamental de su familia en su vida y en su carrera. Da las gracias a sus padres, quienes no solo lo acompañaron en cada paso de su trayectoria, sino que también le inculcaron valores sólidos que guiaron su camino hacia el éxito. Reconoce el amor incondicional de su esposa, Antonella, que junto a sus hijos se han convertido en sus mayores apoyos y reguladores de energía. Para Messi, la familia es el pilar sobre el cual se sustenta su gratitud, demostrando así que no toma a nadie ni nada por sentado en su camino hacia la grandeza. «Muchas gracias a mi familia, a todos los que me apoyan y también a todos los que creyeron en nosotros», suele decir.

Esta actitud de gratitud es el *leitmotiv* de la vida de Messi. En cada paso de su carrera, ya sea en la victoria o en la derrota, su humildad y reconocimiento hacia los demás hace que brille con luz propia. En los momentos de gloria, no olvida a quienes lo acompañaron en el camino hacia la cima. Se acerca a sus compañeros de equipo para agradecerles su contribución, consciente de que ningún logro es individual. «Quiero agradecer a todos los que me han apoyado durante este tiempo: a los que creen, como yo, que se pueden seguir logrando grandes cosas, a los que, a pesar de las adversidades, me animan a seguir jugando al fútbol. Nada de esto hubiera sido posible sin su apoyo. Gracias por acompañarme a vivir».

Incluso en los momentos más difíciles, como aquella final perdida en Chile en 2015, Messi demostró su grandeza al agradecer el apoyo constante de quienes lo rodeaban: «No hay nada más doloroso en el fútbol que perder una final, pero no quiero que pase más tiempo sin darles las gracias a todos los que nos apoyaron siempre y nos siguen defendiendo en los momentos difíciles».

Pero también supo saborear las victorias, como la épica conquista del Campeonato Mundial en Qatar, el 18 de diciembre de 2022, celebrando con todos aquellos que formaron parte de su trayectoria. Allí dijo: «Muchas veces imaginé lo que podía ser regresar a mi país como campeón del mundo, pero ahora no tengo palabras para explicar lo que siento, lo agradecido que estoy a toda la gente por el cariño».

En cada gesto de Messi se percibe la genuina convicción de que el éxito es un trabajo en equipo y de que, por encima de todo, quiere dar las gracias a Dios por el don que le fue otorgado. Lejos de arrogarse méritos, se muestra eternamente agradecido por cada oportunidad que la vida le brinda.

Así, la historia de Lionel Messi no es solo la de un futbolista excepcional, sino la de un hombre que, con humildad y gratitud, ha conquistado el corazón de millones de personas en todo el mundo.

Por eso, cuando escribí junto con Florencia nuestro primer libro para chicos, *¡Messirve! 10 valores de oro para los chicos*, sobre la base de la historia de Messi, nuestra meta fue inspirar a todos los niños del mundo no solo a querer usar su camiseta, sino también a adoptar sus valores. De entre todos estos valores, considero que el que más rápido te saca de la mentalidad de escasez es la gratitud.

Ejercicio: cultivando la gratitud al estilo Messi

Objetivo: Explorar y fortalecer la actitud de gratitud en la vida personal y profesional, inspirándose en la historia de Lionel Messi.

Pasos:

Reflexión personal:

- Tómate un momento para reflexionar sobre tu propia vida y carrera.
- ¿Cuáles son tus logros más significativos hasta el momento?
- ¿Qué personas, circunstancias o eventos han contribuido a tu éxito?
- ¿Qué papel juega la gratitud en tu día a día? ¿Sientes que valoras lo suficiente a quienes te rodean y te han ayudado en tu camino?

Análisis de la historia de Messi:

- Lee detenidamente la historia de Lionel Messi y su actitud de gratitud hacia su familia, sus compañeros y su equipo.
- Identifica los momentos clave en los que Messi demuestra su gratitud y cómo esto influye en su vida y en su carrera.

Identificación de personas y apoyos:

- Haz una lista de las personas clave en tu vida personal y profesional que te han ayudado a llegar donde estás hoy.

- Reflexiona sobre cómo estas personas te han influido, apoyado y contribuido a tu crecimiento y éxito.

Práctica de la gratitud:

- Elige al menos una persona de tu lista y piensa en una manera concreta de expresar tu gratitud hacia ella.
- Puede ser una llamada telefónica, un mensaje de agradecimiento por WhatsApp, una carta escrita a mano o, incluso, un simple gesto de aprecio en persona.
- Observa cómo te sientes al expresar tu gratitud y cómo esta acción puede fortalecer tus relaciones y tu bienestar emocional.

Desarrollo de una actitud de gratitud constante:

- Incorpora la práctica diaria de la gratitud en tu vida.
- Al final de cada día, dedica unos minutos a reflexionar sobre tres cosas por las que estás agradecido.
- Observa cómo esta práctica cambia tu perspectiva y te ayuda a enfocarte en lo positivo, incluso en medio de los desafíos.

Compromiso y seguimiento:

- Comprométete a mantener una actitud de gratitud constante en tu vida, reconociendo y valorando a quienes te rodean.
- Establece recordatorios regulares para practicar la gratitud y evalúa cómo esta actitud influye en tu bienestar y en tus relaciones.

No olvides que ser agradecido es una superherramienta para sentirte bien contigo mismo, mejorar tus relaciones, tener más amigos y darle más sentido a tu vida. Como Messi, puedes aprender a valorar y agradecer cada paso que das hacia tus metas y sueños, y cada persona que te acompaña en el camino.

LA GRATITUD Y EL ORDEN VAN DE LA MANO

Analía vivía rodeada de un mar de objetos. Su casa era un laberinto de trastos acumulados, cada rincón estaba repleto de cosas que en su mayoría ya no tenían utilidad. Guardaba desde recuerdos de la infancia hasta electrodomésticos rotos que prometía arreglar algún día. Su armario rebosaba de ropa que no usaba desde hacía años o que simplemente ya no la favorecía.

Intentar poner orden era una tarea titánica para Analía. Cada vez que se proponía deshacerse de algo, una sensación de angustia la invadía. ¿Qué significaba desprenderse de esas pertenencias, incluso de relaciones que ya no le aportaban nada? Era como dar un salto al vacío, un temor a perder algo que, de alguna manera, le brindaba seguridad.

Pero a medida que su casa se llenaba más, su vida parecía estancarse. La energía en su hogar y en su interior se volvía pesada, como si el exceso de objetos la agobiara y la aprisionara.

Fue entonces cuando le hablamos de una técnica que combinaba el agradecimiento con el orden. Una práctica que, en lugar de centrarse en lo que falta, celebra y agradece lo que ya se tiene. Intrigada, Analía decidió explorar más sobre esta técnica sintiendo una chispa de esperanza; tal vez, al liberarse del peso de lo innecesario, podría finalmente encontrar la claridad y el espacio para lo nuevo en su vida.

Empecemos con una autorreflexión... ¿Cuánto orden hay en tu vida? Antes de sumergirnos en el transformador método que le presentamos a Analía te invito a realizar una pequeña reflexión sobre el orden en tu vida cotidiana. Tómate un momento para observar los espacios que habitas a diario: tu casa, tu espacio de trabajo y cualquier lugar donde pases tiempo. ¿Te encuentras rodeado de orden o de desorden? ¿Hallas fácilmente lo que necesitas o te enfrentas a la constante búsqueda de objetos extraviados? Dirige tu atención a tu oficina o escritorio: ¿te sientes inspirado y productivo en ese espacio o te abruma el desorden? Ahora, miremos tu cocina. ¿Es un lugar que te invita a cocinar con alegría o lo percibes como un espacio desordenado? Y, por último, adentrémonos en tu dormitorio. ¿Qué objetos tienes allí?, ¿dirías que es un espacio armónico donde fluye la energía o está un poco abarrotado? Observa estos detalles y reflexiona sobre cómo el orden o el desorden en tu entorno pueden afectar a tu bienestar y tu calidad de vida.

¿Te has detenido alguna vez a reflexionar sobre el caos que se puede esconder tras el desorden físico y cómo esto puede reflejar algo más interno? Personalmente, he notado que la acumulación de objetos a menudo está vinculada al miedo, al temor de no poder reponer lo que tenemos o de no generar las ganancias suficientes para adquirir cosas nuevas. Este miedo puede convertirnos en «acumuladores» de posesiones, guardando cosas por si acaso: por si vuelve la moda, por si algún día las necesitamos, por si adelgazamos o por si... cualquier otra razón futura. Analía hasta guardaba cientos de bolsitas dentro de bolsitas y todos los frascos que pasaban por sus manos, por las dudas. Este hábito parece estar íntimamente relacionado con el temor a la escasez. A Analía le hice la siguiente propuesta: ¿qué pasaría si te dijera que hay una técnica que nos puede ayudar a desprendernos de lo que no necesitamos y que se basa en la gratitud? Te invito a explorar cómo el orden exterior puede limpiar y transformar nuestro mundo interior.

El método de Marie Kondo para poner orden, conocido como el KonMari, se centra en conservar solo las cosas que nos traen alegría y deshacernos de todo lo demás. Esta técnica no solo se aplica al orden físico de nuestras pertenencias, sino que también puede tener un impacto en nuestro bienestar emocional. Exploremos la relación que hay entre ella y el agradecimiento:

- **Gratitud por lo que tenemos:** Antes de comenzar a ordenar Marie Kondo sugiere que tomemos un momento para agradecer «a» nuestras pertenencias el servicio que nos han brindado. Esto implica reconocer y valorar lo que ya poseemos en lugar de centrarnos únicamente en lo que deseamos adquirir. De manera similar, practicar la gratitud en nuestra vida diaria nos ayuda a apreciar lo que tenemos en lugar de enfocarnos en lo que nos falta.

- **Selección consciente:** Durante el proceso de orden, el método KonMari nos anima a tomar decisiones conscientes sobre qué objetos conservar y cuáles dejar ir. Al preguntarnos si un objeto nos trae alegría, estamos evaluando su valor emocional en nuestras vidas. Del mismo modo, practicar la gratitud nos hace más conscientes de lo que realmente valoramos y nos ayuda a tomar decisiones más alineadas con nuestros sentimientos y valores más profundos. Ella sugiere comenzar por la ropa, luego los libros, papeles y objetos varios y, finalmente, los objetos sentimentales (fotos, recuerdos).
- **Dejar ir con gratitud:** Marie Kondo enfatiza la importancia de despedirse con gratitud de los objetos que decidimos desechar. Al agradecerles el papel que desempeñaron en nuestra vida, podemos dejar ir el apego emocional y liberarnos de la carga que representan. De manera similar, en la vida cotidiana, practicar la gratitud nos ayuda a dejar ir el resentimiento, el pesar o la preocupación, permitiéndonos avanzar con ligereza y claridad.
- **Vivir en un espacio de agradecimiento:** Después de completar el proceso de orden según el método KonMari, se crea un entorno que refleja nuestras verdaderas alegrías y valores. Este espacio ordenado y armonioso nos brinda la oportunidad de vivir en un estado de gratitud continua, apreciando y cuidando conscientemente de las cosas que hemos elegido mantener en nuestras vidas.

He optado por presentarte la técnica de Marie Kondo para el orden, ya que está estrechamente ligada a la práctica de la gratitud. Su enfoque se centra en valorar lo que verdaderamente importa en nuestras vidas y en liberarnos de lo que no nos sirve. Ambas perspectivas nos animan a cultivar una actitud de aprecio y satisfacción hacia lo que tenemos, lo que puede conducir a una mayor paz interior y felicidad. Al deshacernos de lo que no necesitamos, inconscientemente estamos haciendo espacio para lo nuevo.

Además, no se trata de adoptar un enfoque rígido u obsesivo del orden en la vida. Marie Kondo llegó a ser un tanto extremista en su postura como, por ejemplo, recomendar tener solo treinta libros en casa (¡yo tengo cientos y son parte importante de mi vida!). Marie Kondo presenta ahora un enfoque complementario más dinámico, uno que expande el original: el «Método *Kurashi*». En japonés, *kurashi* significa «modo de vida», un concepto más amplio que busca definir un ritmo de vida óptimo capaz de brindarnos felicidad. O, como lo expresa Kondo, de encender la «chispa de la alegría». Según Kondo, el acto de ordenar ya no se limita a los espacios físicos, como una casa o un cajón, sino que amplía su significado convencional. Ahora implica priorizar y dedicar tiempo a las actividades que realmente te hacen feliz. En esencia, ordenar tu vida es aprender a gestionar tus prioridades de manera efectiva, y esto está en total concordancia con todo lo que proponemos a lo largo de este libro. «Poner orden significa ocuparte de todas las cosas de tu vida. Entonces, ¿qué es lo que realmente quieres poner en orden?», se pregunta Kondo.

Centrémonos ahora en un ejercicio para empezar a liberar espacio en tu vida, un espacio que luego podrás usar para invitar a lo nuevo a tu vida.

Ejercicio para que el orden sea sinónimo de felicidad

Objetivo: Vamos a hacer orden en tu entorno para liberar espacio físico y mental, permitiéndote así enfocarte en lo que realmente importa.

Pasos:

Visualización del espacio ideal:

- Cierra los ojos y visualiza cómo sería tu entorno ideal.
- ¿Cómo te sentirías en un espacio ordenado y armonioso?
- Imagina cómo sería tu vida si tuvieras más espacio para lo que realmente te importa.

Identificación de áreas problemáticas:

- Piensa en las áreas de tu hogar o lugar de trabajo que te causan más estrés debido al desorden.
- ¿Qué áreas están más desorganizadas o acumuladas de objetos innecesarios?

Priorización de espacios para ordenar:

- ¿Cuál de estas áreas te gustaría abordar primero y por qué? Marie Kondo sugiere primero empezar por la ropa, luego los libros, papeles y objetos varios y, finalmente, los objetos de contenido sentimental.

Método de descarte:

- Vamos a decidir qué objetos realmente te brindan alegría o son necesarios.
- Separa los objetos en tres categorías: mantener, donar/reciclar y desechar.
- ¿Cómo te sientes al tomar decisiones sobre qué conservar y qué dejar ir?

Práctica de la gratitud:

- Durante el proceso de orden, practica la gratitud hacia los objetos que eliges conservar. Y por los elementos que quieres donar y descartar también, ya cumplieron su ciclo.
- ¿Qué objetos te generan alegría y por qué?

Organización y limpieza:

- Una vez que hayas decidido qué conservar, vamos a organizar y limpiar el espacio.

Celebración del logro:

- Al finalizar el proceso de orden, celebra tu logro. Reconoce el trabajo duro que has realizado y el espacio que has creado para lo nuevo en tu vida.

Reflexión y seguimiento:

- ¿Cómo te sientes ahora que has ordenado el espacio?
- Reflexiona sobre el impacto que ha tenido este proceso en tu bienestar y en tu vida en general. ¡Y agradece!

Este ejercicio te ayudará a crear un entorno más armonioso y funcional, al tiempo que te permitirá liberar espacio físico y mental para nuevas oportunidades y experiencias en tu vida. Y la clave para poder hacerlo más fácilmente es el agradecimiento.

LA CELEBRACIÓN COMO EXPRESIÓN DE AGRADECIMIENTO

Desde el principio de los tiempos, los pueblos antiguos comprendieron el valor de la celebración. En los cambios de estaciones, en el inicio y el fin de la cosecha, esas comunidades encontraban razones para reunirse, compartir y agradecer las bendiciones recibidas. Estas celebraciones no solo eran un escape momentáneo de las preocupaciones cotidianas, sino que también eran un recordatorio vívido de la belleza y la maravilla que nos rodea. No solo renovaban el espíritu comunitario, sino que también infundían a cada individuo un profundo sentido de conexión y gratitud hacia la vida y sus dones.

Imagina a los escandinavos precristianos, marcando el solsticio de invierno con el festival de Yule, encendiendo hogueras para celebrar que la luz regresa al mundo. ¿En qué consistía esta celebración? El solsticio de invierno es un evento astronómico que marca el día más corto del año en el hemisferio norte y el día más largo en el hemisferio sur. Sucede alrededor del 21 o 22 de diciembre en el hemisferio norte y alrededor del 21 o 22 de junio en el hemisferio sur. Durante el solsticio de invierno en el hemisferio norte, el sol alcanza su posición más baja en el cielo y aparece más al sur, lo que provoca el día más corto del año y la noche más larga.

La conexión entre el solsticio de invierno y la celebración de la luz tiene que ver con el hecho de que, a partir de ese punto, los días comienzan a alargarse nuevamente. Después del solsticio de invierno, el sol comienza a subir más alto en el cielo y las horas de luz diurna aumentan gradualmente. Por lo tanto, la celebración de la luz durante el solsticio de invierno representa la esperanza y la renovación en medio de la oscuridad y el frío del invierno. Para muchas civilizaciones antiguas, el solsticio de invierno tenía connotaciones religiosas y ceremoniales, ya que simbolizaba el renacimiento del sol y el triunfo de la luz sobre la oscuridad. Cuando leí acerca de esta celebración, comprendí por qué, al menos en mi caso, visceralmente, me alegro el 21 de junio, porque sé que, a partir de ese día, los días en el hemisferio sur comienzan a alargarse.

Y también comprendí por qué en Suecia me han invitado tantas veces a dar cursos de formación y conferencias durante el verano, porque soportan tantos meses de oscuridad que, cuando llegan los meses de luz y sol, ese momento es una fiesta y les parece el mejor momento para aprender, ¡porque aprender es una fiesta! Suecia siempre me ha acogido como si fuera parte de su tejido mismo, con gente tan cálida como un abrazo de verano en un día de sol. En cada viaje, mis sentidos se despiertan ante la maravilla de un lugar donde los colores parecen bailar por las calles, especialmente en ciudades como Estocolmo. No importa la época del año, Suecia siempre parece estar teñida de luz, con velas encendidas que iluminan los días, incluso en los brillantes meses de verano como si fuera un recordatorio constante de la calidez y la bienvenida que este país ofrece. Es una tierra que respira el concepto de *Hygge* —bienestar acogedor— donde cada rincón está diseñado para crear una atmósfera de comodidad y armonía.

Pero Suecia no es solo un festín para los sentidos, sino también para el alma. La amabilidad y la cortesía de su gente son palpables en cada interacción, y es difícil no sentirse envuelto en su calidez. Las tradiciones y celebraciones son una parte integral de la vida allí, añadiendo una capa adicional de riqueza cultural a la experiencia. En verano, hay un gran tiempo de celebración llamado *Midsommar.* La fecha puede variar, ya que siempre se programa para el fin de semana que cae entre el 19 y el 24 de junio.

Durante el solsticio de verano en Suecia, se organizan largos almuerzos al aire libre que son el corazón de la festividad. Los asistentes pueden deleitarse con platos típicos de la gastronomía sueca, como el salmón marinado con patatas o los arenques en escabeche.

Participar en estos almuerzos implica una serie de tradiciones encantadoras: vestir ropas típicas, adornar el cabello con flores, cantar canciones mientras se brinda y compartir bailes de cintas. Además, a lo largo del día se comparten leyendas e historias que hacen de este evento una experiencia inolvidable. O sea, el hábito de celebrar también lo podemos ver en sociedades modernas. Es una necesidad humana muy importante.

EL SÍNDROME DEL BURRO DE CARGA

Pero para la mayoría de nosotros, en el apuro de la vida moderna, es fácil olvidarnos de celebrar y caer en la trampa de lo que Florencia y yo hemos llamado «el síndrome del burro de carga». Como el burro que lleva su carga incansablemente sin decir nada y se lo carga cada vez más hasta que un día, agotado, sus patas ceden bajo su peso y no puede andar más. Nosotros también podemos encontrarnos abrumados por el peso de nuestras responsabilidades si no nos permitimos celebrar y renovar nuestras energías. Para no llegar a estar agotados, necesitamos la celebración para recordarnos a nosotros mismos que cada paso adelante merece ser honrado, que cada logro merece ser reconocido y festejado.

Porque la celebración no solo es un acto de gratitud hacia la vida, sino también un acto de amor hacia nosotros mismos. Es un recordatorio de que somos dignos de alegría, dignos de amor, dignos de celebración.

La celebración nos brinda una oportunidad invalorable para detenernos, reflexionar y reconocer el valor de lo que hemos logrado. La celebración es el antídoto del sentimiento de escasez, porque nos obliga a ver lo bueno, a no darlo por sentado y agradecer las cosas que hemos logrado y las que vendrán.

En nuestra vida moderna, asociamos las celebraciones con los grandes hitos como fiestas de casamiento, graduaciones y cumpleaños, pero aquí queremos destacar la importancia de celebrar los pequeños momentos de alegría cotidiana como una comida compartida con amigos o una tarde tranquila en la naturaleza. Cada una de estas ocasiones nos brinda la oportunidad de parar, reflexionar y reconocer la belleza y la abundancia que nos rodea.

Al celebrar, no solo nos permitimos disfrutar del presente, sino que también sembramos las semillas de la gratitud en nuestro corazón. La acción de celebrar nos invita a abrirnos a la alegría y al agradecimiento, renovando nuestra energía y revitalizando nuestro espíritu. Es un recordatorio de que la vida está llena de momentos dignos de ser apreciados y que, al reconocer y valorar estas bendiciones, cultivamos una profunda sensación de bienestar y plenitud en nuestras vidas.

En resumen, la celebración es mucho más que una simple fiesta o evento; es un acto de gratitud y reconocimiento hacia la vida y todo lo que nos ofrece. Nos recuerda que cada momento, grande o pequeño, es una oportunidad para celebrar la belleza y la abundancia que nos rodea y nos invita a vivir con el corazón abierto y lleno de gratitud.

Ejercicio: cambia tu suerte a través de la celebración

Objetivo: Utilizar la celebración como una herramienta poderosa para cambiar tu perspectiva y tu suerte al volver a conectarte con la alegría y la gratitud en tu vida.

Pasos:

Reflexión sobre tu estado actual:

- Tómate un momento para reflexionar sobre tu estado actual. ¿Estás atrapada en una rutina monótona o aburrida?, ¿estás experimentando desafíos o dificultades en tu vida?

Identificación de los aspectos positivos:

- A pesar de tus desafíos o dificultades hay aspectos positivos en tu vida que merecen ser celebrados. Identifica al menos tres cosas por las que estés agradecida en este momento.

Planificación de una celebración:

- Elige una de esas cosas positivas y planifica una pequeña celebración para honrarla. Puede ser algo tan simple como cocinar tu comida favorita e invitar a tus amigas, dar un paseo por la naturaleza o invitar a alguien querido a tomar un café.

Preparación y ejecución de la celebración:

- Prepara todo lo necesario para tu celebración y asegúrate de dedicar tiempo y atención a disfrutar el momento. Concéntrate en los detalles y en las sensaciones positivas que experimentas durante la celebración.

Reflexión y gratitud:

- Después de la celebración, tómate un momento para reflexionar sobre cómo te sentiste durante el proceso. ¿Cómo te hizo sentir la celebración?, ¿qué aprendiste sobre ti misma y sobre tu capacidad para encontrar alegría en los pequeños momentos?

Compromiso con la celebración regular:

- Haz un compromiso contigo misma para integrar la celebración en tu vida: una pequeña celebración diaria de gratitud o una más grande para marcar hitos importantes en tu camino.

Visualización de un futuro positivo:

- Visualiza cómo tu práctica regular de celebración puede cambiar tu perspectiva y tu suerte en el futuro. Imagina una vida llena de alegría, gratitud y abundancia donde cada día esté marcado por pequeñas celebraciones de los regalos de la vida.

Acciones de seguimiento:

- Toma medidas concretas para seguir celebrando y cultivando la gratitud: señalar un día en la semana para hacer agradecimientos, llevar un diario de gratitud, establecer recordatorios para celebrar las pequeñas cosas o compartir tus momentos de celebración con seres queridos.
- Por ejemplo, para celebrar la amistad, una vez al mes, abre tu casa a los amigos, aunque al principio te dé pereza, aunque no tengas ganas de llevarlo adelante, pon atención a los detalles como decoración de la mesa o algo rico y especial para comer; hoy hay un millón de recetas fáciles para hacer, no hay excusas. Verás cómo cambia tu energía.

Al integrar la celebración y la gratitud de manera regular, estarás cambiando tu enfoque y tu energía atrayendo más positividad y buena suerte a tu vida. ¿A quién no le gusta estar al lado de una persona que es agradecida? La vida es como un bumerán, todo lo que des vuelve a ti con creces.

Recuerda que cada momento es una oportunidad para celebrar y agradecer, y que, al hacerlo, estás creando un futuro más brillante y lleno de posibilidades.

EL PODER DEL PERDÓN: UN ACTO PROFUNDO DE GRATITUD

En el camino de la vida, a veces nos encontramos con diversas situaciones que nos desafían, nos hieren y nos causan dolor. Ya sea a través de acciones de otros o de nuestras propias decisiones, el resentimiento puede anidar en nuestro corazón, pesando como una carga que nos impide avanzar. En estos momentos, el perdón se presenta como una puerta hacia la liberación y la gratitud.

El perdón es, en esencia, un acto de amor hacia uno mismo y hacia los demás. Nos libera del yugo del resentimiento, nos desata de las cadenas del pasado y nos permite avanzar con mayor ligereza y paz interior. Al perdonar, no estamos excusando el comportamiento dañino de otros ni estamos olvidando el dolor que hemos experimentado. Y bajo ningún concepto significa permitir el abuso. Más bien, estamos eligiendo soltar el peso del resentimiento que venimos cargando todo el tiempo en nuestro corazón. Es un peso que hasta nos puede poner enfermos.

La doctora en psicología Diane Cirincione sostiene que el perdón es la llave de la felicidad, el vehículo para cambiar nuestras propias percepciones y dejar ir nuestros miedos, juicios y ofensas. En un artículo publicado junto con el doctor Jampolsky explica que hoy existe suficiente evidencia científica que prueba que el no perdonar y permanecer enojados puede afectar a nuestra salud, a nuestro sistema inmune y hasta a cada órgano de nuestro cuerpo. Algunos de los síntomas físicos que pueden estar asociados a la falta de perdón son: dolores de cabeza, de espalda, úlceras, depresión, cansancio crónico, irritabilidad, insomnio y un estado permanente de infelicidad. En nuestro libro *Confianza total* escribimos que muchas veces nos dicen que «hay cosas que no puedo perdonar». Pero perdonar no significa validar ni estar de acuerdo con el comportamiento de la otra persona, sino dejar ir el resentimiento. Perdonar significa dejar de desear que el pasado sea diferente.

LOS BENEFICIOS DEL PERDÓN

Un alumno se acerca a su maestro zen y le dice: «Maestro, siento que mi corazón está lleno de resentimiento y dolor hacia ciertas personas y situaciones en mi vida. ¿Qué debo hacer para liberarme de este peso?».

El sabio maestro, en respuesta, le indica que acarree una bolsa de patatas, colocando una patata por cada tema o persona por la que siente resentimiento. Cada patata debe estar envuelta en plástico con una etiqueta que indique la fecha y el nombre asociado con ese tema o persona. Además, le recomienda al alumno que lleve esa bolsa consigo a todas partes, incluso durante la noche, colocándola bajo su cama mientras duerme.

El alumno, confundido pero decidido a seguir las enseñanzas del maestro, realiza la tarea tal como se le ha indicado. Cada día, añade una nueva patata a la bolsa reflexionando sobre el resentimiento que siente hacia la persona o situación asociada con esa patata. Por las noches, coloca la bolsa debajo de su cama manteniéndola cerca incluso en sus horas de descanso.

Después de un tiempo, la bolsa se vuelve cada vez más pesada tanto física como emocionalmente. Al final llega el día en que la bolsa está llena y el alumno regresa al maestro. Incapaz de resistir más, el joven dice: «No puedo cargar más con este peso. Es insoportable. Y es asqueroso porque, a medida que pasan los días, las patatas se van pudriendo». Entonces, el maestro le responde: «Eso mismo sucede cuando no perdonas».

El alumno, lleno de gratitud hacia su maestro por su sabiduría, sigue sus instrucciones y arroja la bolsa al río. Mientras observa cómo el agua se lleva su carga emocional siente un profundo sentido de alivio y liberación. Desde ese día en adelante, lleva en su corazón la lección del perdón: que la verdadera paz solo puede encontrarse cuando soltamos el peso del resentimiento.

Al perdonar estamos reconociendo nuestra propia humanidad y la humanidad de los demás. Estamos reconociendo que todos somos seres imperfectos, propensos a cometer errores y a herir a otros. Al hacerlo, cultivamos una mayor comprensión y empatía hacia aquellos que nos han hecho daño permitiéndonos liberar el resentimiento y el rencor que hemos llevado en nuestro corazón.

Además, el perdón fortalece nuestras relaciones y promueve una mayor armonía en nuestra vida. Al dejar de lado el resentimiento y la amargura, abrimos la puerta a una comunicación más auténtica y genuina con los demás. Nos permite reconstruir puentes rotos, sanar heridas profundas y tener relaciones más saludables y significativas en nuestro camino.

Por último, el perdón nos invita a cultivar una profunda gratitud por la oportunidad de crecimiento y transformación que surge de nuestras experiencias dolorosas.

Ejercicio: liberando el peso del resentimiento

Objetivo: Utilizar el poder del perdón y la gratitud para liberarte del resentimiento y abrir espacio para la buena suerte y la abundancia en tu vida.

Pasos:

Reflexión sobre el resentimiento:

- Tómate un momento para reflexionar sobre cualquier resentimiento o dolor que puedas estar sosteniendo en tu corazón hacia otras personas o situaciones en tu vida. Reconoce cómo este resentimiento puede estar afectando tu bienestar y tu felicidad.

Identificación de situaciones para el perdón:

- Identifica al menos una situación o persona por la que sientes resentimiento y que estás dispuesto a perdonar. Puede ser algo grande o pequeño, reciente o pasado.

Práctica del perdón y de la gratitud:

- En un lugar tranquilo, siéntate cómodamente y cierra los ojos. Visualiza a la persona o situación por la que deseas perdonar. Reconoce el daño que te causó, pero también reconoce que aferrarte al resentimiento solo te está causando más dolor.

- Practica el acto de perdonar. En voz alta o en tu mente decir: «Te perdono por lo que me has hecho. Te libero y me libero del peso del resentimiento y el dolor».
- Después de perdonar, practica la gratitud. Piensa en al menos tres cosas por las que estés agradecido en tu vida en este momento. Puede ser algo tan simple como tener un techo sobre tu cabeza o una comida en tu mesa.

Conexión con el cuento del maestro zen:

- Reflexiona sobre la historia del maestro zen y del alumno que acarreaba una bolsa llena de resentimiento. ¿Qué enseñanza puedes extraer de esta historia en relación con el perdón y la gratitud?, ¿todavía estás culpando a tus padres por tu suerte?

Visualización de la buena suerte y la abundancia:

- Imagina cómo tu vida cambiaría si te liberaras completamente del resentimiento y abrazaras la gratitud y el perdón. Visualiza la buena suerte y la abundancia fluyendo hacia ti en todas las áreas de tu vida.

Compromiso con la práctica continua:

- Comprométete contigo mismo a practicar el perdón y la gratitud regularmente en tu vida. Puede ser diaria o semanalmente, según te resulte adecuado.

- Registra tus experiencias y observa cómo cambia tu perspectiva y tu bienestar con el tiempo.

Al practicar el perdón y la gratitud estás abriendo la puerta a la abundancia en tu vida porque cambia tu energía. El perdón es un regalo que te das a ti mismo y que, al soltar el resentimiento, estás creando espacio para la alegría, la paz y la felicidad y, por lo tanto, ¡la buena suerte!

CONCLUSIÓN

La relación entre la gratitud y la buena suerte es profunda y significativa. Cuando cultivamos el hábito de la gratitud, cambia nuestra energía, transformamos nuestra percepción del mundo y de nosotros mismos, lo que, a su vez, puede abrirnos a nuevas oportunidades y experiencias positivas generando así una sensación de bienestar y de buena suerte.

La gratitud se erige como el antídoto del hábito de la escasez al transformar nuestra visión de la realidad, al obligarnos a ver lo bueno en nuestras vidas. Al enfocarnos en lo que tenemos en lugar de en lo que nos falta, cambiamos nuestra mentalidad de carencia por una mentalidad de abundancia, lo que nos permite ver las oportunidades y bendiciones que nos rodean.

Este poderoso hábito moldea nuestro cerebro creando nuevos caminos neuronales que se entrelazan con nuestra identidad, tal como lo demuestra el ejemplo inspirador de Leo Messi; estoy segura de que conoces otros ejemplos inspiradores a los que podemos definir como seres agradecidos.

Al ser conscientes de que lo que buscamos es lo que encontramos comprendemos que, al practicar el hábito de la gratitud y convertirlo en parte integral de nuestra existencia, podemos superar nuestras creencias subconscientes limitantes acerca de nosotros mismos y del mundo que nos rodea. Podemos encontrar la felicidad que tanto anhelamos: ya que somos felices porque somos agradecidos.

Al estar en un estado de gratitud, estamos más alineados con el flujo de la vida que nos permite ver el mundo con nuevos ojos y atraer experiencias positivas hacia nosotros. Por eso decimos que la gratitud, como hábito, es una forma poderosa de atraer la bueno a nuestra vida.

En resumen, la gratitud, más que un simple gesto de cortesía y buena educación, se revela como un pilar fundamental para nuestra salud y bienestar. Los hallazgos de científicos resaltan el impacto directo de expresar emociones positivas, como la gratitud, en la prolongación de la vida. Al practicar la gratitud no solo fortalecemos nuestra salud física y emocional, sino que también abrimos las puertas al perdón, tanto hacia los demás como hacia nosotros mismos. En última instancia, la gratitud nos libera del resentimiento y nos guía hacia una vida de armonía y plenitud.

Y como dijo Brother David, detrás de la gratitud hay una enorme confianza: **«Solo podemos ser agradecidos porque confiamos en que la vida nos da, momento a momento, cosas buenas».**

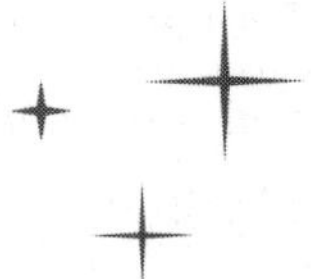

EPÍLOGO

Hace mucho tiempo que quería escribir un libro sobre hábitos. Sin embargo, es ahora cuando siento que estoy preparada no solo intelectualmente, sino también desde un lugar más profundo y visceral. A fuerza de ciertos golpes y dolores, me vi obligada a afrontar mi propia vulnerabilidad de una manera transformadora. Este proceso no solo ha enriquecido mi perspectiva, sino que también ha fortalecido mi capacidad para comprender y abordar los hábitos desde una conexión más auténtica y empática.

Solía ser de esas personas que nunca se preocupaban por hacer dieta, mi rutina deportiva era «irregular»; de todas formas, las cosas parecían fluir con naturalidad. Tenía éxito en casi todo lo que emprendía y, a pesar de los obstáculos, la mayoría de las veces conseguía salir adelante. Me consideraba dueña de un cuerpo, una salud y una mentalidad fuertes, pero un día mi «suerte» dio un giro inesperado.

Mi querida familia, compuesta por hijos y nietos adorables, decidió aventurarse a vivir en otros países. Coincidió casi con el inicio de la pandemia: de repente, de la noche a la mañana, el mundo que conocía —donde era feliz y además me jactaba de tener el «nido lleno»— desapareció. Después de unos largos meses de encierro, cuando comenzábamos a vislumbrar la salida del confinamiento, ilusionada con recuperar alguna rutina normal, quise volver a moverme, a practicar un deporte. Pero una desafortunada caída en una cancha de tenis provocó la fractura de mi fémur en tres partes. Mis pasos se detuvieron atrapados en una pausa prolongada que me sumió en una incertidumbre profunda. Fue entonces cuando realmente «caí» en la cuenta de que mi mundo había cambiado y de que tenía que modificar algo en mí.

Después de cuatro largos años de trabajo para consolidar hábitos nuevos, como la adaptabilidad, pude entender que, a pesar de la distancia y de extrañarlos todos los días, el amor y el vínculo con mi familia permanecen intactos. Durante esos años, fueron muchas las transformaciones en la relación con mi cuerpo, mi salud, mi actitud mental y mi mundo interior. Y escribí este libro no solo para compartir esos cambios, sino también para seguir transformándome en lo que me considero más que una experta: una aprendiz. Quise que la incorporación de todos estos hábitos, a través de la práctica y la repetición, se convirtiera en mi segunda naturaleza, en mi nueva identidad. Así, poco a poco, con paciencia, que no es mi mayor virtud, lo fui consiguiendo.

Por eso, queridos lectores, les aseguro que vale la pena intentar este viaje de transformación: del caos al orden, de víctimas a protagonistas, de la debilidad a la fortaleza, de la escasez a la abundancia, de las dudas a la confianza, del miedo al amor. Al final del día, este libro no solo trata de cambiar nuestros hábitos, sino también la forma en que vemos el mundo y a nosotros mismos.

Imaginad por un momento que el curso de vuestras vidas está determinado por algo más que la simple casualidad. Imaginad que cada paso que dais, cada palabra que pronunciáis, cada pensamiento que tenéis encierra el poder de moldear vuestro destino. ¿Os resulta difícil de creer? Pues bien, la verdad es que la buena suerte, esa fuerza misteriosa que tanto anhelamos, no es un capricho del universo. Está arraigada en nuestras acciones, en nuestras actitudes y en la forma en que nos relacionamos con el mundo que nos rodea. Y en eso que repetimos todos los días. Y se pone a prueba y se fortalece en los momentos difíciles.

Entonces repasemos; ¿cuáles son los ingredientes claves de la buena suerte?

El primer paso para atraer la buena suerte es creer en nosotros mismos. La autoconfianza es el cimiento sobre el cual se erigen todos los demás hábitos. Sin ella, nuestros sueños se desvanecen en el aire y nuestro crecimiento se estanca. Pero la confianza no es solo un estado mental, es una habilidad que se puede cultivar y fortalecer con el tiempo, como un músculo que se tonifica con el ejercicio constante.

La Actitud Mental Positiva (A.M.P.) es otro ingrediente crucial en el cóctel de la buena suerte. En un mundo dominado por la negatividad, cultivar una mentalidad optimista puede parecer una tarea desalentadora. Pero al enfocarnos en lo positivo, en lo que queremos atraer a nuestras vidas, podemos cambiar el curso de nuestra historia. La mente humana es un imán poderoso que atrae hacia nosotros aquello en lo que nos enfocamos. Al dominar nuestros pensamientos y emociones, podemos ser escultores de nuestro propio cerebro: podemos dejar de sentirnos víctimas y convertirnos en protagonistas de nuestro propio destino.

Además, la comunicación efectiva juega un papel crucial en nuestro viaje hacia la buena suerte. Las palabras que elegimos y las conversaciones que tenemos pueden definir nuestro camino. Las conversaciones negativas, como la queja y la crítica, nos arrastran a un ciclo de negatividad que nos aleja de la felicidad y daña nuestra salud. Por otro lado, las conversaciones positivas, como el reconocimiento efectivo y la escucha empática, nos elevan a nuevas alturas de conexión humana.

Pero la buena suerte no se trata solo de creer en nosotros mismos y mantener una actitud positiva. También implica cuidar de nosotros mismos, tanto física como emocionalmente. La conexión interior, el hábito de sintonizar con nuestras necesidades más profundas, nos permite cultivar una sensación de equilibrio y gratitud que puede abrirnos a nuevas oportunidades y fortalecer nuestra capacidad para afrontar los desafíos con calma y resiliencia.

Y por supuesto, la flexibilidad. Esta nos permite adaptarnos a los cambios de la vida y mantener una mente abierta frente a nuevas posibilidades. Después de todo, la vida misma es cambio. O nos adaptamos o nos rompemos. Al ser flexibles, podemos hacer algo más: ver los obstáculos como oportunidades de aprendizaje y crecimiento en lugar de barreras insuperables. De todos los hábitos de este libro, este fue y es el que yo más necesito trabajar.

Finalmente, la gratitud también juega un papel fundamental en la atracción de la buena suerte. Esta simple pero poderosa práctica puede transformar nuestra percepción del mundo y de nosotros mismos. Al enfocarnos en lo que tenemos en lugar de lo que nos falta, cambiamos nuestra mentalidad de carencia por una mentalidad de abundancia permitiéndonos ver o volver a ver las bendiciones que nos rodean, siempre.

Si ya llegaste hasta aquí, puedo preguntarte: ¿cuál es el hábito que más necesitas desarrollar?

Cambiar hábitos no es una tarea imposible, sino una práctica constante. Nos convertimos en lo que practicamos. Los hábitos son comportamientos repetidos muchísimas veces hasta volverse automáticos. Para transformar nuestra suerte es crucial reemplazar hábitos negativos por positivos y practicarlos con la misma intensidad. En este sentido, en este libro hemos ofrecido ideas transformadoras y efectivas como «Las cuatro leyes», de James Clear, para incorporar nuevos hábitos: «hacerlo obvio» mediante una señal o un aviso; «hacerlo atractivo» asociándolo con sentimientos positivos como el orgullo y el respeto; «hacerlo fácil» centrándonos en la acción y la practicidad y «hacerlo satisfactorio» asegurando una recompensa inmediata.

Además, compartimos varios secretos que hacen que adoptar nuevos hábitos sea casi inevitable, por ejemplo, la «Regla de los dos minutos» diseñada para eliminar las excusas. La idea del apilamiento para integrar nuevos hábitos con los otros buenos ya existentes, la idea de la secuencia: establecer un orden específico de pasos o acciones repetidas para formar con éxito un nuevo hábito; y el principio tranquilizador que dice que el 1 % de mejora diaria conduce a un crecimiento de un 37 % al cabo de un año: ¡los pequeños avances son importantes! Finalmente, al enfocarnos en cambiar nuestra identidad en lugar de lograr objetivos y compartir el proceso con alguien, aumentamos exponencialmente nuestra motivación y posibilidad de éxito en la formación de nuevos hábitos. Como dice el refrán, «los viejos hábitos mueren lentamente», pero siguiendo las reglas e ideas que presentamos en este libro es casi inevitable que logremos abandonar los hábitos que ya no nos benefician y los reemplacemos por aquellos que nos conducen al bienestar físico, mental y emocional.

En resumen, la buena suerte no es un regalo del destino reservado a unos pocos, sino una elección consciente que todos podemos hacer cada día. Cada decisión que tomamos, desde la forma en que hablamos con nosotros mismos hasta cómo nos relacionamos con los demás, tiene un peso significativo. Existen decisiones que nos llevan por el camino de la mala suerte, como la procrastinación, el pesimismo, la falta de autocuidado, la rigidez; mientras que hay otras decisiones que son un pasaje directo hacia la buena suerte. Al cultivar hábitos como la autoconfianza, la actitud mental positiva (A.M.P.), el autocuidado, la comunicación efectiva, la flexibilidad, la conexión interior y la gratitud estamos tomando decisiones que nos acercan a ese futuro de conexión y de felicidad que tanto deseamos.

Entonces, está claro: la buena suerte, en gran parte, está en nuestras manos. ¿Qué estamos esperando? Nunca es demasiado temprano ni demasiado tarde para empezar a cambiar y mejorar nuestra vida. Mi recomendación es que no lo postergues ni un día más. Si aún no lo hiciste, coge este libro y comienza hoy mismo a poner en práctica estos nuevos hábitos. Te aseguro que tu vida se transformará. Llegó la hora de que empieces a construir el futuro que deseas paso a paso, momento a momento, decisión tras decisión, ¿cómo?, simplemente prestando mucha atención a eso que haces todos los días.

No importa cuántos años tengas ni cuántos años hace que la suerte no te acompaña, si practicas estos hábitos tu vida puede empezar a cambiar hoy.

Y la vida es hoy.

¡Adelante!

¡Que con Confianza Total todo es posible!

Verónica de Andrés

Diciembre de 2024

AGRADECIMIENTOS

El hábito del agradecimiento es uno de los pilares fundamentales que sustentan este libro, y su importancia radica en recordar que nunca logramos cosas importantes solos. Agradecer nos conecta con el apoyo y la colaboración de quienes nos rodean, reconociendo que cada logro es el resultado de la ayuda desinteresada y el estímulo recibido de muchas personas. Personalmente, este libro marca un momento importante en mi vida, un proyecto en el que he contado con la invalorable contribución de muchas personas a lo largo de los años.

En primer lugar, mi profundo agradecimiento a mi familia, especialmente a mi marido, Héctor, mi mejor amigo, mi compañero de vida excepcional, por su amor incondicional, su enorme fe en Dios y su confianza en mí: desde que nos conocimos —con apenas diecinueve y veinte años— ha impulsado mi crecimiento y ha apoyado todos y cada uno de mis locuras, aventuras, ideas y emprendimientos.

Mis hijos, Florencia, Sol y Agustín, son mis faros de luz, enseñándome con su amor y disciplina a ser una mejor persona. En la creación de este libro quiero agradecer a mi hija Flor, por impulsarme a hacerlo, por su constante apoyo y motivación en cada etapa de la creación, por leer cada capítulo y hacerme valiosos comentarios, además de escribir un prólogo que me conmueve profundamente. Quiero agradecer de manera especial a mi hija Sol —la doctora María Sol Andrés— por las charlas que hemos tenido sobre los hábitos y por su guía en la búsqueda de artículos científicos sobre hábitos que le dieran solidez a esta obra. Y a mi hijo, Agus, porque siempre está interesado en todo lo que hago y me apoya sin condiciones. ¡Gracias, mis tres amores! Los tres son mi fuente de inspiración y agradecimiento más profundo.

A Javier López Llovet por habernos abierto las puertas de Penguin Random House y habernos brindado su confianza hace varios años.

A mis editoras, Glenda Vieites, por su apoyo y entusiasmo constante desde el inicio de la idea, y en especial a Fernanda Mainelli, editora de este libro, por su acompañamiento amoroso y superprofesional en cada paso de su edición. Su atención al detalle ha sido muy importante.

Agradezco a todos los equipos de la editorial Penguin Random House: a edición, corrección, arte, marketing, prensa y ventas. Y una mención especial a Yamila Murán Leivas por sus geniales diseño e ilustraciones.

Quiero expresar mi profundo agradecimiento a todos los alumnos y clientes de todas partes del mundo que han pasado por nuestras manos. Gracias a ustedes, he podido identificar y definir cuáles son los hábitos fundamentales que los seres humanos más necesitamos alcanzar para realizar nuestros sueños. Sus historias de vida y transformaciones personales son la base inspiradora de este libro, y me han enseñado que el poder del cambio realmente reside en cada uno de nosotros.

Quiero agradecer sinceramente a mis colegas del Transformational Leadership Council, algunos de los cuales forman parte de este libro, y en especial a Jack Canfield, por ser una fuente constante de motivación, aprendizaje y superación. Su guía y apoyo han sido clave en mi camino hacia el crecimiento personal y profesional.

Mi muy sentido agradecimiento hacia mis amigos, quienes a lo largo de los años han sido el sostén invisible que me acompaña. Sus palabras de aliento, su apoyo incondicional y su presencia constante en cada Feria del Libro han sido regalos invalorables en mi vida. Con cada momento compartido, han tejido una red de afecto y compañía fundamental en mis experiencias y logros.

Una mención especial para nuestra gran colaboradora y mano derecha, Sabrina Chao, quien siempre me apoya en todos los proyectos con alegría, entusiasmo y profesionalidad, haciéndolos posibles con su dedicación incansable.

¡Muchas gracias porque, sin todos y cada uno de vosotros, este libro simplemente no existiría!

Finalmente, lo más importante: reconozco con profunda gratitud a Dios, que me permite desarrollar mi pasión por ayudar a las personas a descubrir que dentro de sí mismas tienen todo lo necesario para atraer la «buena suerte» a sus vidas. Por eso mi agradecimiento también va a todos nuestros lectores, que a lo largo de tantos años nos han inspirado a continuar esta tarea.

Seguir escribiendo libros no solo es un privilegio, sino también una bendición que llena mi alma de propósito y satisfacción.

¡Muchas gracias!

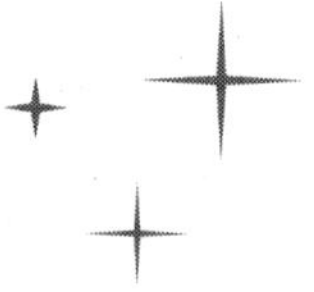

AHORA PUEDES HACER UN CURSO
CON VERÓNICA Y FLORENCIA
SIN MOVERTE DE TU CASA

Verónica y Florencia Andrés son reconocidas a nivel mundial como unas de las mejores *coaches* motivacionales de habla hispana. A través de sus técnicas poderosas, guían a las personas para alcanzar su máximo potencial. Tienen una plataforma de cursos online realizados por hombres y mujeres de todas partes del mundo, que dan cuenta del gran poder transformador de estas experiencias.

Si quieres saber más sobre estos cursos, entra en:
www.confianza-total.com

NOS ENCANTA LEER LOS COMENTARIOS
DE NUESTROS LECTORES

Escríbenos a:
confianzatotal
@confianza.total
@confianzatotal

ÍNDICE

HÁBITO #2

ACTITUD MENTAL POSITIVA 73

HÁBITO #3

EL BIENESTAR O EL AUTOCUIDADO

HÁBITO #4

HÁBITO #5

LA COMUNICACIÓN EFECTIVA: EL PODER DE LAS PALABRAS 243

HÁBITO #6

EL TIEMPO DE CONEXIÓN CON UNO MISMO 291

HÁBITO #7

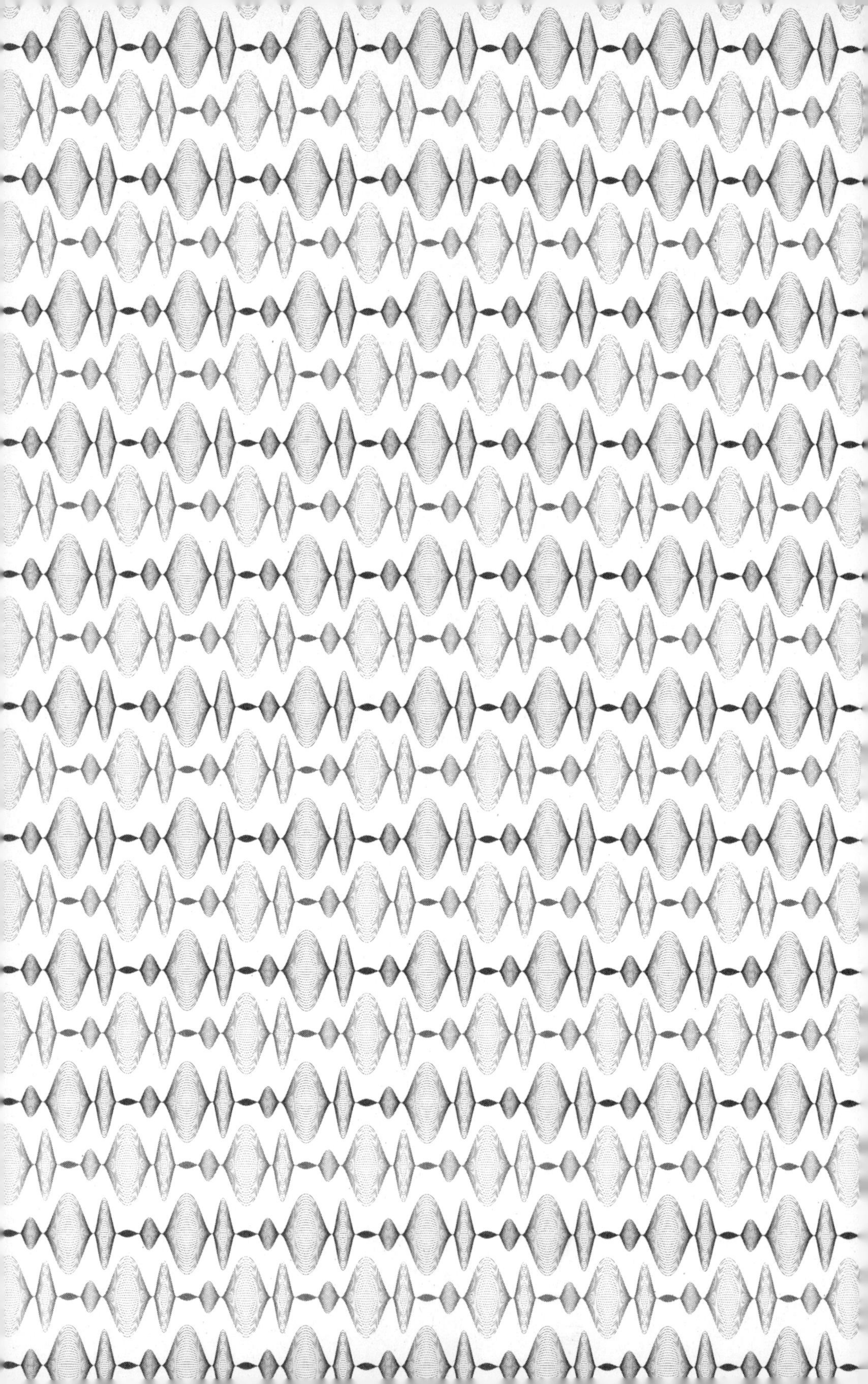